競馬二刀流！ＪＲＡも地方もコレで両断

「実走着差」

実践編

吉冨隆安

KKベストセラーズ

まえがきに代えて

２００５年春、『確たる軸馬が決まる「実走着差」理論』（ワニブックス）のタイトルで、私が編み出した予想理論を世に問うた。当時は、まだ理論を構築してから間もなくの頃で、いわば入門書という位置付けであった。あれから13年の歳月が流れ、縁ある編集者から続編を上梓しないか、というお誘いを受けた。

正直迷った。胸を張って出版できるほど、理論の完成度が13年前より高くなったわけではないからだ。もちろん、進歩はあるが、何よりも理論をベースにした予想の的中率、回収率が満足いくレベルにない。

私が目標とする究極の予想を富士の「頂（いただき）」とすれば、現在は、六合目で足踏みしている状態である。果たしてこのような中途半端な段階で、続編を出してよいものか――。

しかし、考えてみれば、これはよい機会ではないかという思いも一方であった。

２０１７年７月からnetkeiba.com（以下、ネット競馬）で中央競馬の予想を本格的に始めた。70歳を超えた私に、もう退路はない。中央競馬を征服できる理論を完成させられる日が来るのが早いか、私の寿命が尽きる日が来るのが早いのか――もはや寿命との闘いである。

これを機に、今まで忙しさにかまけ、手をつけずにいた課題を解決しよう。六合目から再び、力強く歩き始めようという気持ちがだんだん強くなった。

振り返ってみれば、実走着差理論の構築は、私のプロ予想家としての終着駅ではなく、険しく厳しい「頂」に続く道のとば口だった。

次々と難問がアイガーの北壁のごとく、立ちはだかった。今もなお、私はピッケルを岩盤に打ちつけながら、よじ登っている。遅々として進まぬだけでなく、時として脚を踏み外し、奈落の底に落ちてしまいそうになりながら……。道は険しく、頂は時折、雲にさえぎられる。

齢、70歳を迎え、体力的にも精神的にも、くじけそうになることが増えた。しかし、私はあきらめない。「実走着差理論」こそが、頂に続く唯一の道だと確信しているからだ。

自身をマグロ釣りの漁師に例えれば、資金もなく酷寒の海に乗り出し、孤独と戦いながら、大マグロが釣れるときを信じて、糸を垂らし続けるチャレンジャーのようなものである。荒波に翻弄されながらも、来る日も来る日もめげずに船を出すが、漁がサッパリない日が続く。

漁場が見当違いなのか、漁具が悪いのか、くじけそうになりながらも、糸を垂らし続けていると、突如、あれほど姿を見せなかったマグロの入れ食いが始まる。

年に二、三度でしかないが、例えば10レース中8レース、大穴、本命を問わず、マグロの入れ食い状態のように予想（3連単）が連続的中する日があるのだ。

もし、実走着差理論が頂への道筋からズレているのであれば、これほど爆発する日は訪れないはずだ。たまたまマグロの入れ食いのような状態になるとは考え難い。「神ってる」ほど当たる日があるのは、実走着差理論が競馬の真髄に肉薄している証拠ではないだろうか。

とはいえ、当たりが続いたかと思うと、突如、沈黙するのも、現段階の「実走着差理論」である。特に中央競馬ではコンスタントに成果が上げられない。

当たり外れの振幅が大きい理由はわかっている。詳しくは本文に譲るが、数式に入れるデータにまだ不十分な点があるのが原因なのだ。

本書の出版を機に、こうした問題にも着手した。完結編を出せる日もやがて来るに違いない。

前向きになって考えてみると、これまで13年の間、蓄積してきたノウハウの中には、皆さんの予想のお役に立てるものもあるのでは、と思うようになった。本書は、六合目にいる私が、現段階で気づいた実走着差理論的予想セオリーをまとめたものである。

私の予想を信じて、馬券を買い続ける客は私の「戦友」だと思っている。戦友と同じ立ち位置にいるためには、私も戦わなければならない。すなわち馬券を買って、初めてお互いを戦友と呼べる。私は自分の予想に責任を持ちたい。だから他人がなんといおうと、馬券を打ち続ける。

いや、競馬の真実、予想の奥義を真摯に追い求める競馬ファンは皆、私の戦友だ。本書を手に取っていただいた諸君も然り。

友よ、ともに登ろうではないか！　誰もがまだ見ぬ、馬券界の頂に向かって――。

２０１８年2月　吉冨隆安

第2章 計算ができないアナタでもコレなら的中に近づく 実走着差理論を使いこなす方法 61

第3章 実戦で役に立つ吉冨式馬券戦略

第5章 吉冨予想を活用する投資の達人

高級車レクサス購入、馬券貯金3000万円…… 171

番外編・吉冨馬券観戦記

装丁◎塩津武幹　本文ＤＴＰ◎オフィスモコナ
撮影◎野呂英成　馬柱◎優馬、サンケイスポーツ、日刊スポーツ
５章及び「観戦記」取材構成◎競馬ライター・武内一平
名称・所属・データは一部を除いて 2018 年２月 20 日現在のものです。
成績、配当は必ず主催者発行のものと照合してください。

馬券は自己責任において、購入お願いいたします。

序章

「頂」は遠いが、見えてはいる

「実走着差」への軌跡

「競馬で勝つカネは、稼ぐカネより美しい」

諸君に問いたい。君たちは、何のために競馬をやっているのかと。財を成すためなのか、的中した瞬間の愉悦を味わうためなのか、あるいは負け続けた末に訪れる自虐のときの快感が忘れられないためか、それとも単なるヒマ潰しなのか……。

2017年、国会で大きな焦点となったのは、いわゆる「モリ・カケ問題」だった。野党の追及を安倍総理と財務省はかわし、いまだ真相は藪の中、残ったのは「忖度」という流行語だけで、疑惑は疑惑のままである。

一方、秋から暮れにかけて相次いだのは、北朝鮮籍の漁船の漂着だ。遺体となって発見された北朝鮮人民といった衝撃的なニュースが次々と流れた。

「モリ・カケ問題」と「北朝鮮の漁船の漂着」、この2つのニュースには実は大きな共通点がある。

「真実」と**「搾取」**――。

国境を越え、日本領海内で違法操業を繰り返す北朝鮮漁民、彼らに罪はない。北朝鮮の独裁者のために、小舟で危険極まりない冬の荒海で命がけで漁をする北朝鮮の人々は、むしろ犠牲者である。「真実」を一切知らされず、「搾取」されていることすらわからない。

では、我々日本人はどうか。北朝鮮の人々と哀れだと済ましていいのだろうか。実は我々も北朝鮮の人民と同じく、為政者、権力者たちによって「真実」を知らされず、「搾取」される存在であることを示唆した出来事が「モリ・カケ問題」なのだ。

なぜ、唐突にこのような話題を持ち出したのか。人はなぜ、競馬をするのか——この問いに対する私なりの答えが「真実」と「搾取」だからだ。

現実の世の中は虚栄虚飾に満ち溢れ、「善」が必ずしも「幸せ」には直結しない。いや、人を傷つけたくない優しき人ほど強者に蹂躙されてしまう。なんとむごい世の中か。

私は常々、「娑婆《しゃば》よりも競馬場が美しい」と主張している。現在の日本社会において、皆が平等で対等な関係にあるというのは幻想に過ぎない。

「モリ・カケ問題」に象徴されるように、権力者とのコネを持つ者が得をし、一般の我々は彼らから搾取され続けている社会である。コネクション、肩書、家柄……能力とは関係ない属性がモノをいうのが娑婆だ。

しかし、ひとたび競馬場に入れば、肩書もコネも性別も年齢も関係ない。ここで的中馬券を手にするための頼りどころは己の力だけである。こんな美しい場所が他にあるだろうか。

加えて競馬には「真実」がある。

人は誰でも真実が欲しい。真実こそ人生の糧である。真実への希求——これが競馬のレーゾンデートル（存在意義）だ。その真実を追求するうえで欠かせないのが馬券である。

競馬の真実に肉薄したものは、的中による配当を手にし、真実に目を背けた者は、ただの紙切れとなった馬券を眺めて悲嘆にくれる。一瞬でも真実の尻尾に触れた喜びが馬券にはある。

そして「競馬で勝つカネは、稼ぐカネより美しい」。

およそ資本主義社会においてあらゆる利潤には労働力の搾取が介在している。この事実は誰も否定できないはずだ。ならば稼ぐという行為は、他の誰かの労働力を搾取しているに他ならない。対して競馬で勝つカネは、己の知力を最大限働かせ、投資をした結果、得られたカネである。そこには搾取する、されるの関係はない。誰からも搾取せず、自分の力で勝ち取ったカネだ。ゆえに「勝つカネは稼ぐカネより美しい」のだ。

ドロップアウトの末、たどりついた大井競馬

私は「競馬に勝って自由になる」ために競馬と戦い続けている。

「競馬に勝つ」というと、やっぱりおカネだよなあと思われる方がいるかもしれない。そうではない。馬券でカネを稼いで生活することが目的ではなく、「そうできる技」を習得することによって、自分自身を取り戻し、自由になれるのではないか――この思いに突き動かされながら、40年以上競馬と格闘してきた。

若い頃から外の社会と折り合いをつけられなかった私は、仕事がうまく進み始めても、やがてドロップアウトし、競馬に逃げ込んだ。挙句、周囲の人々に迷惑をかけ、遂には故郷の大阪も家族も捨て出奔、上京した。

ふとしたきっかけで東京・大塚に開いた進学塾が軌道に乗り、人生の再出発が叶ったのだが、やがて「競馬狂」の血がうずき始める。「競馬はどうした！」、馬券をしばらく封印していたための禁断症状なのか、心の中の声が私に問いかけてくる。

塾の先生をやっているとはいっても、依然、社会に馴染めない私は、精神的には引きこもり同然だった。

「大井のオーソリティは俺だ」

「遅れてきたのは怠慢だからじゃない。他の予想屋より良い商品を持ってこようと、ギリギリまで予想をしていたからだ」

——予想台の上で不遜な言葉を時折絶叫する、私の姿を見たことのある方には信じていただけないかもしれないが、若い頃から絶対人を傷つけたくないと思いながら生きてきた。

しかし、欺瞞に満ち満ちている外の社会では、人を傷つけずに生きていこうとすると、自分が傷つくよりない。唯一、心休まる場所が「娑婆より美しい競馬場」だった。

私の半生に関しては、古くからの友人でもある編集者の斎藤一九馬氏が『最後の予想屋　吉冨隆安』（ビジネス社）の中で活写していただいているので、私自身の口からあまり多くは語らないが、半ば必然的にたどり着いたのが、南関東競馬、大井競馬場の場立ち予想屋稼業である。

進学塾と予想屋を兼業していた時期もあったが、大井競馬に人生をゆだねてからもう40数年の歳月が流れた。

「競馬で殺《や》られる」ということの意味

最近、とみに不思議に思うことがある。大井競馬では開催1日あたり、おおよそ10億円の売り上げがある。馬券の控除率は25％なので、大井競馬に賭けている人の負け分は2億5０００万円になる。2・5億円もの巨額をみんなで毎日スッっているのだ。1万人が馬券を買っていたとしたら、その4分の1の人が翌日には退場していてもおかしくない。

「競馬は博打《ばくち》であり、場朽《ばく》ちである」――「博打」とは博識を打つ、すなわち知恵比べ。互いの知力を振り絞り、戦っている。戦いに敗れた者は去るしかない。そしてやがては誰ひとり競馬場からいなくなって、場が朽ち果てても不思議ではないのに、何十年もの間、毎日毎日何事もなかったように競馬は続いている。よくもまあ、こんなに競馬が続いているものよと、妙な驚きがある。

競馬ファンが流動的で入れ替わっているのなら、まだわかる。しかし、大井競馬場に集まる顔ぶれを見ていると、新陳代謝が進んでいる様子がない。毎日顔を合わす常連ファンも多い。競馬はサバイバル戦だが、みんながみんな馬券の達人というわけはない。ほとんどの方が汗水垂らした稼いだカネをせっせと馬券につぎ込んでいるのだろう。

諸君は競馬に勝って何かを買ったことがあるだろうか。おそらくほとんどの人が勝ったカネで、また馬券を買っているのではないか。

中には高級車を購入した、マイホームを手に入れたいという方も稀にいるかもしれないが、長年競馬をやっている人の多くは、買いたいものがないのではないか。勝ったカネは、再び馬券を買うための資金にする人が大半だろう。

然らば、ひたすら馬券を買い続ける我々は、いったい何を買おうとしているのか。

私はこう考えている。馬券を通して、失われたものを取り戻そうとしているのではないか、と。

それは自分自身のプライドだったり、愛情だったり、自信だったり……過去に失ってしまった大事なものを取り戻すために馬券を打つ。

私は自分を律することができず、競馬で一度破滅し、自信もプライドもズタズタにされた。

競馬で失ったものは、競馬で取り返すしかない。だらしなかった自分を克服し、競馬に勝つ才覚を身に付けられれば、失いし自信もプライドも戻ってくるのではないか。

野球の才能に恵まれていない我々は、イチローのように世に名を残すスポーツ選手にはなれない。

しかし競馬の世界であれば、知力を振り絞れば、スケールは違えども、成功者になれる可能性がある。

そして生きている証を残せるのではないか。

これがいまだ引きこもりのトンネルから抜けられない、私の競馬への熱い思いである。

さらにいえば、死を垣間見ることで、活力を取り戻しているという面もあるのではないか。

馬券は戦いである。パチンコや麻雀ならば、カネを失ったとき、負けたとか、「スッた」といった表現を使う。競馬の場合、負けたとはいわない。「やられた」という。「やられた」は「殺られた」と書く。生きるか死ぬか、デッドオアアライブの戦いが馬券である。

馬券を長年、打っている人は覚えがあるだろう。賭けども賭けども当たらず、大敗を喫すると、足腰が立てないほどの挫折と敗北感を味わう。まさに戦死。

私も競馬で大負けしたときは、完膚なきまで打ちのめされる。自分の理論は間違っているのではないか、理論構築にこれまで注ぎ込んできた30年の歳月はすべて無駄だったのではないか……。自分の予想理論はおろか、自らの存在まで否定したくなる。

しかし、どんなに打ちひしがれても、必ず絶望の淵から立ち上がる。気がつけば性懲りもなく、また馬券を打っている。

馬券を毎週買い続ける我々は、競馬を通して生と死を行き来し、生きることの深淵を覗く。そのことによって、活力を蘇らせたり、生きている実感を得ているのではないか。

そうとでも考えなければ、私も含めて殺られても殺られても馬券を買い続けたり、勝っても次の馬券買いに備えて資金をプールしてしまう、競馬ファンの性《さが》の説明がつかない。

3回に1回、3倍以上の配当が的中できれば

この30年間、「競馬に勝つ」という最終目標に向かってひたすら歩いてきた。

それは峻嶮な霊峰の「頂」に登るがごとく険しい道のりだった。

私の目指す頂とは、回収率100％以上をコンスタントに叩き出せる予想理論の構築、予想技術の習得だ。

どんなに競馬を極めても、生き物相手なので、百発百中の予想は不可能だろう。完璧に予想しても、出遅れや展開のアヤ、不利など予測できない要素は必ず残る。しかし、投資になり得る高レベルの的中率を記録できる予想法の構築は可能だ。

要は確率との戦いである。例えば3回に1回、300円以上の配当がある馬券を的中させる技があれば、未来永劫、回収率100％以上を維持し続けられる。160円の複勝を必ず2回に1回的中させられるだけでも、外れれば倍掛けするといった方法で利益を出し続けられる。

私自身の理想としては、「軸1頭・相手5頭の3連複10点買い」で2回に1回以上的中させられる技の習得だ。3連複なら本命サイドでも20倍以上はつくことはザラなので、5割当てられれば財を成すことができる。その技をマスターできたときが、私の考える「頂」に到達したときである。

その昔、競馬をやるといえば、冷たい視線で見られる時代があった。電車の中で競馬新聞でも開こうものなら、他の乗客たちからあからさまに軽蔑の目が浴びせられる。ギャンブルに憂き身をやつす反社会的な半端者……馬券を買っているというだけで〝人間失格〟の烙印を押されかねないご時世だった。

今は立派な趣味、娯楽として認知はされているが、その一方でまだまだ競馬＝馬券買いに対する偏見は根強く残っている。諸君の中にも、競馬（馬券）をやることに家族の理解が得られない方がいるのではないか。

しかし、だからといって馬券買いに後ろめたさを持つ必要はない。堂々と競馬をやるべし。なぜなら、競馬は「最良の投資」だからだ。

馬券は我々大衆が、誰でも少額で参加できる「投資」だ。

「投資」というと、「預貯金」はみんなやっているだろうが、普通預金はもちろん、定期預金をやったところで、現在の低金利、いやマイナス金利時代では金利は限りなくゼロに近い。「投資」と呼べるものではないだろう。

「投資信託」や「株の売買」あるいは「FX」といった投資対象も一般的になっている。しかし、ハイリターン寄りの「FX」はともかく、株や投資信託で短期間のうちに資金を何倍にも増やすのは至難の業だ。「FX」にしても、ある程度まとまったカネを用意しないと、儲けを出すのは難しい。

最近は仮想通貨への投資も流行している。ビットコインの取引価格が何十倍にも高騰したと思ったら急落したといったニュースや、数百億円がハッキングされて取引所から消失したといった事件が報道されている。

仮想通貨にはどうやら一攫千金の夢があるようだが、投資対象としてはまだ海のものとも山のものともわからない。信用の裏付けのない通貨への投資が果たして投資といえるのかどうか。

という風に考えていけば、競馬ほど効率がよい投資はない。2分も経たないうちに、投資したおカネが3倍、4倍、いや時には100倍、1000倍になる。これほど短時間で、利回りのよい投資が他にあるだろうか。

しかも、投資は100円という少額から受け付けてくれるし、主婦であろうが、サラリーマンであろうが、無職であろうが、成人ならば誰でも馬券を買える。

こういうと、競馬嫌いの人から「一瞬にして投資金がゼロになるリスクがある馬券が最高の投資なんて何をいっているんだ」と反論されそうだが、どんな投資にもリスクはつきものである。

例えば、株やFXはリターンを考えれば、決してリスクは小さくないし、株の場合、馬券同様、一瞬にして紙切れになる恐れもある。

絶対に安全だと思われている預貯金だって、目減りする可能性はある。物価が上がれば相対的に価値が下がるし、永田町や霞が関では死蔵されている莫大な預貯金に対して、税金をかけようという案も聞かれる。

25%の控除率がある限り、馬券では絶対儲けられないと主張する人もいる。だったら、売買手数料を取られる株やFXだって絶対儲からないという理屈になる。

リスクばかりを見ずに、発想を変えれば競馬は立派な投資対象になり得る。先ほど触れたように、「3回に1回、3倍以上の配当を手にできる予想力」があれば、投資対象として成り立つ。問われているのはその技だけである。

大井競馬・場立ち予想の真実

競馬が市民の投資対象たる金融商品なら、私の予想は商品説明である。競馬という金融商品の中には、見かけは安全そうでも、買うと無一文にされる劣悪な商品、危険な人気馬も混じっている。ならば、プロの予想を掲げて売っているのなら、リスクも説明すべきだ。

ついでに、地方競馬の場立ち予想人という職業について触れておこう。

場立ち予想が仕事というと、地方競馬に興味のない方の中には、胡散臭い人物を想像する人がいる。あるいは、アウトローの一匹狼だと思い込んでいる人もいるかもしれない。もし、諸君の中に、同じように負のイメージを抱いている方がいるとしたら、それは我々の世界を知らないゆえの誤解だ。我々ほど真剣に競馬に向かい合い、真摯に予想技術を磨き続けている者はいないと自負している。

地方競馬の場立ち予想屋になりたい人がいても、すぐにデビューできるわけではない。我々予想屋が自主運営している組合の許可を得て、予想台を出している誰かに弟子入りし、5年以上の修行を経た後、試験に合格してやっと公認予想者の資格を得られるのだ。台の数は決められていて、新設は認められていないので、師匠が引退するか、どこかの台が空くまでは、ひとり立ちはかなわない。

組合では、予想技術を磨くために、研修も行なっているし、一般の会社のように、慰安旅行にも定期的に出かけている。

対面予想をしている我々は、競馬専門紙の記者やTVに出演している予想家たちとは似ているようで、まったく違う仕事をしている。

競馬マスコミで予想する彼らは、予想が外れても罵倒されることはない。よほどのことがない限り、予想が当たらないからといって失職することもないだろう。

我々は外れ続けるとどうなるか。たちまち客が寄り付かなくなる。さもなくば台を蹴飛ばされる。実際、私の神聖な職場である予想台が、何者かによって壊されたこともあった。最近のお客さんは、聞き分けがある人ばかりだが、昔は、「お前のせいでスッカラカン。電車賃をよこせ」としつこく絡まれることもしばしば。

予想は下から読めば「うそよ」。だが、私は少なくとも「大井のうそつきおじさん」などと後ろ指をさされたくはない。ウチの屋号をもじって「ゲートインチキ」などと、揶揄《やゆ》する人がいれば見返したいと思う。

我々だって、何も人をだまそうと思って予想を提供しているわけではない。精一杯予想し、願わくばすべてのレースを当てて、お客さん全員に幸せになってほしい。

我々場立ちの予想は、予想家や記者の予想のような単なる「判断」ではない。馬券を買うための「決断」だ。予想する我々も真剣なら、買う客はもっと切実。常に真剣勝負である。競馬記者や競馬評論家とは、責任の重さや厳しさは雲泥の差がある。

それだけに外れれば詐欺師呼ばわりされ、恨まれる。当たっても、客は己の手柄だと思うので、ほとんど感謝されない。しかも目の前ですぐに結果が出るので言い訳のしようもない。罵声を浴びせられても受け止め、ひたすら耐えるしかない。

こんな因果な商売が他にあるだろうか。何度引退しようと本気で思ったか。

しかし、それでもやめなかったのは、場立ちには場立ちの自負があるからだ。畳一畳ほどのしがない舞台で、どんな一流芸能人も有名スポーツマンも売れない「勝利」を売っているという誇りだ。実利のある勝利を売っているのは、我々場立ち予想士だけだ。

だからこそ、「勝利請負人」として卓抜した予想技術を身に付けるため、日夜、七転八倒しながら試行錯誤を重ねてきたのだ。

「実走着差理論」の入り口に立つ

我々の仲間は皆、プロの予想家として独自の予想理論を構築し、日々競馬と格闘している。一心不乱に競馬を追求していたからだろう。30年ほど前に「頂」に続く登山ルートが開けた。以来、10年ほどかけてアウトラインを完成させたのが「実走着差理論」だ。

発想した当初から「競馬の真実」に近づける唯一の画期的な理論ではないか、という予感はあった。

実走着差理論は、当たり前だが、これまでほとんど誰も考えなかった、盲点ともいえる発想がもとになっている。**各馬の能力を知るデータは過去に走った事実にしかない**。血統がどうだ、調子がどうだといっても、その馬の力を如実に物語るのは、レースでの走り以外にないのだ。

とはいえ、表面（馬柱内の成績）に現れる着差、着順がそのまま馬の真の力を表しているとは限らない。

なぜなら、各馬が実際に走った距離は馬によって異なるし、ペースによって有利にレースが運べた馬もいれば、苦しみながらゴールにたどり着いた馬もいる。ペース負荷も各馬の走りに大きな影響を与えているというのが発想の入り口である。

こうした要素を数理的、統計的に処理し、競走馬の能力を絶対値に翻訳して、同一レースで走ったものとして、着差を算出する手法が「実走着差理論」だ。数式に基づく計算なので、曖昧さが入る余地はない。

実走着順理論の詳細は、次章に譲るとして、ここでは、理論の輪郭とそれを踏まえて理論が抱える現段階での課題を明らかにしておきたい。

前書きで述べたように、富士登山に例えれば、六合目で足踏みしている。いまだ「頂」は遠い。構想から10年以上経つのに、なぜ、理論の完成には至らないのか。順を追って話そう。

私の予想では、実走着差指数を算出して、着差を明示している。次に挙げるのは2017年11月3日大井で行なわれた交流GI、JBCクラシックの指数だ。

⑫ケイティブレイブ……72
①アウォーディー……▽70
⑦グレンツェント……▽68
⑩アポロケンタッキー…67
⑧サウンドトゥルー……67
⑤ミツバ…………………66

結果は覚えておられる方もいるだろうが、1着サウンドトゥルー、2着ケイティブレイブ、3着ミツバの順で決まった。指数が最も高いケイティが本命、この馬を軸に3連複予想で5000円台の配当が的中した。

このレースの予想根拠に関しては、後の章で詳しく触れるが、実は、指数の数字自体にはあまり意

2000m重）

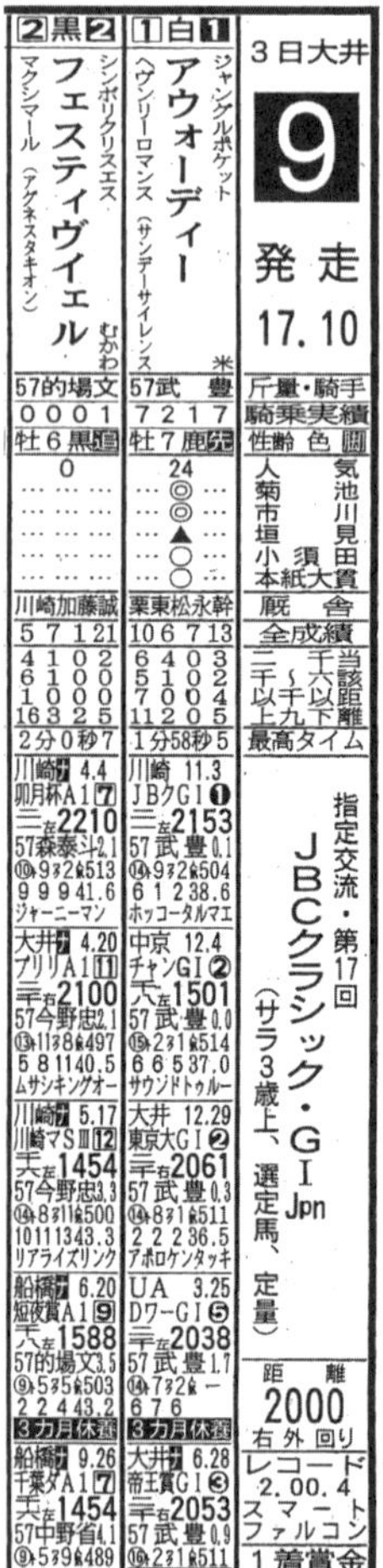

（サンケイスポーツ）

2017年11月3日大井9ＲＪＢＣクラシック（交流ＧⅠ、ダート

13 桃8	12	11 橙7	10	9 緑6	8	7 黄5	6	5 青4	4	3 赤3
ワイルドラッシュ スパイア アウィアラ（コックスリッジ） 新ひだか	アドマイヤマックス ケイティブレイブ ケイティローレル（サクラローレル） 新ひだか	ディープインパクト ハーキュリーズ タックスヘイブン（アリダー） 千歳	ラングフール アポロケンタッキー ディキシアナディライト（ゴーンウエスト） 米	アンライバルド バルダッサーレ メイルリヒト（フジキセキ） 日高	フレンチデピュティ サウンドトゥルー キョウエイトルース（フジキセキ） 新ひだか	ネオユニヴァース グレンツェント ボシンシェ（キングマンボ） 安平	ロージズインメイ サブノクロヒョウ サブノイナズマ（カコイーシーズ） 新ひだか	カネヒキリ ミツバ セントクリスマス（コマンダーインチーフ） 日高	ネオユニヴァース タマモネイヴィー ドリーミーアイ（カコイーシーズ） 新冠	ウォーエンブレム オールブラッシュ ブラッシングプリンセス（クラフティプロ） 白老
57安藤洋	57福永祐	57保園翔	57内田博	57御神訓	57大野拓	57森泰斗	57和田譲	57松山弘	57繁田健	57ルメー
初騎乗	2 0 1 1	0 0 0 2	2 0 0 1	初騎乗	7 6 9 6	初騎乗	2 0 0 1	4 1 0 3	2 1 2 3	4 1 0 2
牡8鹿差	牡4栗逃	牡9鹿差	牡5鹿差	牡4黒先	騸7栗追	牡4鹿差	牡4黒先	牡5鹿差	牡6鹿差	牡5黒逃
0	26	0	38	0	22	10	0	10	2	6
… … … … …	△ △ ◎ ▲ △	… … … … …	▲ ○ ○ ◎ ◎	… … … … …	○ △ △ △ ▲	△ △ △ △ △	… … … … …	△ ▲ △ △ △	… … … … …	△ △ △ △ △
大井宗形竹	栗東目野哲	浦和山越光	栗東山内研	大井中道啓	美浦高木登	美浦加藤征	大井阪本一	栗東加用正	浦和小久智	栗東村山明
19 7 8 52	7 5 4 6	4 9 7 30	9 3 2 8	3 1 3 12	9 10 13 11	6 2 1 3	5 7 0 17	9 4 4 14	6 4 4 31	6 4 3 9
0 6 13 0 0 3 4 0 0 2 6 0 5 24 23 2	**2** 3 [illegible] 2 [illegible] 3 [illegible] 1 0 [illegible] 0 1 [illegible] 3 0	1 2 1 1 1 1 7 1 0 1 6 0 4 10 16 1	5 4 0 2 1 1 1 0 1 0 1 1 4 2 2 2	1 1 1 1 1 0 0 0 3 0 0 3 3 5 4 3	**1** 1 [illegible] 1 3 [illegible] 1 3 5 [illegible] 2 1 1 [illegible] 1	0 5 1 0 0 2 0 0 0 0 1 0 0 3 0 0	1 1 3 0 0 2 5 0 0 0 0 0 5 5 7 3	**3** 4 [illegible] 2 0 [illegible] 0 0 [illegible] 0 3 [illegible] 2	1 4 1 1 1 3 0 1 1 3 0 1 7 20 4 5	1 4 1 0 0 4 0 0 0 3 0 0 1 4 4 1
2分10秒6	2[illegible]4	2分1秒9	2分1秒7	2分2秒1	2分[illegible]秒0	1分57秒7	2分8秒7	2分[illegible]秒1	2分0秒4	2分6秒1
大井ナ 4.21 ダイアB1① 右1420 57瀧川寿0.4 ⑬ト10ヲ6 542 2 2 2 39.2 メジャーリーガー	東京 2.19 フェブGI⑥ 左1356 57幸英明0.5 ⑯ト15ヲ11 498 4 4 36.3 ゴールドドリーム	浦和 10.19 埼玉新SIII4 左2025 58的場文0.5 ⑪ト7ヲ10 448 6 4 3 38.4 タイムズアロー	中京 12.4 チャンGI⑤ 左1505 57松若風0.4 ⑮ト14ヲ7 566 10 10 11 36.9 サウンドトゥルー	川崎ナ 9.13 戸塚記SII2 左2205 58吉原寛0.7 ⑭ト13ヲ1 478 6 3 4 40.4 ベルゼブブ	大井 12.29 東京大GI③ 右2061 57大野拓0.3 ⑭ト14ヲ2 475 5 4 4 36.4 アポロケンタッキ	京都 11.6 みやこGIII② 右1501 55川田将0.0 ⑯ト6ヲ1 474 8 7 8 36.1 アポロケンタッキ	大井ナ 6.30 ムーンA2 2 右1553 57的場文1.1 ⑯ト1ヲ1 493 3 5 5 40.7 ハードクラップ	川崎 2.1 川崎記GI④ 左2155 57横山典0.9 ⑫ト7ヲ3 465 2 2 2 38.9 オールブラッシュ	大井ナ 6.28 帝王賞GI⑧ 右2071 57繁田健2.7 ⑯ト12ヲ9 491 11 10 9 39.1 ケイティブレイブ	京都 10.16 1000万 ① 右1508 57ルメー-0.2 ⑮ト10ヲ1 486 1 1 1 38.1 メイプルレインボ
大井ナ 5.8 ケンタA2⑤ 右1554 57瀧川寿1.8 ⑫ト5ヲ4 544 12 12 8 38.7 タマモネイヴィー	名古 3.30 名大賞GIII① 右2025 58福永祐0.3 ⑨ト5ヲ3 502 1 1 1 40.5 ピオネロ	大井ナ 10.26 マGPSII⑯ 右1443 57藤井勘4.6 ⑯ト9ヲ15 449 7 12 13 42.8 セイスコーピオン	大井 12.29 東京大GI❶ 右2058 57内田博0.3 ⑭ト11ヲ5 565 3 3 3 36.1 アウォーディー	大井ナ 10.26 マGPSII④ 右1409 56吉原寛1.2 ⑯ト13ヲ2 484 11 8 7 39.9 セイスコーピオン	川崎 2.1 川崎記GI② 左2152 57大野拓0.6 ⑫ト12ヲ1 475 8 6 5 38.2 オールブラッシュ	中山 12.24 師走 OPハンデ 1 右1533 56戸崎圭0.1 ⑯ト9ヲ1 470 9 10 10 38.4 トラキチシャチョ	大井ナ 7.11 スターA2⑤ 右1422 57的場文1.4 ⑧ト5ヲ2 490 7 8 8 38.0 ベルゼブブ	阪神 4.15 アンタGIII⑪ 右1506 56横山典0.7 ⑯ト3ヲ2 468 15 15 16 36.0 モルトベーネ	金沢 9.5 イヌワシ賞③ 右2102 56繁田健0.2 ⑪ト10ヲ1 496 1 1 2 40.8 グルームアイラン	京都 11.12 観月橋1000万① 右1494 57ルメー-0.1 ⑬ト1ヲ1 492 3 5 5 36.8 リーゼントロック
大井ナ 5.25 スポーA2⑪ 右1432 57坂井英1.0 ⑭ト8ヲ7 542 12 12 12 39.5 ミッドイェルバハ	京都 5.20 平安 GIII⑤ 右1565 58福永祐0.8 ⑯ト16ヲ4 504 2 1 1 38.8 グレイトパール	川崎 1.3 報知オSIII⑫ 左2219 57藤井勘3.9 ⑭ト2ヲ13 455 10 12 12 42.0 8カ月休養	UA 3.25 DワーGI⑨ 左2053 57ルメー3.2 ⑭ト1ヲ5 ー 8 10 11 3カ月休養	水沢 11.20 ダービーGP3 右2092 56吉原寛1.2 ⑪ト11ヲ1 493 7 3 4 38.5 9カ月休養	東京 2.19 フェブGI⑧ 左1357 57柴田善0.6 ⑯ト1ヲ7 474 14 13 35.8 4カ月休養	中京 1.22 東海 GII① 左1532 55横山典0.1 ⑯ト8ヲ1 470 8 6 6 36.7 モルトベーネ	大井ナ 8.15 ミッドA2 4 右1275 57的場文0.9 ⑨ト4ヲ2 492 9 8 6 39.1 ブリージーストー	東京 5.7 ブリリOPハンデ① 左2103 565松山弘0.3 ⑯ト2ヲ1 468 9 8 3 36.0 キクノソル	大井ナ 9.13 東京記SII⑤ 右2380 56繁田健1.6 ⑮ト6ヲ5 491 10 11 10 39.3 サブノクロヒョウ	川崎 2.1 川崎記GI① 左2146 57ルメー-0.6 ⑫ト9ヲ5 485 1 1 1 38.2 サウンドトゥルー
大井ナ 6.8 ムーンA1 7 右1424 55瀧川寿2.4 ⑧ト3ヲ4 545 7 7 7 39.1 トーセンハルカゼ	大井ナ 6.28 帝王賞GI❶ 右2044 57福永祐0.3 ⑯ト3ヲ6 504 12 9 7 36.5 3カ月休養	船橋ナ 9.27 日本テGII 6 左1573 56保園翔4.4 ⑪ト8ヲ7 450 6 5 5 40.5 アポロケンタッキ	大井ナ 6.28 帝王賞GI⑤ 右2058 57内田博1.4 ⑯ト6ヲ2 567 9 4 5 38.8 3カ月休養	大井ナ 9.13 東京記SII 右取消 56御神訓 4ヲ ー	大井ナ 6.28 帝王賞GI④ 右2054 57大野拓1.0 ⑯ト15ヲ3 473 7 6 6 38.3 3カ月休養	阪神 4.15 アンタGIII⑨ 右1505 58ルメー-0.6 ⑯ト6ヲ1 464 11 11 10 36.4 モルトベーネ	大井ナ 8.29 オーガA2⑤ 右1545 57的場文0.6 ⑧ト5ヲ3 494 6 6 6 37.7 キングニミッツ	盛岡 7.17 マーキGIII 1 左2021 54松山弘0.1 ⑭ト2ヲ1 463 6 5 5 36.3 ピオネロ	川崎ナ 10.12 富士見A1① 左2099 57繁田健0.8 ⑩ト3ヲ1 491 7 3 2 38.8 キャッスルクラウ	名古 3.30 名大賞GIII⑤ 右2048 59ルメー2.3 ⑨ト8ヲ2 492 4 6 6 42.0 3カ月休養
大井ナ 6.30 ムーンA2 6 右1556 57瀧川寿1.4 ⑯ト11ヲ11 539 4カ月休養 0 0 0 2	船橋ナ 9.27 日本テGII 3 左1530 58福永祐0.1 ⑪ト10ヲ1 503 2 2 2 37.3 アポロケンタッキ	浦和 10.18 埼玉新SIII⓫ 左2084 58保園翔6.5 ⑪ト1ヲ10 459 5 10 10 44.3 カンムル	船橋ナ 9.27 日本テGII 1 左1529 58内田博0.0 ⑪ト11ヲ4 563 3 4 3 37.1 サウンドトゥルー	大井ナ 10.3 ムーンA1 14 右1443 57町田直3.2 ⑮ト7ヲ8 490 3 5 7 42.9 トロヴァオ	船橋ナ 9.27 日本テGII 2 左1529 58大野拓0.0 ⑪ト2ヲ3 475 5 2 4 37.2 アポロケンタッキ	京都 5.20 平安 GIII⑩ 右1577 58ルメー2.0 ⑯ト15ヲ2 472 5カ月休養 1 1 0 0	大井ナ 9.13 東京記SII❶ 右2364 56和田譲0.5 ⑮ト15ヲ12 490 3 2 2 38.7 カツゲキキトキト	阪神 9.30 シリウOPハンデ⑧ 右2047 575松山弘0.8 ⑯ト12ヲ2 468 13 14 12 36.9 メイショウスミト	浦和 10.18 埼玉新SIII③ 左2024 58繁田健0.5 ⑪ト5ヲ1 494 8 3 3 39.1 カンムル	大井ナ 6.28 帝王賞GI⑥ 右2061 57ルメー1.7 ⑯ト7ヲ7 485 4カ月休養 2 0 1 1

1着⑧サウンドトゥルー　（４番人気）	単⑧ 570 円
2着⑫ケイティブレイブ　（３番人気）	複⑧ 180 円　⑫ 180 円　⑤ 420 円
3着⑤ミツバ　（７番人気）	馬連⑧－⑫ 1050 円
・・・・・・・・・・・・・・・・・	馬単⑧→⑫ 2440 円
4着①アウォーディー　（１番人気）	３連複⑤⑧⑫ 5720 円
5着⑦グレンツェント　（６番人気）	３連単⑧→⑫→⑤ 27570 円

味はない。重要なのは、各馬の指数の差だ。数値が1違うと1馬身強の差という計算になっている。

つまり、差だけが問題なのであって、例えばケイティブレイブの72が52、アウォーディーが50であっても意味は同じだ。オープン馬クラスなら70〜60、準オープンなら50くらいにしておけば、なんとなくイメージがつかみやすいのではという理由で、適当に底上げしているだけである。ちなみに▽は休養前のデータがもとになっていることを表している。

私の実走着差指数をスピード指数の一種のように勘違いしている方もいるようだが、まったく異なるのはおわかりいただけただろう。勝負にならない馬は、初めから検討の対象外なので、指数は出ない。

数字だけをご覧になると、あまりにもシンプ

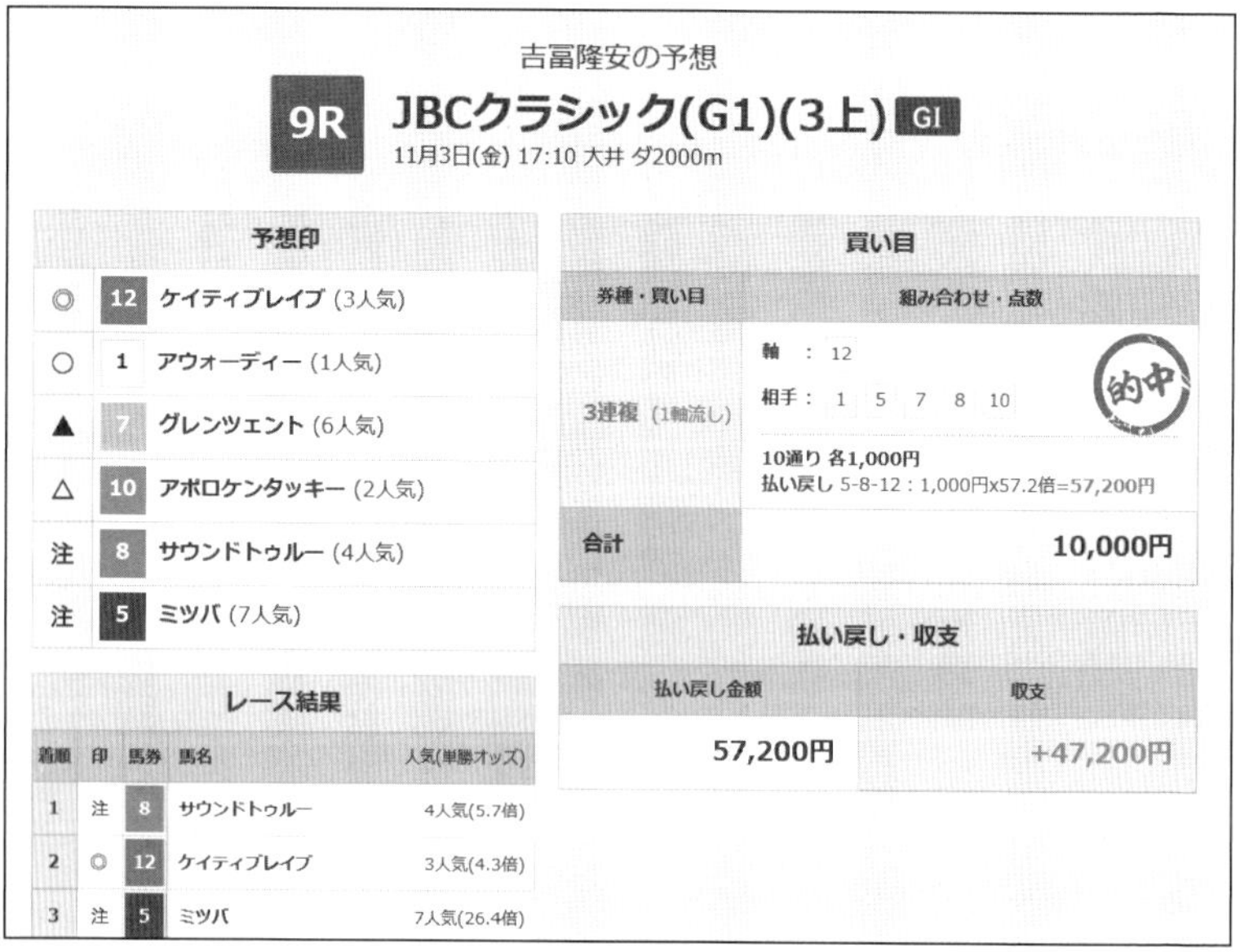
吉冨隆安の予想

9R JBCクラシック(G1)(3上) GI

11月3日(金) 17:10 大井 ダ2000m

予想印

◎	12	ケイティブレイブ (3人気)
○	1	アウォーディー (1人気)
▲	7	グレンツェント (6人気)
△	10	アポロケンタッキー (2人気)
注	8	サウンドトゥルー (4人気)
注	5	ミツバ (7人気)

レース結果

着順	印	馬券	馬名	人気(単勝オッズ)
1	注	8	サウンドトゥルー	4人気(5.7倍)
2	◎	12	ケイティブレイブ	3人気(4.3倍)
3	注	5	ミツバ	7人気(26.4倍)

買い目

券種・買い目	組み合わせ・点数
3連複 (1軸流し)	軸 : 12 相手 : 1 5 7 8 10 的中 10通り 各1,000円 払い戻し 5-8-12 : 1,000円x57.2倍=57,200円
合計	10,000円

払い戻し・収支

払い戻し金額	収支
57,200円	+47,200円

ネット競馬でのJBCクラシック的中画像。

ルなので、簡単な数式で計算したかのように錯覚されるかもしれないが、実際には理論を確立するまでには気の遠くなるような作業を要している。

例えばペース負荷の影響を換算しようとすると、ペースの速い遅いを客観的に捉えなければならない。それをどのような処理で行なうかだけでも、何年間も試行錯誤を重ねた。

「実走着差」の長所と短所

計算のプロセスはひとまずおいて、この予想手法には長所と短所がある。

長所は先ほどいったように、曖昧さがない点だ。来るものは来る、来ない馬は来ないと、結論がハッキリと計算で出るので、買い目が絞れる。

競馬で儲けるために重要なのは、買い目の絞り込みである。同着でもない限り、的中するのは連勝でも3連単でも単勝でも、ひとつの目である。10点馬連を買うのは、いい換えれば、最初から無駄な点数を9点買っている状態である。

たとえ20倍の配当があっても、2倍の単勝的中と同じ。購入点数が多くなればなるほど、確実に回収率は目減りしていく。理想は1点買いだが、しかし、それで当たるほど競馬は甘くない。なるべく少ない点数に絞り込んで買うという対処が現実的だろう。回収率を考えれば、実走着差理論は、優れた予想理論であることは間違いない。

これは予想精度がもっと上がることが前提だが、3連単時代の今、最も求められている理論でもある。あれも怖いこれも怖い、馬券の点数が増えるのは、あやふやな予想だからだ。これでは3連単は買い切れない。実走着差理論では、明確に各馬の予測着差が出るので、少点数で大勝ちを狙える。

一方、最大の欠点は、計算の元になる数字が違えば、目も当てられない惨敗があり得るという点である。

専門紙も、隣の（場立ち予想の）台もその隣の台も全部が高的中しているのに、私だけが1日中、一発も当たらず、的中を示す赤枠囲みの数字がない。「私はバカです」と公言しているようで、居たたまれない……こんな日が時折訪れる。

基準馬（後述）がおかしいのか、馬場差なのか、他の突発的な要因なのか、原因究明だけでもひと苦労である。生き物相手なので、原因がサッパリわからないときもある。

どの陣営もなんとか勝たせたいと必死、あらゆる工夫をしてくる。ブリンカーを装着したり、ハミを替えてみたり。それが奏功して突如走ることがあるのは理解できる。また、7走前にいい走りをしていた馬が、すべての条件が整い、潜在能力を爆発させたというケースもあるだろう。

例えば臆病な馬が揉まれない外枠に入り、加えて距離短縮、さらに積極的に前に行く騎手に乗り替わるなど条件がすべて整い、ポンと出てそのまま逃げ切ってしまった……こんな馬がいても不思議ではない。

しかし、不可解なのは算出した馬が全滅してしまうレースに遭遇することだ。予測不能の馬が1頭混じるのは仕方がないとして、私の手法が正しいのなら、3着以内の他の2頭は挙げた馬の範囲で決まらないとおかしい。

それでも「実走着差理論」という登山ルートを極めれば、必ずや「頂」に達するという確信が揺るがなかったのは、すでに触れたように時折、大爆発したからである。

実走着差理論の骨組みができ上がって間もなく、1997年12月30日の大井競馬でパーフェクトを達成した。1、2Rは普段から予想をしていないので、この日の全レースとはいかなかったが、3R以降、最終まで馬連の3点予想がすべて的中したのだ。

安い配当ばかりではない。3000円台、2000円台、そして最終は5000円台の大荒れ。最終は馬単なら万馬券である。もし、初期投資1点1000円、合計3000円で3R以降、受け取った配当を転がしていくと、最終レースが終わったときには2億円に膨れ上がっていた。

もちろん、後半は賭け金が大きくなり、マーケットが小さい大井ではオッズが下がってしまうので、これはあくまでも机上の計算に過ぎないが。

あの日以来、パーフェクトはないので威張れはしないが、予想したレースの7割、8割と的中する、マグロの入れ食いは何度も味わった。もし、私の理論がトンチンカンなものなら、ここまで予想が爆発する日はないはずである。

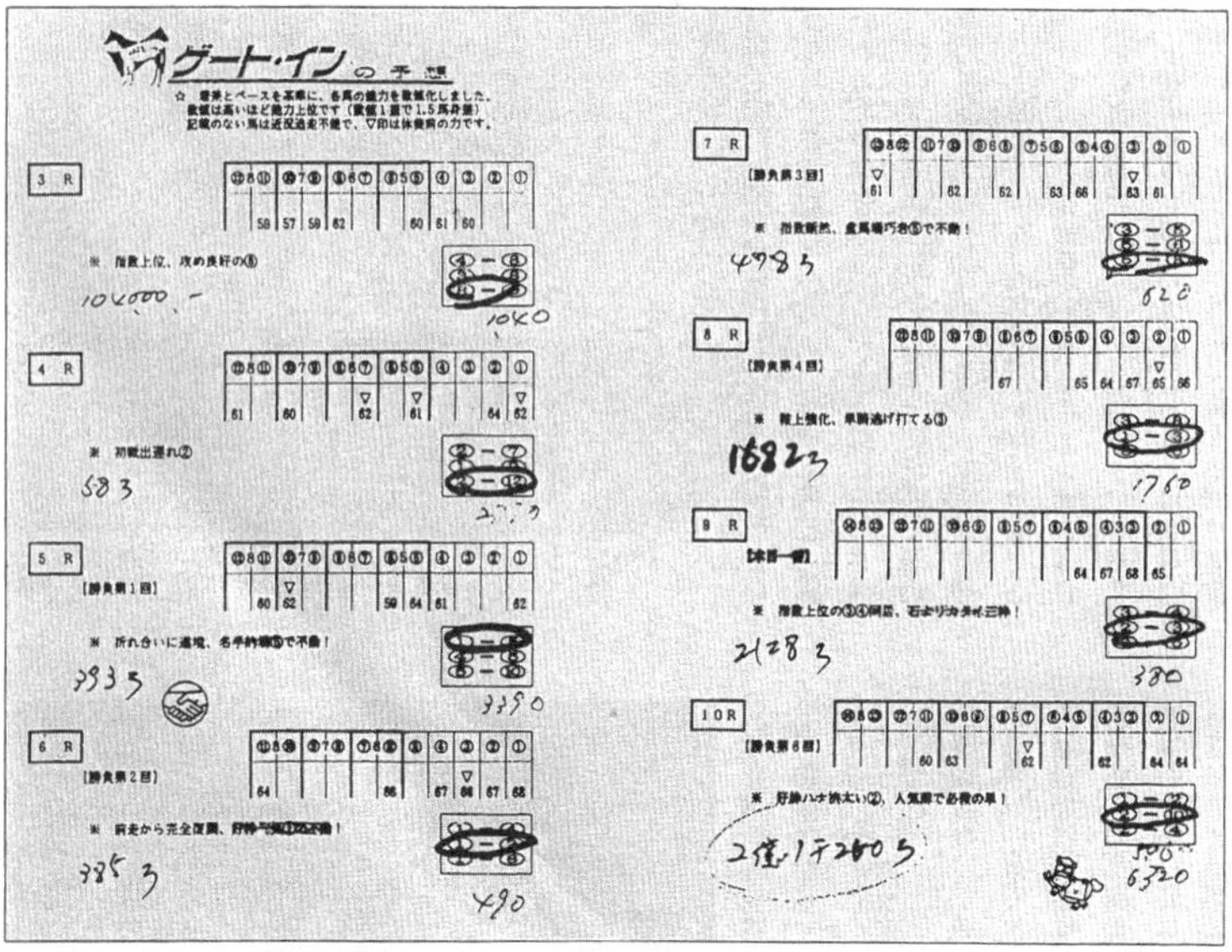

■ゲートイン・吉富隆安氏の「完全達成」予想

〈'97年12月30日・大井競馬 3 ～10R〉

3 R：予想　④―⑧、③―⑧、⑤―⑧
　的中　⑤―⑧　1040円
4 R：予想　②―⑦、①―②、②―⑫
　的中　②―⑫　2790円
5 R：予想　①―⑤、④―⑤、⑤―⑩
　的中　①―⑤　3390円
6 R：予想　①―④、①―②、①―⑥
　的中　①―②　490円
7 R：予想　③―⑤、⑤―⑥、⑤―⑧
　的中　⑤―⑧　620円
8 R：予想　③―⑧、①―③、③―⑤
　的中　①―③　1760円
9 R：予想　③―④、②―③、③―⑤
　的中　②―③　380円
10R：予想　①―②、②―⑩、②―④
　的中　②―⑩　5060円
　（軸②からの馬単で10840円の万馬券）

※氏は通例、1、2Rは予想しない。また馬単ではなく馬複が原則。それでも机上の計算では3Rから転がせば初期投資の3000円が最終レースの万馬券で2億円に到達した。「あの日はみぞれ混じりの雨が降っていてお客さんは少なかったからね、連続して当たってもそれほど騒ぎにならなかった。でも、もっと人が集まっていたら僕の買い目で買う人が増えて、最終とかオッズが下がって（馬単で）万馬券にはならなかったでしょうね」（吉富氏）

吉冨の大井でのパーフェクト予想を報じた『馬券のプロフェッショナル99』（KKベストセラーズ・ムックシリーズ、1998年刊）。

では、なぜ、爆発したかと思うと、沈黙してしまうのか。先述したように計算のもとになるデータの粗雑さが原因だ。

例えばペースの判断だ。距離とレースラップは相関関係にあるので、距離別にレースラップに合わせて数式をつくらなければならない。この第一段階の壁は越えたが、第二段階で特に中央競馬で立ちはだかったのが、「馬場差」だった。統計学でいう母集団がないために、厳密な馬場差が弾き出せないのだ。

地方競馬の場合、専門紙のデータにもいい加減なものが混じっている。例えば、逃げた馬の前半3ハロンのラップが、差してきた馬のそれより遅い。差し馬が、逃げた馬より前にいることは物理的にあり得ないのに、こんなデタラメな数字が掲載されているので、真に受けるととんでもない答えが出てしまう。

それでも地方競馬はまだいい。地方競馬の場合、盛岡競馬場を除くと、レースはすべてダートコースで行なわれている。距離も大井ならほとんどの番組が1200m、1400m、1600mのいずれか。データを集積・分析がしやすい。

対して中央競馬は芝とダートの区別があるだけなく、距離も多彩。さらに異なる形態の競馬場が10場もある。

障害や新馬戦、未勝利を除けば、各クラスのダート戦、芝戦は3レースあればいいほうだ。最も数の多い古馬500万下でも、芝の番組は1日2レースしかない日も多い。

この2レースがともにスローで流れたレースであれば、その日の時計はメチャクチャ遅くなる。また、ペースと馬場差は不可分の関係にある。ダートの速い馬場であれば、たとえ前半34秒と一見速そうなラップでも、実際にはスローだったりする。どれが平均なのか、そもそもわからない。

ならば、前半200mと後半200mの平均を取って、ペースの指針にするという方法はどうか。前半が速ければ、後半は遅くなる。前半が遅ければ、後半は速くなるので、馬場差とペースの緩急に直結する数値が出そうである。

これがまたJRAの陰謀なのか、ダートでは通用しない。JRAのダートコースの中には、芝からスタートするコースもあるからだ。重馬場になると、芝の部分では遅くなり、最後のダートの部分では速くなったりする。だから、いくら平均をとっても意味がない。

芝コースにしても、スタートしてすぐ下り坂のコースもあれば、最後に急坂のコースもある。距離もコースも同じでないと、平均が取れない。そもそも、このデータの集積が難しいのだから、悪戦苦闘した。

例えば京都の芝3000mのクラス別のラップの平均を取ろうとしても、対象となるデータは10年で10レースしか集まらない。淀の3000mという番組は、年1回、菊花賞しかないからだ。当然、馬場状態やペースは同じとは限らないので、何年経っても正確な解析ができない。

実走着差理論を構築した当時からデータを更新していないことも、予想の精度を落とす原因になっている。

中央競馬では、開催が連続すると芝を保護するために仮柵を設ける。東京競馬場を例に取れば、春から初夏にかけての開催では仮柵のないAコースから始まり、徐々に仮柵を外に移動させ、最後はラチから14m外に仮柵を設けたDコースで競馬が行なわれる。

Dコースは Aコースに比べ、14mも内が空いているのだから、まったく異なるコースだといっていい。同じ距離のレースでも、実際に走る距離は話にならないくらい変わる。

もともと実走着差理論は、南関東競馬の予想ツールとして開発したもので、中央競馬を攻略しようという明確な意識はなかった。南関東競馬で施行される中央との交流競走を予想するために、中央のデータが必要というくらいの認識だった。特に芝のレースに関しては、ほとんど念頭になかったというのが正直なところである。

そのため、A、B、C、Dのコース別にデータ処理をしておらず、全部の平均で済ませていた。トータル処理で済ませていたのは、当時は手入力で、個別に入れるとなると手間が非常にかかるという事情もあった。いざ、本格的に中央競馬の予想を始めるとなって、これが大きなネックとなっている。

私が契約してデータを取得している「競馬道 OnLine」でもコース別の区分けはないので、過去にさかのぼって修正が効かない。過去の番組表と照らし合わせながら、コースごと個別にデータを手入力するという方法もないではないが、さすがに労力がかかり過ぎる。

これまたＪＲＡの陰謀だと思うのは、競馬場の定期的な改修である。各競馬場を順繰りに改装していく。スタンドを新しくするのなら、影響はないが、コースを改修されると、それまでのデータの蓄積がすべて水の泡になる。

13年前、基本的なデータをインプットして後、阪神と中京でコースの改修があった。本当は組んでもらったプログラムを修正してもらえば、それ以降のデータ処理が簡単なのだが、新しくつくり替えるとなると、おカネも時間もかかる。応急処置として、実走着差指数を弾くにあたって、阪神、中京は手計算で追加をしている。

さらにルーティンとして行なわなければならないのは、レースリプレイのチェックである。内、外、大外と専門紙では馬柱に通ったコースを明記しているが、それがどれだけ外だったのか、各馬の走った距離を正確に出すには、レースリプレイで確認するよりない。実際にやってみればわかるが、これが単純に労力を必要とする。

実走着差理論では、各馬の近7走の馬柱をもとに指数を算出している。10頭立てでも70の馬柱を検討しなければならない。当初は手計算だったので、たった1レース予想するだけで、気の遠くなるような時間が必要だった。馬柱を克明にチェックし、レースリプレイで走った距離を推測し、計算をするとなると、大げさでなく丸一日かかってしまう。

さすがにこれでは予想にならないので、専門業者に委託してプログラムを組んでもらい、データ分析を簡略化した。しかし、レースリプレイは見なければならないし、手入力の部分も残っている。

中央競馬の場合、開催日前日の午前中に枠順が決定した出馬表が配信される。レースが始まるまで長くて30時間もない。予想の配信は、遅くとも開催日の朝までに終えなければならない。現在、ネット競馬で配信しているのは5レースだが、実際にはその倍予想して、その中から選択している。とても時間が足りないので、見切り発車になってしまうのが実情だ。

データの粗雑さを引きずりながら、時間にも追われる。いまだ六合目で足踏みしているのは、こうした事情があるからである。

これまで忙しさにかまけて、解決してこなかった問題が今、尾を引いている。このままではいけないので、17年暮れ、一大決心をし、現状のデータの精度アップを業者に委託して、改善に取り組むことにした。

コース別のデータに改めるなど、精度が飛躍的に向上し、予想が簡便化され、じっくり検討する時間もできれば、現在の倍は的中率がアップするはずだ。期待していてほしい。

データの精度が上がれば、100万馬券のゲットも夢ではないと思っている。3連単で100万円以上の超大穴が出たときでも、惜しい予想があるからだ。

例えば、17年11月26日の京阪杯（GⅢ、芝1200m）は、9番人気の伏兵④ネロが勝ち、160万馬券となった。このレースは、この日の私の「ホンイチ」（本日一番自信があるレースをこう称している）だった。

本命は勝ったネロである。なぜ、こんな人気薄を一番手に取ったのかは後で解説するので、とりあえずおいて、相手に取ったのはわずか3頭。○⑨メラグラーナ（2番人気）、▲⑩セイウンコウセイ（5番人気）、△⑫ダイシンサンダー（10番人気）。

結果的にネロ以外3着以内に入らなかったが、ダイシンは3着と同タイムの0・1秒差、セイウンが0・2秒差で入った。タラレバをいっても仕方がないが、少し狂ってネロ、ダイシン、セイウンの順で入線していたとしたら、これも160万円馬券だった。

18年1月27日の京都最終R（1000万下、ダート1400m）は、47万馬券に手が届きそうなったレースだった。私の印は、◎④モアニケアラ（9番人気）、○⑮トウケイワラウカド（6番人気）、▲⑭メイショウラケーテ（5番人気）、加えて3頭に△印を打った。

結果は見事なタテ目。⑮⑭と入り、3着も△印を打った⑪。これで3連単10万馬券である。本命が飛んでしまったのだから、惜しくもなんともないが、肝心のモアニケアラは何着だったのか。3着から0・1秒差の5着。わずかに届かなかった。もし、3着に届いていれば47万馬券だったのである。

実走着差理論は、あと一歩で超大穴も獲れるところまで来ているのだ。

次の1章では、実走着差理論の基本的な考え方を解説したい。

第1章

馬の通ったコース、
走った距離はウソをつかない

実走着差理論の核心

スピード指数の限界を補うものを探せ！

「どうせ畜生が走っているんだから、馬券なんか当たりっこないよ」「また、大穴かよ。インチキ競馬やりあがって。競馬なんて八百長だらけだ」……。

後ろから数えたほうが早い人気薄が馬券に絡むと、すぐに「八百長だ」「インチキだ」と騒ぐファンがいるが、こんな言い草は一生懸命走っているサラブレッドたちに失礼というものである。

研修で馬の種付けを見学したことがある。ご存知のように、種付けには、牝馬をその気にする「あて馬」がいる。容姿端麗の牡馬が近づくと、牝馬はその気になり、尾っぽをピンと上げるので、交尾が可能になる。その途端、待機していた種牡馬が牝馬にいきなり乗っかかり、アッという間に種付け終了である。

私が見学したとき、「あて馬」として登場したのは、1968年の皐月賞馬マーチスだった。重賞を何勝もした名馬ではあるが、さまざまな事情があって種牡馬にはなれなかった馬である。額から鼻まで白い筋が通る、なかなかのイケメンだったので、「あて馬」に起用されていたのだろう。

男前のマーチスが牝馬の首元を優しくなめるなど、求愛行動に出ると、すぐに牝馬はその気になった。その途端、乗っかかる種牡馬。振り返ってその姿を見た牝馬の表情が忘れられない。「あなたじゃない」……なんとも悲しげな眼をしていた。

母親がだまされるようにして生んだ仔たちは、愛情のない存在、「愛なき仔馬たち」である。サラブレッドは皆、「愛なき仔馬」としてこの世に生を受けるのだ。

そんな哀しき馬たちが、自らの存在意義を追い求めて懸命に疾走しているのが、競馬である。彼らの走る姿が美しくないはずがない。

とりわけ「逃げる馬は美しい」。若い頃、人間とは何かを知りたくてフロイトの著書を読み漁った。フロイトは人間を突き動かすファクターは3つあると指摘していた。「死への恐怖」「性衝動」「経済活動」である。

同じ生き物のサラブレッドも「死への恐怖」からは逃れられない。馬は自然界では弱い動物だ。強い動物たちとは五分には闘えないので、目の前に迫る死から逃れるために速い脚を授かっている。死なないためには、どの動物より速く走るしかないのだ。本能によって馬は懸命に走り続ける。レースではゴールの向こうがセーフティエリアである。

逃げ馬とは、真っ先に安全地帯に到達したいと願っている馬だ。だが、ゴールにたどり着いても死から逃れられたわけではない。この世の生きとし生けるものは、サラブレッドあろうが、人であろうが、いつかは没する……これが世の理《ことわり》。死だけが安全地帯なのだ。

サラブレッドは死から逃れながら、同時に死に向かっている。どんな馬にも死の刻印が打たれている。我々の人生も同じ。人も死に向かって懸命にもがいている。だから「逃げる馬の姿は美しい」。

競馬のレースとは、サラブレッドたちが我々の人生を5倍速で見せてくれる物語。「インチキだ」と誹謗するのは、自らを誹謗しているに等しい。

思わず脱線してしまったが、競馬は八百長だと思った途端に馬券を買うのはやめたほうがいい。八百長と決めつけて自分の予想力のなさを無理やり納得させるのでは、予想力の向上は一生涯見込めないからだ。今後も想定外の馬に大事なおカネを奪われ続けるだろう。

単勝率は、1番人気が最も高く、人気が下がるに従って低くなっていく。人気は集合知の結晶ともいえるので、ある意味スゴイ。しかし、1番人気の勝率が高いとはいえ、たった3割程度。1～3着を上位人気馬が独占するレースは圧倒的に少ない。

なぜ、人気馬が飛び、想像もしないような人気薄が馬券になってしまうのか。

答えは至極単純である。人気が間違っているからだ。もっといえば、人気をつくる競馬専門紙の予想家やトラックマンの印が間違っている（もちろん自戒を込めての話だが）。

現在、馬券マーケットを支配しているのは、競馬専門紙の記者や予想家が信奉するスピード指数、すなわち走破時計をベースにした予想だ。メディアで予想を提供している人たちのおよそ8割がスピード指数派。あとの2割くらいが、血統や調教、あるいは厩舎情報といった他のファクターをメインにしている。つまり、主流となっているスピード指数がオッズをつくっているともいえる。

だが、スピード指数予想は限界がある。ゆえに、人気になった馬がいともたやすく飛んでしまう。

スピード指数の起源は、1975年に辿るといわれている。アメリカの競馬評論家、アンドリュー・ベイヤーが提唱し、世界に広まった。日本では90年代最初、西田和彦氏が月刊誌『競馬最強の法則』で「西田式スピード指数」を提唱。一気に信奉者が増え、現在、予想手法のメインストリームになっている。

私が大井の場立ち予想家になった当時は、西田式スピード指数はなかったが、その頃は私も「競馬は速い馬が勝つ」と信じていたので、自分なりのスピード指数を考案し、予想の精度を高めようと躍起になっていた。

ところが、いくらスピード指数を追求しても、思うように当たらないどころか、スピード指数では説明がつかないレースが頻繁に起こる。

例えば、勝ち馬と5馬身離されて負けた馬が、次のレースでも顔を合わせた。今回は何馬身差で勝つのかと見守っていると、負けた馬が5馬身離して圧勝してしまう。本当にわけがわからない。

このような逆転劇がたまにならまだしも、たびたび起こるのだから頭をひねらずにはいられない。最初は成長力なのか、体調なのか、原因を突き止めようと、あらゆる可能性を寝ても覚めても考え続けた。しかし、確かな答えは見つからない。

血統や調教も研究したが、血統によると思われる気質の違いがあることはわかったものの、だからといってそれが勝ったり負けたりの原因とも思えなかった。

確かなスピード指数を構築しようと格闘を続けているうちに、10年近くの歳月が過ぎていった。この間、おぼろげながらも、核心に近づいている。後に実走着差理論につながる、**距離ロスとペース**というファクターに気づいたのだ。

ただ、当時はスピード指数の泥沼からなかなか抜けられず、タイムを補正すれば、正しい答えが導き出せると考えていたので、悪戦苦闘の日々が続いていた。そんなスピード指数の呪縛から解かれるきっかけのひとつとなったレースがある。

オールドファンなら１９９０年12月23日、「第35回有馬記念」は忘れられないレースではないだろうか。この暮れの大一番を制したのは、ここを最後に引退が決まっていたあの怪物、オグリキャップだった。

笠松から中央に移籍し、高松宮杯制覇後、ＧⅠで常に勝ち負けを演じていた怪物もこの年、安田記念優勝、宝塚記念2着の好走を最後に失速。秋は、天皇賞（１番人気6着）、ＪＣ（４番人気11着）と惨敗を続けており、「オグリはもう終わった」という声さえ聞こえていた。

そんな中での引退レース。結果はご存知のように競馬史に残る感動的なフィナーレ。武豊ジョッキーを背に感動の嵐の中、引退の花道を飾った。

なぜ、こんな古い話を持ちだしたのかといえば、私にとっても別の意味で印象に深く残るレースだったからである。

オグリの感動的な勝利にケチをつける気は毛頭ないが、あの有馬記念でのオグリの走破時計、実は当日、同距離で行なわれた９００万下（現在の１０００万下に相当）のグッドラックハンデよりも遅い。つまり、タイムを単純に比較すれば、９００万下勝ちの馬が、歴史的名馬オグリキャップより強いことになる。

もちろん、だからといってこのような結論を下すファンはいないだろう。レースの勝ち負けは、タイムだけでは比べられない証拠である。

あのオグリの有馬記念は、スピード指数による予想の限界をハッキリ示したレースだったといえるだろう。

考えてみれば、時計で馬の能力を測れないのは明白だ。たとえ馬場差をしっかり出せたとしても、時計には表れない馬の力もある。

強い馬の走り方を見ていると、緩急のつけ方に特徴がある。スタート直後は、目一杯のスピードを発揮して有利な位置を取りに行く。自分の位置を取った後は、スピードを抑え、折り合いながら道中を進んでいく。そして、最後の直線で、ドンと伸びる。

結果的に時計が平凡でも、内容を見ると、強い馬は強い走り方をしているのだ。

抑えるのも馬の能力だし、上のクラスに上がれば、要求される瞬発力も高くなる。こうした要素を抜かして、走破時計だけで馬の能力を測ろうとするスピード指数に限界があるのは、当たり前といえば当たり前なのだ。

同じレースで走った馬の優劣をジャッジしていく

走破時計による予想の限界を確信した私が、七転八倒しながらたどり着いたのが、「実走着差理論」である。1990年代半ば頃、おおよその骨格ができ上がった。

「実走着差理論」の考え方の立脚点をおさらいしておけば、「各馬の近走を、ひとつのレースに翻訳し直し、着差を出す」である。

「実走着差理論」の分析対象となるのは各馬の近7走だ。7走にしたのは、2年以上も前にさかのぼって、こちらよりこの馬が強かったなどと出しても意味がないからだ。

例えば、100m走で日本人初の9秒台を記録した桐生選手に、幼稚園時代かけっこで勝った人がいたとしても、今でも桐生選手より速いとは誰も思わないだろう。最大7走であれば、だいたい1年くらいの範囲で収まる。それ以前の力で走られても、あきらめることにしている。

近7走の馬柱をもとに、翻訳し直すということは、例えば大井のフルゲート14頭立てなら、14×7で延べ98レースを同一のレースに換算し、着差を出すことになる。

競馬はクラス分けをされたメンバーで走っているので、98レースのうち、いくつかはダブっている。例えばAレースには7頭が、Bレースには8頭が、というように同じレースを走っている。

例えば、98の馬柱がA、B、Cと3つのレースに分かれていて、この3つのレースの優劣がつけられれば、すべての馬を同一レースで走ったものとして処理できる。すなわち全出走馬の優劣が判明するのだ。

実走着差理論を予想手順に沿って解説すると次のようになる。

第一ステップは、**「同じレースで走った馬の優劣をつける」**。

単純にそのときの着差で比べては、競馬の真実には近づけない。競馬では例えば1600m戦でも、

馬柱の中から同じレースをマーキングし、優劣をジャッジしていく。その際に重要なのが、字面の「着順」ではなく、距離ロスとペースから弾き出した「実走着差」なのだ。

実際に馬が走る距離は、出走馬ごとに異なるからである。この距離差がとてつもなく大きい。

スピード指数に限界があるのは、競馬は陸上競技のトラックで行なわれる400m走や200m走のように、セパレートコースで同じ距離を走る競走ではないからだ。

400m走のスタート位置は、外のコースほど前に置かれている。外々を回るのだから、当然、同じ距離にするには、外のコースほどスタート地点は前に設定しなければならない。

ところが競馬のゲートは、そういう配慮はないし、コースもセパレートではないため、ずっと外を走らされる馬もいれば、内ピッタリを回ってくる馬もいる。走破距離が違うのに、走破タイムを比べても正しい答えが出るはずがない。

開催が進んでくると、芝保護のため、仮柵が設けられる。同じ東京競馬場の芝のマイル戦でも、仮柵の位置によって走る距離は影響を受ける。

しかも同じコースでも、レースの施行日が違えば気象条件も異なるし、馬場状態もまったく違う。陸上競技の100m走では、風速2m以上の追い風があれば参考記録として扱われる。

また冬のマラソンに比べ、気温の高い夏のマラソンは、体力の消耗度が激しく、時計がかかるのが普通だ。サラブレッドは繊細な動物。人間以上に気象条件もタイムに影響を及ぼすはずだ。

ましてや同距離でも、競馬場が違えば、コース形態、坂の有無など、走る条件がまったく異なる。馬場差を補正し、風の影響を考慮して指数を上げ下げしても、馬の能力を正しく反映した指数ができ上がるかどうか……。

ともあれ、**各馬の走った距離を考慮に入れない予想は、走った事実を無視しているの**で、正しい能力を弾き出すことができない。

では、外を回った馬と内ピッタリを走った馬だと、どのくらい走った距離が違うのか。

直線は走る距離に変わりはないので、問題になるのはカーブである。日本の競馬場にはおむすび型のコースもあるが、基本形は楕円。新潟の直線芝1000mを除き、コーナーを1回回るワンターンの競馬、もしくは1、2角、3、4角を回ってゴールを目指すツーターンの競馬が大半だ。

仮にきれいな楕円形のコースの2ターンの芝2000mのレースで、A馬は終始内ピッタリを回り、B馬はそれより1m外を回ったとしよう。この場合、A馬とB馬が走った距離はどれほどの差になるか。簡単な算数の問題なので、どなたも解けるはずである。

4角を回る馬群。内と外、見た目だけでも、これだけの距離の開きがある。

コーナー2回の距離差を弾き出すと、ひとつのコーナーは半円形なので、2つを合わせると円。したがってA馬の走った距離は2πrだ。一方、B馬の走った距離は2π(r+1)=2πr+2π。もう、おわかりだろう。B馬はA馬より2πm、つまり2×3・14=6・28(m)も多く走っている計算になる。

ちなみに、この実走の距離差を時計に換算すると次のようになる。

芝2000mの走破時計を2分だと仮定すると、10m走るのに要する時間は、0・6秒(120秒÷200m)。ざっくり計算して0・4秒近く時計が違ってくる。

つまり、A馬が0・2秒差でB馬に先着していたとしても、実走では、B馬のほうが0・2秒近く先着していることになるのだ。

たった1m外を回ったと仮定しても、これほどの実走距離差が出る。実際のレースでは、コーナーで4頭分、5頭分外を回るシーンはザラに見られる。

1頭分外が仮に1・5mとすると、4頭分ともなると6mも外を回っていることになる。ひとつのコーナーで6m外を回れば、内を回った馬より18m以上も走る距離が長くなる。5、6馬身の差があったとしても、次に通るコースが逆になれば、いとも簡単に逆転してしまう。

2004年11月に行なわれた2つのダートGI、「JBCクラシック」と「ジャパンカップダート」に出走したタイムパラドックスとアドマイヤドンの死闘も、通ったコースいかんで着順が入れ替わることを証明したレースだった。

大井競馬場で開催されたＪＢＣクラシックを制したのは、アドマイヤドン。タイムパラドックスは大外を回って追い込んできたが、３着に上がるのが精一杯。しかし、次のジャパンカップダートでは2頭は逆転。先行したアドマイヤドンをタイムパラドックスが見事に差し切り、栄冠をもぎ取った。

タイムパラドックスがＪＣダートでアドマイヤドンに届いたのは、インを突いて上がってきたからである。つまり、外を通って距離ロスが大きかったＪＢＣでは負けたが、距離ロスを最小限に抑えたＪＣダートでは、アドマイヤドンを捕えることができたというわけである。

こうした例は枚挙にいとまがない。15年の天皇賞秋とジャパンCで戦ったショウナンパンドラとラブリーデイも好例だ。

秋の天皇賞馬に輝いたのはラブリーデイで、ショウナンパンドラは遅れること1馬身3分の1の4着だった。これがＪＣでは順位が入れ替わり、勝ったのはショウナンパンドラ、ラブリーデイは３着に終わった。

天皇賞秋の枠順はラブリーデイ8番枠、ショウナンパンドラ15番枠。ＪＣではラブリー1番枠、ショウナンは同じく15番枠。枠順の有利不利が解消されたわけではないのに、ショウナンが先着できたのは、道中で通ったコースの違いからだった。

秋天では、ショウナンはメチャクチャ大外を回して直線へ。一方、ＪＣでは中団後方から距離ロスなく、コーナーを回り直線差し切った。ラブリーとの走った距離の差を縮めたのだから、逆転できたのは当然なのだ。

断言しておこう。実走距離を無視した予想では、競馬の真実には近づけないと。

効率的なレースリプレイの見方とは!?

さて、実走距離を把握するためには、レースリプレイで各馬の通ったコースをチェックする以外にない。

日本の競馬新聞の馬柱は世界一で、あの小さなスペースにあらゆるデータが詰め込まれている。通過順位だけでなく、4角で馬群のどこを回ってきたかまで書かれているケースも。

馬柱の表記を頼りに通ったコースを推測すれば、予想の労力は減るだろうが、正確性には難がある。新聞の分類は「最内」「内」「中」「外」「大外」といった大雑把な表記だ。

大外といっても3頭雁行状態の大外もあれば、8頭分外のメチャクチャな大外もある。3～4角ずっと外を回ったわけではなく、3角の途中から上がっていったときに外々を回されたという場合もある。

また「最内」と書いてあっても、レースリプレイで確かめてみると、悪い馬場を避けて、ラチから3m以上外を逃げていたりする。一見は百聞に如かずである。レースリプレイを見れば、距離ロスが体感できる。

また、着差に大きく影響を及ぼす「出遅れ」も、何馬身遅れたか、レースリプレイを見れば実感できる。挟まれた、前が詰まったなど不利もチェックできる。レースリプレイを見直す習慣をつけるだけで、諸君の予想力はグンと上がるはずだ。

レースリプレイは中央競馬も地方競馬もＪＲＡやＮＡＲ（地方競馬全国協会）のホームページから閲覧できる。中央競馬の場合、パトロールフィルムも無料で公開しており、かなり正確に通ったコースを把握できるようになった。ネット環境さえ整っていれば無料で見られるのだから、必ず見てほしいものだ。

もっとも、レースリプレイのチェックは、想像以上に負担がかかる作業である。中央競馬の場合、1日2場もしくは3場で12レース、施行されている。障害戦はオミットしても、3場開催なら、34レース以上見なければならない。

スタートから全部チェックすると、1レース平均2分はかかる。30レースを閲覧しようと思えば少なくとも1時間は必要だ。上位馬に限ってチェックするとしても、1回の再生では済まない。2、3回と再生すると、3時間はかかる。土日2日分なら1週で最低でも6時間は割かなければならない計算になる。

馴れれば多少短縮できるとしても、予想を生業《なりわい》としている私でさえも、忍耐を強いられる作業だ。すでにリタイアして、時間があり余っている方でなければ、週6時間も7時間も競馬に割ける余裕などないに違いない。

そこでオススメしたいのは、**条件による足切り**だ。

共通データが少なく、成長途上でもある2歳戦、3歳限定戦は除く。それでも負担がまだ大きいと感じるのなら、古馬1000万下条件以上に絞り、予想をして馬券を買うことに決めれば、チェックしなければならないレースリプレイも3分の1以下に減る。500万下のレースは、勝ち馬に余裕があったかどうか、ゴール前だけを確認するだけでいいだろう。

さらに簡略化するのなら、スタートの出遅れのあるなしを確認した後、中間は飛ばし、最後のコーナーだけをチェックするという手もある。それでも見ないよりはずっといい。

先述したように、競馬予想の大きなネックとなっているのは時間である。出馬表が発表されてから、出走するまでの時間が短すぎる。まともに予想しようと思うと、徹夜をしても間に合わない。予想時間の効率化も重要なテーマだ。

そういう意味で大事なのは「復習」だ。予想は楽しいので、ついつい「予習」に重きを置きがちだが、レースリプレイのチェックといった、あらかじめできることは時間のある週中までに済ませておくことが、予想の効率化につながる。

ペース判断の処理をどうするのか

話を戻すと、実走距離とともに各馬の能力に多大な影響を及ぼしているのがペースだ。

スローペースであれば、前に行った馬が楽、後方から追い込んでくる馬は辛い。逆にハイなら、逃げ先行が苦しく、後方から追い込んでくる馬は下がってくる馬たちをうまく捌くだけでいい。

こうしたペース負荷も計算に入れないと、本来あるべき着差は出ない。これは自明の理だろう。

走った距離とペースを考えれば、強い馬が浮かび上がってくる。例えばスローペースの場合、外を回り（長い距離を走り）、追い上げてきた馬が強いレースをしたことになる。

逆にハイペースでは、内に何頭か馬を置いて先行し、ゴール前まで粘りに粘った馬が強い。だから着順は必ずしも馬の強さに比例しないのだ。

とはいえ、ペースを数値化して、数式に入れるとなると、これがやっかいである。

一般にペースはスロー（S）、ミドル（M）、ハイ（H）の3つに分類されていて、専門紙によっては、さらに超スローという意味でSS、超ハイペースという意味でHHの表記を使っているところもある。

いうまでもなく、このような曖昧なペース表記では数式には落とし込めないので、独自にペースの評価基準をつくる必要がある。

ペースが速い遅いを判断するにあたって、行なわなければならないのは、馬場差による走破時計の評価だ。前章でこの件については触れたので、ここでは繰り返さないが、走破時計といっても、何をもってそのレースの走破時計とするのか、この問題自体が難しい。

勝ち馬の時計や全馬の平均、これではダメだということは誰でもおわかりいただけるだろう。

データベースソフト「TARGET」では、JRA-VANのデータをもとに、全体の平均タイム、上位25％の平均、1～5着、2～5着の平均と4通りのタイムが出ている。

これをそのまま使うという手もあったが、経験則から私が採用したのは、2、3着のタイムの平均である。1着馬は余裕がありながら、勝った馬もいるので限界まで力を発揮したとは限らない。対して**2、3着馬は、目一杯走ってのタイムである可能性が高い**。

また、出走馬はみな掲示板を目指しているので、5着以内の馬の平均で考えるのが最も適切だろう。しかし1、2着では曖昧。3、4着の平均では、いい換えれば、実質的に上から6頭の平均になってしまう。2、3着の平均ならば、1、4着の平均と同じ意味となるので、ベストではないかと考えたのだ。

少々話が込み入ってきたので、頭が痛くなった方がいらっしゃるかもしれないが、こうした緻密な計算をして、ペース判断を行ない、各レースの実走着差を弾き出しているのだ。

同じレースで戦っていない馬のジャッジ

では、戦っていない馬の比較はどうするか。

基本となる方法は、尺度となる「基準馬」を設定して比べるというやり方である。

例えばA馬とB馬が直接対決していなくとも、C馬が過去のレースで両馬と戦っていれば、C馬を基準（物差し）にしてA馬、B馬の着差は弾き出せる。

A、B2頭と戦っている共通馬がいなくても、A馬と走ったC馬、B馬と走ったD馬がいて、C馬とＤ馬が過去に戦っていれば、Ｃ、Ｄどちらかを基準馬にして、Ａ、Ｂ馬の着差は出せる。

もっといえば、Ｃ、Ｄ馬が一緒に走っていなくても、Ｃ、Ｄ両馬と走ったＥ馬がいれば、Ｅ馬を基準に計算すれば、Ｃ、Ｄとの着差、Ａ、Ｃとの着差、Ｂ、Ｄとの着差といった具合に辿っていけるので、Ａ，Ｂの優劣を計算できる。

馬柱では直接わからなくても、辿っていけばどこかで基準馬が見つかるものである。

もっとも、他の馬と共通データが一切ない馬もいる。例えば、３戦１勝で５００万下に昇級してきた馬がいたとしよう。他の馬とは初顔合わせ。基準馬もいないので、比較できない。

こういう場合は次善策として、時計による処理で済ましている。その馬が過去のレースで走ったラップを時計換算して通用するか、判定している。ハイを追い込んで勝ったのであれば、能力は割引、スローを逃げた馬も同様である。

そもそも昇級馬は、実走着差で処理をしてみると、実は勝っていない馬も多い。こういう馬は昇級戦では用なしだ。

実際の予想手順では、レースの優劣比較を優先したほうが効率的だろう。

例えば、Ａレースの甲馬、Ｂレースの乙馬を比較すると、ＣのレースでもＤのレースでも甲馬が大きく離して先着していた。この場合、実走着差に翻訳せずとも、明らかにＡレースとＢレースの間には大きなレベル差があることがわかる。

ならば、Ｂレースに出走し、５着にも入れなかった馬たちは、ハナから検討対象から外せる。

ちなみに私のソフトでは、各クラスの5着以内に入った馬たちの平均着差を基準に、それ以下の馬たちは、足切りをする仕組みになっている。

今走の「枠順」が最後の決め手になる

過去の馬柱から全出走馬の優劣がついた。これで予想が終わったわけではない。今走与えられた条件次第で、着順は入れ替わるからだ。

距離ロスが大きくなると予想されれば、危険な馬になるし、ペースが速くなると予想されたレースの逃げ馬は、能力を発揮できない可能性が高い。どこをどう通るか、レースが始まる前に完全に予測するのは、無理というものである。

しかし、まったく予測できないわけではない。カギを握るのは**枠順**だ。

内枠であれば、インを回る可能性が高いし、外枠なら外外を回らされる可能性が高くなる。あくまでも確率的にではあるが、当たらずとも遠からずだろう。

このとき、重要なのは前走との枠順差である。

実走着差理論の骨格をつくり上げるにあたって、「枠順による有利不利」を計算したことがあった。同クラス、同距離、良馬場という条件で、最内枠から大外枠まで勝ち馬のタイムを比較してみたのだ。

すると、内枠と外枠では大きな差が出た。

例えば、5番ゲートの馬が1着になったレースと、8番ゲートの馬が1着になったレースを過去にさかのぼって統計をとってみると、平均走破タイムが、8番ゲートの馬が勝ったケースのほうが遅かった。

馬身差にすると、「1・3馬身の差」が出たのだ。8番ゲートと5番ゲートの間は、枠2つ分。この差が1・3馬身差を生んだことになる。

この結果から、多少の誤差も考慮して、ゲートが2つ分開くと1馬身（着差に換算すれば0・17秒）違うと仮定した。さらに便宜上、「前走と今走の枠順の差を2・1で割った答えが、馬身差になる」とした。

この馬身差は、わかりやすくいえば、スタートから最初のコーナーを回るまでの有利不利を表している。

例えば、前走6番枠、今走13番枠に入った馬がいたとしよう。枠順差は13－（6＋1）＝5。これを2・1で割ると約2・8。つまり、最初のコーナーまでに前走より約3馬身不利になるという計算になる。

解決しなければならない問題はまだある。前走4つのコーナーを回る2000m戦だった馬もいれば、ワンターンの1200m戦を走った馬もいる。

今走が仮にワンターンの1600m戦だとすれば、異なる距離のままでは今走での優劣は比べられない。そこで、コーナーの数も考慮に入れて、異なる距離を換算する数式を考案した。この数式をつくり上げるだけで2年はかかっている。

背負っている斤量の問題

斤量の増減も指数に反映させている。とはいえ、あくまでも補完的な要素である。

斤量が競走能力にどれだけ影響を与えているのか、統計的なデータは取れない。斤量が重くなって成績が落ちたとしても体調に不安があったのか、あるいは適性がなかったのか、それともやはり斤量のせいなのか、本当のところはわからないからだ。

俗説では1キロで1馬身違うといわれている。しかし、私は乗馬に興味があって、実際に馬に乗った経験からいっても、これはない。押しても引いても馬は、なかなか動かない。あんな大きな動物をやすやすと動かす騎手は偉いと思った。500キロ前後もあるサラブレッドにとって1キロ斤量が増えても、堪えるとは考えられないのだ。

斤量の影響は、個体差によって変わる可能性もある。小さくてカンカン鳴きしやすい馬がいる一方、2キロくらい増えても**へ**とも思わない大型馬もいるに違いない。

走る距離によっても影響度は変わりそうだ。短距離戦では、斤量が重いおかげで逆に加速がつきやすくなるんじゃないか、という想像さえしたくなる。

本当の影響度はわからないのだから、斤量の増減は無視してもいいような気がしないでもない。それでも、指数に反映させているのは、斤量というファクターが漏れたために、的中しなかったといったケースが起こらないとも限らないからだ。とりあえず斤量の増減も組み込んでおけば、後悔しないで済む。

私の場合、2キロで1馬身と決めている。といっても斤量増の場合、3キロ増でも1馬身の遅れ。マイナス要素として計算する場合は、3÷2＝1・5の少数点以下は切り捨てにしている。

逆に5キロ減ったといったプラス要素の場合は、四捨五入。5÷2＝2・5は前走より3馬身有利になったとしている。斤量増はあまり割り引かず、斤量減は余計に上乗せしてあげる。これがちょうどいい加減ではないか、と考えている。

実際には斤量による有利不利が、レース結果を大きく左右するとはあまり思えない。ハンデ戦で軽量になった馬はもともと弱いし、多少斤量が重くなっても強い馬は強い。斤量というファクターは、気休めに計算に入れているといったほうがいいのかも。

そして最後はペース予測。逃げ馬、先行馬が何頭いるから速いといった、各馬の脚質をもとに判断するといった漠然として予測では、間違えやすいのがペース予測だ。たとえ近走逃げていても、ダッシュ力を比較してみると、今走は逃げられない馬もいるからだ。

実走着差理論のベースとなるのは常に過去のデータ、統計処理によって得られた数値である。例えば東京の芝1600mといった具合に、条件別コース別に10年間のデータを統計処理し、平均のラップを出しているので、それと照らし合わせると、今走の位置取りが予想できるのだ。

あくまでも裏付けのある数字をベースにペースを割り出し、有利不利を明らかにして最後の決断に生かしている。


我ながらなんと七面倒な計算をしているのか、と思う。諸君の中には、ここまでやらなければならない理論なら願い下げだとうんざりした方もいるかもしれない。

理論を編み出した当の私でさえ、ソフトがなければ予想ができない状態なので、諸君に私が行なってきたような苦労を強いるつもりはない。あえて詳細に予想のプロセス、理論の構築課程をお見せしたのは、理論を理解していただいたうえで、実走着差的な視点を持っていただきたいと思ったからだ。

厳密な計算をしなくても、実走着差的な視点を取り入れるだけで、諸君の予想は劇的に変わるはずである。馬柱の読み方が格段に深くなる。

次の2章では、最近のレースを題材に、実走着差理論の実践的な使い方、考え方を披露しよう。

第2章

計算ができないアナタでも
コレなら的中に近づく

実走着差理論を使いこなす方法

「実走着差」から14番人気馬の激走を見抜く！

私のお客さんの中に、私の理論を研究し、競馬予想家としてマスコミにデビュー、現在も予想を提供している人がいる。Kヤマモト（山本）くんだ。私はふだん「ヤマちゃん」と呼んでいるので、本書でもそれで通させてもらう。

ヤマちゃんは私の理論の後継者のひとりでもあるが、彼が標榜しているのは「実走着順理論」。予想のアルゴリズムは同じなので、本家の私に遠慮してあえて「着順」と命名しているのだろう。

私の理論はあくまで「着差」である。「着順」と「着差」は響きが似ているので、うっかりすると同じような意味だと捉えがちだが、予想するうえではまったく異なるファクターだ。

人気を左右するのは着順である。2着続きといった、連続して上位に食い込んでいる馬は、今度こそと皆さんも思われるのであろう、人気に祭り上げられるケースが目立つ。馬柱のデータの中で最も目立つ数字も着順なので、余計に着順のよい馬に注目が集まる。

ところが、着順と人気を信じて買うと、あっさり裏切られた……こんな経験をした諸君は多いのではないか。オッズ1倍台の圧倒的人気の、着順のきれいな大本命が馬群に沈むシーンは珍しくない。なぜ、一見堅そうな好走続きの馬が人気に応えられないのか。

着順は能力を正しく反映しているとはいえないからだ。相手関係やペースといった要素を抜きにしても、例えば同じ2着といっても、勝ち馬から1秒離された2着もあれば、ハナ差の2着もある。また、3着以下の数頭とは0・5秒差以内の2着もあれば、後続とは離れた2着もある。

Aレースで3着以下を離して2着に入ったC馬、Bレースで10着のD馬がともに勝ち馬から0・5秒差といった場合、後者のほうが力が上だという解釈すら成り立つ。Bレースは10頭が0・5秒差でなだれ込む接戦。後ろがちぎれて楽に走れたC馬に比べて、D馬にかかった負荷ははるかに大きいからだ。

極端にいえば、着順などなんの意味も持たない。いや、むしろ、着順のいい馬ほど今度は危ないという解釈だってあり得る。

2着が3回続いた馬がいるとする。3走も続けてあと一歩で勝てないのは、決め手に欠けている証拠だ。さらに、疲労が心配。上位に食い込んだということは、目一杯走ったということである。2走も3走も目イチの走りをすれば、疲れが残って当然だ。着順に惑わされると、最高値でボロ株を買わされる結果になりかねない。

重要なのは着差だ。着順ではなく着差を見れば、着順主義ではわからなかった、出走馬たちの本当の優劣が見えてくる。

例として挙げたいのは、2018年1月7日中山9RサンライズS（4歳上1600万下、芝1200m）。次に挙げるのが、ネット競馬のスタッフに送った私の予想の骨子とコメントである。

中山第9R　⑨―⑭⑥③⑤②　▽71―▽70―69―68―68―67

太目前走向正面下がる不利、大外1・0差好内容、降級叩き三走目キメ手鋭い⑨で不動！

予想では◎⑨ナインテイルズ、（6番人気）、○⑭アイライン（14番人気）の順。単勝2・4倍で1番人気の③ロードセレリティは4番手の評価だった。

⑨ナインテイルズを本命に推したのは、休み前の走りから力上位と判断したからだ。休み明けの前々走はクビ差で力を証明した。前走は12着に敗れたとはいえ、1秒差。太目が敗因とハッキリしていて、この着差。輸送のある今回は絞れる、叩き3走目で勝負と踏んでの本命だ。

実際には、ほとんど絞れておらず、0・5秒差の5着に敗れてしまったのだが、ここで強調したいのは、14番人気で単勝万馬券の⑭アイラインと1番人気③ロードセレリティの評価だ。結果を先に記せば、勝ったのは14番人気のアイライン。ロードは3着に入るのがやっとだった。

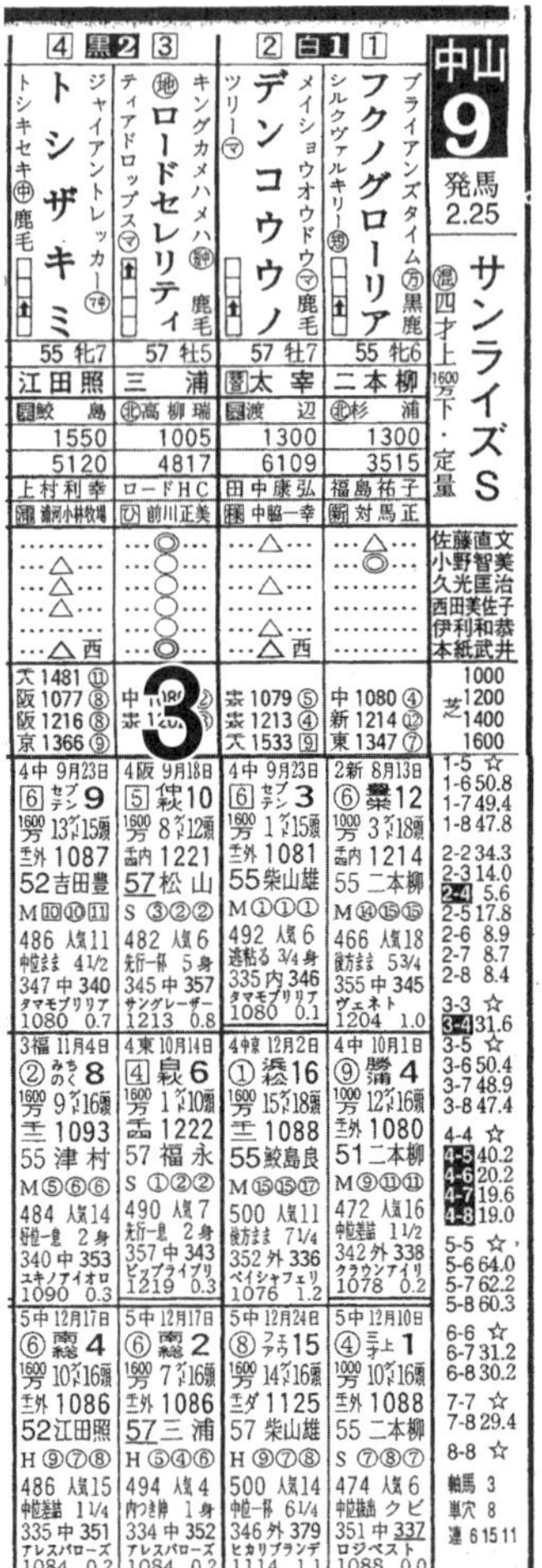

（優馬）

2018年1月7日中山9Rサンライズ S（1600万下、芝1200m良）

16	15	14	13	12	11	10	9	8	7	6	5
桃8	桃8	橙7	橙7	緑6	緑6	黄5	黄5	青4	青4	赤3	赤3
サンライズペガサス(中) **クリノコマチ** コパノマルコリーニ(短) 栗毛	アルデバランII(マ) **レジーナフォルテ** ナイキトライアンフ(マ) 黒鹿	ローレルゲレイロ(短) (地)**アイライン** ローレルシャイン(マ) 黒鹿	ネオユニヴァース(中) **アルマエルナト** キャメロンガール(短) 栗毛	スウィフトカレント(中) **ベルモントラハイナ** ベルモントピノコ(短) 鹿毛	ダノンシャンティ(マ) **クインズサリナ** ケイアイギャラリー(短) 黒鹿	アドマイヤコジーン(マ) **ウエスタンユーノー** ウエスタンルージュ(短) 芦毛	ローエングリン(マ中) **ナインテイルズ** マイネフォクシー(中) 栗毛	ダイワメジャー(マ中) **アッラサルーテ** ラタフィア(中) 栗毛	メイショウサムソン(中長) **メイショウブイダン** エンジェルローブ(マ) 鹿毛	パイロ(マ中) **メイショウスイヅキ** ヴィトンクイーン(短) 鹿毛	ディープインパクト(中長) **ドラゴンストリート** フィラストリート(マ) 鹿毛
55 牝7	54 牝4	55 牝6	57 騸7	55 牝7	54 牝4	55 牝7	57 牡7	55 牝5	57 牡7	55 牝5	57 牡7
替田中勝	替吉田隼	替勝浦	柴田大	替藤田菜	替田辺	横山和	替柴山雄	替石橋脩	村田	横山典	替大野
(南)伊藤伸	(南)佐藤吉	(南)高橋裕	(北)伊藤大	(北)和田道	(栗)西村	(南)菊沢	(栗)中村	(北)手塚	(栗)西浦	(栗)本田	(南)田島俊
1300	1500	1075	1350	1550	1200	1550	1550	1350	1550	1200	1550
6656	4452	5892	9888	5945	3972	6225	7418	6410	5257	4260	7998
栗本博晴	永山勝敏	アラキF	コウトミックR	和田牧場	亀田和弘	西川賢	岡田牧雄	吉田勝己	松本好雄	松本好雄	窪田芳郎
(日)ヤナガワ牧場	(平)中川隆	(新)アラキF	(浦)小島牧場	(新)ベルモントF	(び)佐竹学	(び)ウエスタンF	(浦)山田牧場	(安)ノーザンF	(日)長谷川牧場	(浦)三嶋牧場	(日)下河辺牧場
………	△◎△○	△▲	注△注注△△	………	△注△注▲西	………	△△△△西	▲▲◎▲◎注	B…西	○△△△西	▲△
新55.4⑪ 京1085② 新1204⑤ 東1342⑬	新54.4③ 福1081① 東1224⑦	**1** 中…1⑫ 東1…0⑤ 東1…1⑥	**2** 中…08⑩ 新1…4② 中…32④	新55.1① 札1083② 東1290⑧	阪1088⑤ 京1216④ 阪1371⑮	新54.8⑦ 函1084①	天1463④ 京1075① 阪1211⑧ 崇1346⑨	天1478⑩ 函1110③ 新1205② 中1329⑥	京1074① 東1218⑭ 亖2055⑭	崇1082③ 京1214① 阪1346⑪	天1463② 阪1075⑤ 京1209② 京1321②
2函 7月22日 ⑤函館日刊 9 1600万 15ト15頭 芝1097 55丹内 H ⑩⑨⑩ 458 人気15 中位差詰 3身 345中352 アドマイヤゴッ 1092 0.5	2福 7月2日 ②さくらん 1 1000万 13ト16頭 芝1081 52杉原 M ④②② 494 人気7 先行抜出 3/4身 335中346 ナンヨーアミー 1082 0.1	2中京 3月12日 ②トリトン 9 1600万 5ト17頭 芝1205 55勝浦 M ⑯⑯⑯ 456B 人気12 出遅る 5身 348外346 トーセンデュー 1196R0.9	1函 7月1日 ⑤TVh杯 9 1600万 6ト16頭 芝1084 54藤岡佑 S ⑯⑯⑭ 462 人気8 後方直丈 2 1/4 354外330 フルールシチー 1081 0.3	2小 8月27日 ⑩驀進 11 1000万 15ト15頭 芝1087 52川須 M ⑤②② 488 人気12 先行一杯 5 1/4 332中355 ワンアフター 1078 0.9	4阪 10月1日 ⑨道頓堀 5 1600万 12ト14頭 芝内1088 53藤岡康 S ③③③ 444 人気5 好位粘る 2 1/4 345中343 アットザシーサ 1084 0.4	2新 8月26日 ⑨稲妻 2 1600万 13ト13頭 千直56.1 55田中勝 H ④① 494 人気7 好位伸 クビ 225—336 アペルトゥーラ 561 0.0	1札 8月6日 ④UHB賞 6 オープン 10ト11頭 芝1083 52蛯名 M ⑧⑥⑦ 476 人気8 中位まま 3 3/4 341外342 イッテツ 1077 0.6	2新 8月13日 ⑥豊栄 2 1000万 12ト18頭 芝内1205 55石橋脩 M ③③② 484 人気7 好位伸 1/2身 343中345 ヴェネト 1204 0.1	5東 11月12日 ④奥多摩 14 1600万 13ト18頭 芝1218 57村田 S ⑩⑩⑬ 462 人気17 中位一杯 6 3/4 356中347 ストーミーシー 1206 1.2	4京 10月22日 ⑦桂川 7 1600万 10ト16頭 芝内1131 55横山典 M ⑮⑯⑯ 470 人気11 後方差詰 5 3/4 368外363 グレイトチャー 1121 1.0	4中 9月23日 ⑥セプテン 4 1600万 5ト15頭 芝外1082 54三浦 M ⑧⑥⑥ 472 人気9 好位伸 1 1/2 343内339 タマモブリリア 1080 0.2
3福 11月4日 ②みちのく 16 1600万 12ト16頭 芝1101 55西田 M ⑧⑧⑨ 456 人気16 中位一杯 6 1/2 342中359 ユキノアイオロ 1090 1.1	2新 7月30日 ②アイビス 3 GIII 14ト16頭 千直54.4 51杉原 H ①③ 490 人気4 先行粘る 1 3/4 219—325 ラインミーティ 542 0.2	5東 11月12日 ④奥多摩 13 1600万 15ト18頭 芝1217 55勝浦 S ⑬⑬⑫ 468 人気12 中位一杯 6 1/4 356外347 ストーミーシー 1206 1.1	2函 7月22日 ⑤函館日刊 2 1600万 12ト15頭 芝1092 57藤岡佑 H ⑫⑫⑩ 452 人気10 後方伸 ハナ 348外344 アドマイヤゴッ 1092 0.0	3新 10月21日 ③飛翼 1 1000万 12ト18頭 千直55.1 51藤田菜 H ④③ 482 人気10 C側差す アタマ 222—329 レッドラウダ 551 0.0	4京 10月22日 ⑦桂川 9 1600万 15ト16頭 芝内1131 53藤岡康 M ⑥⑦④ 450 人気12 中位一杯 6身 360外371 グレイトチャー 1121 1.0	3新 10月29日 ⑥ルミエー 18 オープン 3ト18頭 千直57.4 54横山和 H ⑦⑦ 490 人気14 中位一杯 9 3/4 224—350 アペルトゥーラ 558 1.6	3福 11月4日 ②みちのく 2 1600万 11ト16頭 芝1090 57松若 M ⑤④⑤ 476 人気6 好位伸 クビ 339中351 ユキノアイオロ 1090 0.0	4中 9月10日 ②[illegible] 6 1000万 9ト9頭 芝外1337 55津村 S ②③③ 482 人気2 好位一杯 2 1/2 356中344 パルティトゥー 1333 0.4	5京 11月26日 ⑧渡月 13 1600万 3ト15頭 芝外1228 54国分優 S ⑬⑬⑫ 468 人気14 後方まま 7 1/2 366内348 モズアスコット 1215 1.3	4中京 12月2日 ①浜松 3 1600万 6ト18頭 芝1082 52菊沢 M ⑫⑫⑨ 472 人気16 後方伸 3 3/4 347中335 ベイシャフェリ 1076 0.6	4東 10月14日 ④白秋 10 1600万 8ト10頭 芝1227 57三浦 S ⑩⑩⑨ 472 人気9 後方まま 5身 367外341 ビップライブリ 1219 0.8
5京 11月26日 ⑧渡月 15 1600万 12ト15頭 芝外1236 50松若 S ⑤⑤⑤ 454 人気15 好位バテ 11 3/4 359外364 モズアスコット 1215 2.1	3福 11月4日 ②みちのく 15 1600万 13ト16頭 芝1099 54杉原 M ⑪⑥⑥ 476 人気2 体細化 5 1/4 340中359 ユキノアイオロ 1090 0.9	5中 12月17日 ⑥南総 12 1600万 1ト16頭 芝外1091 53内田博 H ⑯⑮⑮ 478 人気12 後方直丈 3 3/4 345外346 アレスバローズ 1084 0.7	5中 12月17日 ⑥南総 5 1600万 15ト16頭 芝外1086 54柴田大 H ⑨⑦② 476 人気7 中位差詰 1 1/4 335中351 アレスバローズ 1084 0.2	3新 10月29日 ⑥ルミエー 14 オープン 10ト18頭 千直57.0 54岩部 H ⑧⑧ 474 人気16 中位一杯 7 1/4 226—344 アペルトゥーラ 558 1.2	5中 12月17日 ⑥南総 13 1600万 3ト16頭 芝外1092 52北村宏 H ⑪⑮⑮ 448 人気6 脚余す 4 1/4 345外347 アレスバローズ 1084 0.8	5中 12月17日 ⑥南総 16 1600万 2ト16頭 芝外1099 52横山和 H ②②⑥ 488 人気14 先行一杯 8 3/4 332内367 アレスバローズ 1084 1.5	4中京 12月2日 ①浜松 12 1600万 16ト18頭 芝1086 56松若 M ⑫⑫⑯ 484 人気5 後方直丈 5 3/4 351外335 ベイシャフェリ 1076 1.0	5東 11月25日 ⑦[illegible] 1 牝1000万 15ト15頭 芝1223 55ムーア S ③②② 482 人気2 先行抜出 クビ 365中340 アルミレーナ 1223 0.0	5中 12月17日 ⑥南総 9 1600万 4ト16頭 芝外1090 53村田 H ⑪⑫⑬ 464B 人気16 中位まま 3 1/4 338外352 アレスバローズ 1084 0.6	5中 12月17日 ⑥南総 11 1600万 9ト16頭 芝外1090 52横山典 H ⑬⑪⑧ 474 人気5 出遅る 3 1/2 337外353 アレスバローズ 1084 0.6	5中 12月24日 ⑧フェアウ 16 1600万 2ト16頭 芝ダ1127 57内田博 H ⑯⑯⑯ 476 人気13 後方まま 7 1/4 356外371 ヒカリブランデ 1114 1.3

1着⑭アイライン　（14番人気）
2着⑬アルマエルナト　（3番人気）
3着③ロードセレリティ　（1番人気）

単⑭ 10020円
複⑭ 1130円　⑬ 220円　③ 140円
馬連⑬－⑭ 29560円
馬単⑭→⑬ 78400円
3連複③⑬⑭ 24340円
3連単⑭→⑬→③ 325160円

結果だけを見れば大波乱だが、1着アイライン、3着ロードは、ある意味、至極当然の結果である。なぜか。

両馬は前走同じレース（南総S）に出走しており、ロード2着、アイライン12着。着順だけ見ると、両馬の人気差も妥当のように感じられるかもしれない。

しかし、着差をチェックすれば、ロードは勝ち馬から0・2秒差、アイラインは0・7秒差。両馬の差はたった0・5秒。南総Sは、勝ち馬から1秒以内に13頭がなだれ込んだ、展開やペースなどちょっとしたことで着順が入れ替わる大混戦レースだったのだ。

その南総Sの出走馬が8頭出ているのが、サンライズSなのである。つまり、「2着だから強い」というのは、着順に惑わされているだけの人気だ。

一方、アイラインがブービー人気に甘んじたのも、着順の煙幕によるものだろう。馬柱を見ると、直近6走のうち、最高着順は3走前の9着、あとはすべて二ケタ着順である。この着順だけを見てしまうと、こんな馬、買うとドブにカネを捨てるようなものと思ってしまうかもしれないが、ちょっと待ってほしい。

着差をチェックすれば、見解がまったく変わるはずだ。前6走のうち4走が勝ち馬から1秒以内（馬柱では近3走のみ掲載）。少なくとも全然足りない馬ではないことがわかる。

さらに決定的なのは、3走前のトリトンSである。このレースでアイラインは勝ち馬から0・9秒差で負けている。実は、今回1番人気のロードセレリティの6走前もこのトリトンSだった。残念ながら馬柱には入っていないので文章で補足するが、ここでロードは勝ち馬から1・1秒差だった。

今回のサンライズSは中山の芝1200m、トリトンSは中京の芝1400mと条件に違いはあるが、アイラインのほうが先着しているのだ。

こうした厳然とした事実があるのに、近走の着順が目くらましになって、1番人気と14番人気。アイラインのほうが人気になって然るべきとはいわないが、少なくともそれほどの差はないだろう。ローテーションを見れば、余計にアイライン上位と判断できる。アイラインは8ヵ月の長期休養を挟んで、休み明け3走目。勝ち馬から1・1秒差、0・7秒差と徐々に調子を上げての一戦。使い詰めのロードに比べ、上がり目があり、逆転の可能性は非常に高い。あとは追い込み一手の馬なので、展開が向くかどうかだけである。

仮にロードに本命を打つのなら、アイラインを抜けにするのはおかしい。しかし、多くの予想家やトラックマンはアイラインをノーマークだったために、これほどの人気薄になってしまった。

前走・南総Sに出走していた2頭。着順は2着、12着と開いているが、着差は0・5秒しかなかった。

着順より着差が重要という意味がおわかりいただけたに違いない。もっとも、これで納得して終わりではもったいない。サンライズSでアイラインとロードセレリティがともに上位に食い込んだということは、何を意味するのか。

私の実走着差理論の大きな柱のひとつは、レースの優劣比較である。

AレースとBレースを比較して、AがBよりレベルが高いと判断できれば、Bの上位馬は、たとえ人気でも信頼できないことになる。また、Aレースで着順が悪くても、着差がわずかであれば、Bレースの上位馬と戦っても、互角以上の成績が望める。

こうしたレースの優劣比較でいえば、アイラインとロードが過去に対決したトリトンSのレベルは高かったと結論できる。これは深く考えなくても推測がつくはずだ。

ロードセレリティはトリトンSの次走で、準オープンを勝ち上がって卒業したが、降級の恩恵により、再び準オープンに戻った。12着馬が次のレースで勝ったのだから、トリトンSのレベルの高さがうかがえようというものだ。

実際、トリトンS出走馬のその後を列挙してみると、レベルの高さが明快になる。

2着ビップライブリー　晩春S、白秋S（1600万下）1着、京阪杯（GⅢ）2着
3着コウエイタケル　信越S（オープン）2着、北九州H（1600万下）1着
5着ツィンクルソード　豊明S（1600万下）1着

7着レーヴムーン　船橋市市制（1600万下）2着
8着ニシノラッシュ　石清水S（1600万下）1着、佐世保S2着、北九州H3着
9着アイライン　サンライズS1着
12着ロードセレリティ　朱雀S1着、南総S2着、サンライズS3着

掲示板に載った馬たちは、その後準オープンを勝ちオープンに上がっている。また掲示板に載らなくても、ロードのようにその後、勝ち上がったり、2、3着に食い込んだ馬がほとんど。

17年の春以降、トリトンS出走馬が出走するたびに上位に入っていることに、いち早く気づいていれば、準オープンの短距離戦の多くを的中させられたはずだ。

もし、競馬新聞の馬柱の表記法が変わって、着順より着差が大きく表示されるようになれば、現在の着順主義による誤った人気の集まり方はなくなるだろう。

裏を返せば、着差が人気に反映されない今の馬柱のままでいてもらったほうが、我々にとっては都合がよい。諸君も着順には惑わされないように。チェックすべきは着差である。

6―5番人気で決した17年帝王賞もズバリ！

さて、いよいよ最近のレースをサンプルに、予想法を公開しよう。

用意するのは、競馬新聞などに掲載されている馬柱と数色の蛍光ペン。他は何もいらない。

例に取ったのは2017年6月28日に大井競馬場で行なわれた帝王賞。人気は武豊騎手①アウォーディー、内田騎手⑥アポロケンタッキー、大野騎手⑮サウンドトゥルーの順だったが、私が本命に推したのは福永騎手騎乗の6番人気③ケイティブレイブ、相手1番手としたのは、戸崎騎手騎乗の5番人気⑩クリソライトだった。

28日大井 11 発走 20.05	1 白 1	2 白 1	3 黒 2	4 黒 2	5 赤 3	6 赤 3
	ダイワメジャー メジャーアスリート スプリンターキャット（スト 浦河	ジャングルポケット アウォーディー ヘヴンリーロマンス（サンデ 米	アドマイヤマックス ケイティブレイブ ケイティローレル（サクラロ 新ひだか	ハーツクライ ミッキーヘネシー ストーミングヘヴン（ヘネシ 新冠	チチカステナンゴ グレイスフルデイズ フェイムドグレイス（サンデ 千歳	ラングフール アポロケンタッキー ディキシアナディライト（ヨ 米
斤量・騎手	57高橋哲	57武　豊	57福永祐	57瀧川寿	57宮川実	57内田博
騎乗実績	0 1 0 14	7 2 0 7	1 0 0 1	1 0 0 4	1 1 1 1	1 0 0 0
性齢 色 脚	牡8栗追	牡7鹿先	牡4栗逃	牡8栃追	騸7芦差	牡5鹿差
渡辺	…	△	△	…	…	▲
増田	…	…	…	…	…	◎
本誌	…	…	…	…	…	▲
厩舎	浦和栃榴浩	栗東[illegible]幹	栗東[illegible]野哲	高知別府真	高知打越勇	栗東山内研
全成績	3 8 3 55	10 [illegible] 13	6 [illegible] 3 6	6 2 6 41	4 1 6 30	8 3 2 7
	川崎ナ 4.4 スポーA1 5 二一左2205 55高橋哲1.6 ⑩ト1ヲ10余530 6 8 4 41.7 ジャーニーマン	船橋ナ 9.28 日本テGⅡ ❶ 千八左1520 56武　豊0.0 ⑬ト10ヲ1余510 2 2 2 37.0 モーニン	名古 12.15 名古グGⅡ ❷ 二五右2424 55武　豊0.7 ⑫ト3ヲ1余501 1 1 1 38.9 アムールブリエ	佐賀 2.7 佐賀記GⅢ 6 二〇右2084 56瀧川寿1.7 ⑪ト10ヲ7余487 8 8 7 37.2 ロンドンタウン	高知 2.12 長浜特別 ❺ 千四右1319 57赤岡修1.4 ⑨ト4ヲ1余514 6 4 3 39.5 カイロス	東京 10.23 ブラジOPハンデ ❽ 二一左2103 57.5戸崎圭1.4 ⑯ト8ヲ1余560 5 6 4 37.9 ミツバ
	大井ナ 4.19 東京スGⅢ 10 千二右1152 56高橋哲2.5 ⑩ト1ヲ10余536 10 10 38.3 キタサンサジン	川崎 11.3 JBクGⅠ ❶ 二一左2153 57武　豊0.1 ⑭ト9ヲ2余504 6 1 2 38.6 ホッコータルマエ	川崎 2.1 川崎記GⅠ ⑤ 二一左2155 56武　豊0.9 ⑫ト8ヲ2余491 2 2 2 38.7 オールブラッシュ	船橋ナ 3.14 柏の葉A1 4 千六左1437 55瀧川寿0.1 ⑪ト8ヲ5余484 11 7 7 39.7 オメガスカイツリ	高知 2.26 アメジA1 ❻ 千六右1454 56赤岡修1.0 ⑧ト3ヲ1余508 6 4 6 40.3 クレスタラン	京都 11.6 みやこGⅢ ① 千八右1501 56松若風0.0 ⑯ト9ヲ4余562 7 7 4 36.2 グレンツェント
	浦和 4.25 プリムA2 ⑤ 千四左1288 57高橋哲1.1 ⑫ト7ヲ9余537 12 10 7 37.0 インフォーマー	中京 12.4 チャンGⅠ ② 千八左1501 57武　豊0.0 ⑮ト2ヲ1余514 6 6 5 37.0 サウンドトゥルー	東京 2.19 フェブGⅠ ⑥ 千六左1356 57幸英明0.5 ⑯ト15ヲ11余498 4 4 36.3 ゴールドドリーム	笠松 4.27 オグリキャッ ⑤ 二五右2453 56西川敏1.7 ⑩ト5ヲ5余480 9 9 8 38.3 カツゲキキトキト	高知 5.7 中村社A2 ② 千四右1322 56宮川実0.5 ⑫ト5ヲ4余495 11 10 8 39.8 ワイルドコットン	中京 12.4 チャンGⅠ ⑤ 千八左1505 57松若風0.4 ⑮ト14ヲ7余566 10 10 11 36.9 サウンドトゥルー
	浦和 5.31 さきたGⅡ ⑩ 千四左1283 56高橋哲2.6 ⑫ト3ヲ11余535 7 9 9 38.3 ホワイトフーガ	大井 12.29 東京大GⅠ ❷ 二〇右2061 57武　豊0.3 ⑭ト8ヲ1余511 2 2 2 36.5 アポロケンタッキ	名古 3.30 名古大GⅢ ① 千九右2025 58福永祐0.3 ⑨ト5ヲ3余502 1 1 1 40.5 ピオネロ	船橋 5.5 かしわGⅠ ⑧ 千六左1433 57小杉亮3.4 ⑩ト4ヲ8余474 9 8 8 39.5 コパノリッキー	高知 5.21 メイ特A1 ⑥ 千四右1316 55別府衣1.0 ⑧ト6ヲ7余496 6 6 7 39.3 マウンテンダイヤ	大井 12.29 東京大GⅠ ❶ 二〇右2058 57内田博0.3 ⑭ト11ヲ5余565 3 3 3 36.1 アウォーディー
	川崎ナ 6.15 川崎スA1 11 九百左555 55高橋哲2.5 ⑫ト9ヲ10余531 11 11 11 36.5 フラットライナー	UA 3.25 DワーGⅠ ❺ 二〇左2038 57武　豊1.7 ⑭ト7ヲ2余 — 3カ月休養 鉄砲4 0 0 0	京都 5.20 平安 GⅢ ⑤ 千九右1565 58福永祐0.8 ⑯ト16ヲ4余504 2 1 1 38.8 グレイトパール	浦和 5.31 さきたGⅡ ⑦ 千四左1281 56瀧川寿2.4 ⑫ト9ヲ10余 — 11 11 11 37.0 ホワイトフーガ	高知 6.4 A－2 ① 千六右1455 56宮川実0.2 ⑩ト2ヲ2余499 4 3 1 39.9 ロジテースト	UA 3.25 DワーGⅠ ⑨ 二〇左2053 57ルメー3.2 ⑭ト1ヲ5余 — 3カ月休養 鉄砲0 0 1 2
当地成績	0 1 0 10	0 1 0 0	0 1 0 0	0 0 0 1	初出走	1 0 0 0

指定交流・第40回 帝王賞・GⅠ Jpn（サラ4歳上、選定馬、定量） 距離 2000 右外回り 1着賞金 6000万円

（サンケイスポーツ）

注：本書では蛍光ペンによる色分けができないので、フェブラリーS＝全面、チャンピオンズC＝斜め半面、平安S＝上半面のアミがけを施している。

2017年６月28日大井11Ｒ帝王賞（ＧⅠ、ダート2000m重）

	16	15	14	13	12	11	10	9	8	7
枠	桃8	桃8	橙7	橙7	緑6	緑6	黄5	黄5	青4	青4
父	フィガロ	フレンチデピュティ	ネオユニヴァース	カジノドライヴ	ネオユニヴァース	ゴールドアリュール	ゴールドアリュール	メイショウボーラー	ウイングアロー	ウォーエンブレム
馬名	プレティオラス	サウンドトゥルー	ヴァーゲンザイル	サンドプラチナ	タマモネイヴィー	ゴールドドリーム	クリソライト	メイショウソレイユ	ウマノジョー	オールブラッシュ
母（母父）	ユーロペ（ダンスインザダー	キョウエイトルース（フジキ	クイーンソネット（ノーザン	ステイウィズユー（ステイゴ	ドリーミーアイ（カコイーシ	モンヴェール（フレンチデピ	クリソプレーズ（エルコンド	ズリ（クリスエス）	トランスパランス（エンドス	ブラッシングプリンセス（ク
産地	日高	新ひだか	千歳	洞爺湖	新冠	安平	安平	浦河	青森県	白老
斤量・騎手	57赤岡修	57大野拓	57秋元耕	57矢野貴	57繁田健	57Mデム	57戸崎圭	57保園翔	57山本聡	57ルメー
騎乗成績	初騎乗	7 5 9 5	0 0 0 16	1 2 3 6	1 1 0 1	1 1 0 1	1 0 0 1	初騎乗	3 1 1 2	4 1 0 1
性齢・毛色・脚質	牡8黒追	騸7栗追	騸9黒追	牡4鹿追	牡6鹿差	牡4鹿差	牡7鹿先	牡7鹿差	牡4鹿差	牡5黒逃
印	……	◎ △ △	……	……	……	○ ▲ ○	△ △ △	……	… … △	△ △ △
厩舎	大井森下淳	美浦高木登	浦和冨田敏	大井市村誠	浦和小久智	栗東平田修	栗東[illegible]無秀	笠松笹野博	大井渡邉和	栗東村山明
成績	7 2 4 24	9 9 13 10	6 6 3 52	2 2 6 15	5 4 2 29	5 2 1 2	9 [illegible] 13	4 2 3 31	5 4 3 9	6 4 3 8
前走5	大井ナ 5.20 大井記SⅡ① 二〇右2055 57本橋孝0.6 ⑮ト14ヲ4金462 14 14 11 37.3 3カ月休養	川崎 11.3 JBクGⅠ❸ 二一左2156 57大野拓0.3 ⑭ト6ヲ5金474 9 4 5 38.7 アウォーディー	船橋ナ 4.11 陽春賞A1⓫ 一六左1458 57秋元耕3.5 ⑭ト11ヲ13金445 14 14 14 38.9 アサヤケ	大井 2.14 パレンB1⑦ 一八右1579 55矢野貴0.9 ⑬ト7ヲ2金505 12 11 11 39.0 スパイア	浦和 2.23 梅花賞A2[5] 一九左2038 57的場文1.3 ⑪ト3ヲ1金500 10 8 5 38.7 タマモホルン	大井ナ 7.13 JDDGⅠ③ 二〇右2069 56川田将1.2 ⑫ト6ヲ1金518 6 6 6 39.6 4カ月休養	韓国 9.11 コリアC① 一八左1523 57藤井勘1.1 ⑯ト3ヲ1金ー 3 2 1 クリノスターオー	高知 3.26 A－2❷ 一四右1305 56赤岡修0.7 ⑪ト5ヲ4金466 4 2 2 38.9 カイロス	大井 12.29 SPAA2❹ 一八右1572 55真島大1.5 ⑯ト16ヲ6金505 15 15 13 39.9 レイディルアレナ	阪神 6.18 鷹取1000万[2] 一八右1510 57和田竜0.3 ⑯ト13ヲ1金486 2 2 1 38.9 4カ月休養
前走4	大井ナ 9.16 東京記SⅡ① 二四右2345 58本橋孝0.5 ⑯ト2ヲ3金463 14 12 12 37.4 ユーロビート	中京 12.4 チャンGⅠ① 一八左1501 57大野拓0.0 ⑮ト8ヲ6金474 14 14 13 35.8 アウォーディー	大井ナ 4.20 ブリリA1[10] 二〇右2100 57秋元耕2.1 ⑬ト12ヲ13金443 13 13 12 38.9 ムサシキングオー	大井 3.9 ゴールB2③ 一八右1569 57笹川翼0.6 ⑯ト11ヲ4金501 14 15 13 38.5 ワットロンクン	船橋ナ 3.16 早春賞A2❹ 一七左1514 56本橋孝0.8 ⑧ト4ヲ4金491 8 8 8 38.8 センティグレード	東京 11.12 武蔵野GⅢ❷ 一六左1340 56Mデム0.2 ⑯ト8ヲ2金514 9 8 34.9 タガノトネール	川崎 11.3 JBクGⅠ⓫ 二一左2194 57藤井勘4.1 ⑭ト11ヲ6金503 3 8 10 42.5 アウォーディー	高知 4.16 二十四万石賞❺ 一九右2063 57赤岡修1.4 ⑩ト1ヲ4金474 8 6 6 40.6 セトノプロミス	大井 2.15 金盃SⅡ② 二六右2520 52山本聡0.4 ⑭ト7ヲ9金505 8 10 10 38.5 ユーロビート	京都 10.16 1000万① 一八右1508 57ルメー－0.2 ⑮ト10ヲ1金486 1 1 1 38.1 メイプルレインボ
前走3	大井ナ 11.25 勝島王SⅢ⑥ 一八右1559 58本橋孝1.3 ⑯ト5ヲ1金466 13 13 12 38.6 ムサシキングオー	大井 12.29 東京大GⅠ❸ 二〇右2061 57大野拓0.3 ⑭ト14ヲ2金475 5 4 4 36.4 アポロケンタッキ	大井 5.24 大井記SⅡ⑬ 二〇右2095 56秋元耕1.9 ⑯ト14ヲ16金446 14 15 15 38.0 ウマノジョー	大井ナ 4.19 ポインB2[9] 一七右1512 56矢野貴1.1 ⑯ト6ヲ6金503 15 12 12 38.8 デュアルフレイム	大井ナ 4.20 ブリリA1[7] 二〇右2092 55繁田健1.3 ⑬ト2ヲ10金492 3 4 3 40.0 ムサシキングオー	中京 12.4 チャンGⅠ⑫ 一八左1514 56Mデム1.3 ⑮ト12ヲ2金516 6 5 5 38.5 サウンドトゥルー	浦和 11.22 浦和記GⅡ❷ 二〇左2077 58藤井勘0.7 ⑪ト9ヲ3金503 3 2 2 39.6 3カ月休養	高知 4.26 福永洋一記念[2] 一六右1425 57林謙佑0.4 ⑧ト7ヲ8金469 6 6 4 39.5 カイロス	船橋ナ 3.15 ダイオGⅡ❸ 二四左2401 55山本聡2.3 ⑭ト6ヲ7金503 9 10 9 41.0 クリソライト	京都 11.12 観月橋1600万① 一八右1494 57ルメー－0.1 ⑬ト1ヲ1金492 3 5 5 36.8 リーゼントロック
前走2	大井 12.29 東京大GⅠ⑪ 二〇右2062 57本橋孝3.2 ⑭ト2ヲ9金466 13 13 12 37.2 サウンドトゥルー	川崎 2.1 川崎記GⅠ❷ 二一左2152 57大野拓0.6 ⑫ト12ヲ1金475 8 6 5 38.2 オールブラッシュ	浦和 5.31 さきたGⅡ⑪ 一四左1291 56秋元耕3.4 ⑫ト12ヲ12金444 12 12 12 37.4 ホワイトフーガ	大井ナ 5.26 プレアB1❹ 一八右1578 55矢野貴0.8 ⑩ト3ヲ7金498 10 4 3 40.0 キングニミッツ	大井ナ 5.8 ケンタA2① 一八右1536 57繁田健0.6 ⑫ト2ヲ7金490 9 8 6 37.0 サブノクロヒョウ	東京 2.19 フェブGⅠ① 一六左1351 57Mデム0.0 ⑯ト3ヲ2金520 9 8 35.6 ベストウォーリア	船橋ナ 3.15 ダイオGⅡ❶ 二四左2378 56武豊1.3 ⑭ト3ヲ1金506 2 2 1 41.3 ユーロビート	高知 5.7 エメラA1❹ 一六右1464 55林謙佑0.8 ⑨ト7ヲ4金461 6 4 4 40.5 セトノプロミス	大井ナ 4.20 ブリリA1[5] 二〇右2084 55藤井勘0.5 ⑬ト8ヲ1金498 9 8 9 39.0 ムサシキングオー	川崎 2.1 川崎記GⅠ① 二一左2146 57ルメー－0.6 ⑫ト9ヲ5金485 1 1 1 38.2 サウンドトゥルー
前走1	大井 2.10 金盃SⅡ③ 二六右2507 57本橋孝0.5 ⑯ト12ヲ2金469 16カ月休養 騎1004	東京 2.19 フェブGⅠ⑧ 一六左1357 57柴田善0.6 ⑯ト1ヲ7金474 4カ月休養 騎1012	船橋ナ 6.20 短夜賞A1[6] 一八左1585 57秋元耕3.2 ⑨ト8ヲ9金441 9 9 9 40.8 スコペルタ	大井ナ 6.7 US水B2⓫ 一八右1571 57柏木健2.5 ⑯ト1ヲ7金499 16 16 15 39.5 クリノフウジン	大井 5.24 大井記SⅡ❷ 二〇右2080 54繁田健0.4 ⑯ト9ヲ8金492 11 10 9 38.1 ウマノジョー	UA 3.25 DワーGⅠ⓮ 二〇左2116 57モレイ9.5 ⑭ト3ヲ4金ー 3カ月休養 騎0100	京都 5.20 平安GⅢ② 一九右1564 58武豊0.7 ⑯ト4ヲ6金504 16 16 15 36.3 グレイトパール	笠松 6.2 東海クA1[4] 一八右1563 55岡部誠1.0 ⑨ト8ヲ4金463 6 6 4 38.7 ヴェリイブライト	大井 5.24 大井記SⅡ① 二〇右2076 54山本聡0.4 ⑯ト8ヲ6金492 8 7 6 37.9 タマモネイヴィー	名古 3.30 名古大GⅢ⑤ 一九右2048 59ルメー2.3 ⑨ト8ヲ2金492 3カ月休養 騎2010
距離成績	6 0 4 13	1 1 2 0	0 0 0 7	2 2 6 15	1 1 0 1	0 0 1 0	1 1 0 3	初出走	2 3 1 4	初出走

１着③ケイティブレイブ　（６番人気）
２着⑩クリソライト　（５番人気）
３着②アウォーディー　（１番人気）

単③ 820 円
複③ 200 円　⑩ 190 円　② 120 円
馬連③－⑩ 2330 円
馬単③→⑩ 5280 円
３連複②③⑩ 2200 円
３連単③→⑩→② 20400 円

結果はご記憶の方もいると思うが、ケイティがまさかの出遅れ。万事休すと思われたが、直線目の覚めるような鋭い追い込みで勝利をもぎとった。2着はクリソライトが粘り、3着は1番人気のアウォーディー。私の予想を絵に描いたような決着となった。

なぜ上位人気馬を差しおいて、6番人気馬、5番人気馬を中心視したのか。

とりあえず、掲載した帝王賞の馬柱を同じレースごとに蛍光ペンで色分けしていただきたい。例えばチャンピオンズCはピンク、フェブラリーSは青といった具合に。

同じレースに出たメンバーがひと目でわかるようになったところで、最初にチェックしたいのは、出走馬のレベルが高い中央のGIレースでの実走着差である。

まず、チャンピオンズC。勝ったのは⑮サウンドトゥルー、2着②アウォーディー（着差なし）、5着⑥アポロケンタッキー（0・4秒差）、12着⑪ゴールドドリーム（1・3秒差）。

この表面上の着順着差だけを見ると、サウンドトゥルーとアウォーディーが抜けているように思えるかもしれないが、ペース、走った距離で補正すると、2番枠から内ピッタリを回ってきたアウォーディーと12番枠から外を回ったゴールドドリームの間には、ほとんど差がないとなる。

アポロやサウンドも含め、この4頭はほぼイーブンの力と判定できた。これは綿密な計算をしなくても、レースリプレイをチェックし、ペースを確認するだけでおおよそ見当がつくだろう。

となると、焦点はフェブラリーS組との比較だ。といっても、サウンドトゥルーもゴールドドリームもフェブラリーSに出走しており、比較の相手は1頭、③ケイティブレイブになる。

このフェブラリーSを制したのはゴールドドリーム、ケイティはこの馬から遅れること0・5秒差の6着。ゴールドに水を空けられてはいるが、走った距離ははるかに長い。

ケイティは16頭立ての15番枠から飛び出し、3、4角は大外を回らされた。かたやゴールドは枠順に恵まれ3枠からのスタート。コーナーでは内を進み、直線の入り口で外に出して伸びてきた。

走った距離を勘案すると、実はケイティのほうが先着している。これが実走着差理論の答えである。

ゴールドよりケイティが上なのだから、チャンピオンズCでゴールドとイーブンだった他の有力馬たちよりも、ケイティが先着するはずとなる。ならば、あとはこのケイティを負かせる馬がいるかどうか。

すぐに目につくのは、平安Sでケイティとタイマンを張った⑩クリソライトだろう。

クリソ2着、ケイティ5着とクリソが先着しているが、2頭の差はわずかに0・1秒差。しかも、クリソが4番枠だったのに対し、ケイティはまたしても大外枠と枠順に恵まれず、前にとりつくまでに脚を使わされた。

加えて、ペースはハイ。逃げたケイティにとっては厳しい流れ。走った距離とペースを考えれば、明らかにケイティが実走先着している。したがって、ケイティ以外に本命はあり得ないのだ。

ところが、マーケットを支配していたのは、②アウォーディーと⑥アポロケンタッキー。馬連なら②―⑥が1番人気だ。マーケットが間違っているのだから、これは好配当が望めるオイシイレースになる。絶対の自信があったので、お客さんを前に台の上で声を張り上げ、買い目を公開した。

ろうが……」

「②はない、⑥はない。『ない』×『ない』は『絶対ない！』。②―⑥を買う前に③―⑩を買うべきだ

景気づけにもう一丁。当時、話題になっていた稲田防衛大臣の失言にならって叫んだ。

「俺だけじゃない。今日は自衛隊がついている。ドンといけ！」

そこまで豪語したので、ケイティが出遅れたときは、冷や汗がドッと流れたが……終わってみれば、予告通りの結果に。

このときばかりは、台に戻ると大きな拍手が待っていた。

帝王賞を見てもわかるように、重賞は同じメンバーで戦うことが多く、共通項がたくさんあるので優劣をつけやすい。たとえ同じレースを使っていない馬でも、基準馬を介して比較ができる。

基準馬についておさらいすれば、戦っていない馬同士の比較をする場合、尺度になる馬である。帝王賞を例に取れば、近走、ケイティブレイブとアウォーディーは戦っていないので、ダイレクトには優劣がつけられない。

しかし、アウォーディーが出走したチャンピオンズCとケイティブレイブを物差しにすれば、チャンピオンズCのアウォーディーとゴールドの実走着差を割り出し、フェブラリーSのゴールドとケイティの実走着差を出せば、帝王賞でのケイティとアウォーディーの着差が計算できる。

例えば、チャンピオンズCでアウォーディーとゴールドの実走着差はアウォーディー1馬身先着、

フェブラリーSではケイティがゴールドより3馬身先着と出れば、帝王賞ではケイティがアウォーディーを2馬身離す計算になる。

もちろん、帝王賞の枠順やペースなど他のファクターも計算に入れなければならないので、これほど単純ではないが、ざっくりとした比較だけでも、真実にはかなり近づける。

誤った騎手人気を「実走着差の真実」が打ち砕く！

地方競馬場で開かれる中央との交流戦の春の大一番が大井の帝王賞なら、秋の競馬の祭典が各場回り持ちで開催されるJBCである。レディスクラシック、スプリント、クラシックと1日3レースのGIが行なわれるのは、JBCだけだ。17年は大井競馬場で開催されたので、特に予想に力が入った。

とはいえ、メインのJBCクラシックの予想はさほど難しくはなかった。いってみれば春の帝王賞から続く連続ドラマだからだ。出馬表（P24〜25）をご覧いただければわかるように、中央から参戦する有力馬は皆、帝王賞を使っている。

帝王賞の戦前の評価ではケイティブレイブが抜けており、アウォーディー、アポロケンタッキー、サウンドトゥルーは次位グループ。この3頭は力が拮抗しているという予想。実際、帝王賞はケイティが勝ち、アウォーディー、サウンド、アポロが3〜5着に続いた。3〜5着の3頭は僅差。実走着順理論通りの結果となった。

今走では、基本的にその優劣を変更する必要はない。念のため、帝王賞を実走着差理論で分析しても、さらにケイティ優位となる。帝王賞のペースはスロー。出遅れてスローペースを追い込んだ、ケイティの強さが際立つレースだった。

この時点で逃げて1・7秒離された③オールブラッシュは問題外。先行したアウォーディーも3着だったとはいえ、差してきてアウォーディーに0・1秒差まで迫った⑧サウンドトゥルーのほうが、実走着差理論的には上位である。

オールブラッシュが通用しないのは明らかなのに、4番人気とそれなりに人気を集めていたのは、鞍上のルメール騎手人気なのだろう。この日は中央競馬が開催されていた。それにも関わらず、わざわざ大井に乗りに来たのだから勝算ありと読んだ人が多かったようである。こうした**誤った騎手人気がマーケットを支配しているレースはオイシイ**のだ。

⑥サウンド、⑩アポロ、⑫ケイティは秋緒戦に船橋の日本テレビ盃を選択。アポロケンタッキーが勝利し、サウンドが2着、ケイティが3着になっている。アポロとサウンドはタイム差なし、ケイティは2頭から0・1秒差の大接戦だった。ペースを考えても、このレースに限っては、この3頭はほぼ互角の戦いを繰り広げていた。

こうした分析に今走の枠順を加味して、打った印は次の通り。

◎⑫ケイティブレイブ

○①アウォーディー
▲⑦グレンツェント
△⑩アポロケンタッキー
注⑧サウンドトゥルー、⑤ミツバ

帝王賞の実走着差で劣るアウォーディーに重い印を打ったのは、前に行くには絶好の枠を引き、なだれ込む可能性も高いと考えたからだ。

⑦グレンツェントと⑤ミツバをピックアップしたのは、アンタレスSの走りが高く評価できるから。アンタレスSではグレン0・6秒差、ミツバ0・7秒差。着順だけを見ると、9着と11着でまったく力が足りないように見えるだろうが、スローを追い込んでのこの着差なのだから、価値がある。ミツバは出遅れたのも痛かった。

問題は、アンタレスSのレベルだが、これも心配はいらない。アンタレスSから平安Sに出走した馬たちが、ケイティブレイブと遜色のない戦いをしていたからだ。ケイティを上位に取っているのだから、グレンもミツバも計算では通用することになる。

ケイティが外の枠だったために、絶対勝つとはいえず、馬券はケイティの3連複1頭軸を推奨した。

結果は序章でも掲載した通り、サウンドトゥルー（4番人気）、ケイティブレイブ（3番人気）、ミツバ（7番人気）の順で入線し、的中である。1番人気アウォーディー、2番人気アポロ、3番人気ケイティと、実走着差理論から見れば、おかしな人気だったこともあって、3連複でも5000円台の好配当となった。

ペースを読んで一網打尽のＪＢＣスプリント

ＪＢＣクラシックと同日に施行された短距離交流ＧⅠ、ＪＢＣスプリントも的中予想となった。ＪＢＣスプリントのステップレースとなっていたのが大井で行なわれた交流ＧⅡ、東京盃。ここに出走してきた16頭のうち、半分の8頭が戦ったレースである。

うち④、⑨、⑯の地方馬3頭はまるで歯が立たなかったので、検討から外してもいい。地方馬で検討の対象となるのは2着に入った⑪ブルドックボスのみ。東京盃での着順と着差を上から並べると、

1着　③キタサンミカヅキ
2着　⑪ブルドッグボス　（0・1秒差）
3着　①ニシケンモノノフ　（0・2秒差）
5着　⑥ドリームバレンチノ　（0・5秒差）
6着　⑫コーリンベリー　（0・5秒差）

上位3頭はわずか0・2秒の間に入線している。3頭に優劣をつければ、勝っているキタサンが最も劣る。

なぜなら東京盃はメチャクチャ、ハイペースで流れたレースで、キタサンが勝てたのはペースのおかげ。キタサンが強かったわけではなく、苦しくなって下がってきた前に行った馬を交わしたに過ぎない。つまり、キタサンより前にいたブルドッグボスやニシケン、コーリンのほうが実走着順では上になる。

中でも断然は①ニシケンモノノフ。ハイペースだった中央のGI、フェブラリーSで2番手追走し5着。ここでは力が違う。東京盃の敗戦は休み明けだったうえ、出遅れ気味だったことも影響している。ここは絶好枠を引き当て、ハナに行っても不思議ではない。仮に逃げられなくても、先行力を存分に生かせる枠順。不動の軸となる。

ブルドッグボス、キタサンは「注」。この2頭より重く見たのは別路線組である。

ピックアップしたのは、GI出走組。2番手、3番手としたのは中央のGI、スプリンターズSに出走した⑧スノードラゴン、⑮ネロである。

芝のGIでの走りをダートにあてはめるのはどうかという意見もあるだろうが、実走着差理論では、芝・ダートは基本的に区別はしない。近走、ダートで他のメンバーに圧倒的な差をつけられたのでなければ、芝レース好走馬も、割り引く必要はないと考える。

そうでなくともスノードラゴンは2014年のスプリンターズS優勝馬、高松宮記念2着馬だと

1200m重）

3日大井 8 発走 16.25	1 1	2 白	2 3	4 黒	3 5
父・馬名・母（母の父）・産地	メイショウボーラー ニシケンモノノフ グリーンヒルコマチ（アフリート） 新冠	スパイキュール セトノプロミス セトノウインド（ジェネラス） 日高	キングヘイロー キタサンミカヅキ キタサンジュエリー（サクラバクシンオー） 日高	ゴールドアリュール スアデラ マサノミネルバ（ラムタラ） 千歳	アドマイヤオーラ ノボバカラ ノボキッス（フレンチデピュティ） 新ひだか
斤量・騎手	57横山典	57三村展	57繁田健	55赤岡修	57御神訓
騎乗実績	2 1 1 5	0 0 0 1	2 0 0 0	初騎乗	初騎乗
性齢 色 脚	牡6栗逃	牡7鹿先	牡7鹿差	牝4栗先	牡5栗先
人気	28	0	22	0	8
菊池	○		◎		△
市川	○		△		
垣見	▲		△		△
小須田	△		△	▲	
本紙大貫	▲		○	△	
厩舎	栗東庄野靖	高知松木啓	船橋佐藤賢	船橋佐藤太	美浦天間昭
全成績	11 7 1 17	8 4 7 29	8 8 8 19	6 2 1 6	7 5 5 11
当該距離	1[illegible]0 0 5	6 2 0 0	0 8 0 6	1 2 3 1	2 5 0 1
千五～千四	[illegible]0 2	2 2 0 0	0 8 0 7	2 0 0 0	4 1 0 1
千以下	0[illegible]0 1	6 1 0 0	0 8 0 4	1 0 0 0	3 2 0 0
以上	7[illegible]0 0 2	21 8 0 0	11 8 0 9	4 2 0 2	7 4 0 3
最高タイム	1[illegible]9秒4	1分23秒6	1分9秒7	1分12秒5	1分7秒5
前走5	東京 1.29 根岸 GIII ⑤ 1237 57横山典0.7 ⑯4ｿ8514 3 5 36.2 カフジテイク	高知 6.25 パールA1 4 1438 58倉兼育1.6 ⑧5ｿ1 512 4 3 3 39.6 グレスタラン	京都 4.29 天王山ｵｰﾌﾟﾝ ⑫ 1114 57武士友1.3 ⑯7ｿ8 532 8 9 36.1 コウエイエンブレ	船橋 5.3 閃光スA2 ① 1132 53本田重1.0 ⑫12ｿ2 492 3 2 2 37.4 モリデンルンバ	園田 12.28 兵庫ゴGIII 3 1263 58内田博0.5 ⑫12ｿ1 509 3 1 2 38.2 ニシケンモノノフ
前走4	東京 2.19 フェブGI ⑤ 1356 57横山典0.5 ⑯12ｿ14 512 2 2 36.4 ゴールドドリーム	高知 7.9 ルビーA1 3 1431 57西川敏0.6 ⑧7ｿ2 511 3 3 2 40.7 チャオ	東京 5.27 欅S ｵｰﾌﾟﾝ ⑧ 1232 57武士友1.1 ⑯16ｿ11 530 11 11 36.0 エイシンバッケン	大井ナ 6.6 東京スA2 ❶ 1265 55今野忠1.0 ⑭13ｿ1 490 2 2 2 38.5 アクティフ	東京 1.29 根岸 GIII ⑯ 1256 57柴田大2.6 ⑯16ｿ7 518 10 9 37.6 4カ月休養
前走3	高知 3.14 黒船賞GIII ⑤ 1291 57横山典0.9 ⑫3ｿ1 513 1 1 1 40.0 ブラゾンドゥリス	高知 7.23 トレノ賞 ② 1236 57中田貴0.2 ⑪6ｿ5 515 3 2 3 39.6 ヒロノカイザー	阪神 6.17 天保山ｵｰﾌﾟﾝ ⑫ 1247 57武士友2.3 ⑭10ｿ9 522 2 3 38.8 サウススターマン	船橋ナ 7.25 習志野SIII ① 590 54本田重1.3 ⑭10ｿ3 486 1 1 36.0 タイセイバンデッ	函館 6.18 函館スGIII ⑦ 1075 57濱中俊0.7 ⑬2ｿ10 502 13 13 33.5 ジューヌエコール
前走2	門別 6.8 北海スGIII ❶ 1094 57横山典0.8 ⑯3ｿ1 512 1 1 35.6 3カ月休養	高知 8.27 建依別賞 ④ 1302 57西川敏0.6 ⑩8ｿ4 516 4 4 2 39.5 カッサイ	大井ナ 8.30 アフタSIII ① 1116 57繁田健0.2 ⑮4ｿ8 522 8 8 36.2 ゴーディー	大井ナ 8.30 アフタSIII ⑤ 1125 56本田重0.9 ⑮7ｿ1 488 2 2 37.8 キタサンミカヅキ	札幌 8.27 キーンGIII ⑩ 1101 57田邊裕1.1 ⑬5ｿ9 496 11 12 35.6 エポワス
前走	大井ナ 10.4 東京盃GII ③ 1123 56横山典0.2 ⑯6ｿ1 507 4 5 36.9 キタサンミカヅキ	高知 10.9 オパーA1 ⑥ 1454 56三村展0.9 ⑧8ｿ4 518 3 3 5 40.6 クレスタラン	大井ナ 10.4 東京盃GII ① 1121 56繁田健0.1 ⑯9ｿ7 532 10 10 36.3 ブルドッグボス	大井ナ 10.4 東京盃GII ⑧ 1131 54本田重1.0 ⑯11ｿ9 491 5 6 37.7 キタサンミカヅキ	盛岡 10.9 南部杯GI 2 1355 57吉原寛0.6 ⑯3ｿ7 500 1 1 35.8 コパノリッキー

指定交流・第17回 JBCスプリント・GI Jpn（サラ3歳上、選定馬、定量）
距離 1200 右外回り
レコード 1.10.1 スーニ
1着賞金 6000万円

（サンケイスポーツ）

いっても、出世街道を進んできたのはダート路線だった。ダートに変わったからといって、GI馬の底力は無視できない。前走、格高のスプリンターズSで0・1秒差（4着）なら、ニシケン逆転があっても不思議ではなく、7番人気と人気薄なら積極的に買うべき馬である。

ネロはダートは1走しかしていない。しかも掲示板に載っていないし、スプリンターズSではシンガリ負け。常識的にはとても手が出せないと感じるかもしれない。

しかし、実走着差的に見れば、スノーとネロの差はあまりない。スノーからいえば0・6差。ネロはスプリンターズSでの枠順はスノー1番枠、ネロ14番枠。外を回らざるを得なかったネロと、内を通

2017年11月3日大井8RJBCスプリント（GI、ダート

	16 桃8	15 桃8	14 橙7	13 橙7	12 緑6
父	ダイワメジャー	ヨハネスブルグ	プレシャスカフェ	アジュディケーティ	サウスヴィグラス
馬名	メジャーアスリート	ネロ	ゴーディー	アンサンブルライフ	コーリンベリー
母（母父）	スプリンターキャット（ストームキャット）	ニシノタカラヅカ（サンデーサイレンス）	イケノエメラルド（コノミテイオー）	ゲイリーエンジェル（ダンシングブレーヴ）	コーリンラヴィアン（ミシックトライブ）
産地	浦河	新ひだか	日高	新ひだか	日高
斤量・騎手	57高橋哲	57中野省	57的場文	57真島大	55松山弘
騎手成績	0 1 0 20	0 0 0 1	4 6 1 9	1 1 3 4	8 4 3 8
性齢毛色脚質	牡8栗追	牡6栗先	牡9栗逃	牡4鹿先	牝6栗先
印	0 … … … … … … … … … … … … … … …	8 … … … … … … … … … … △ … … … …	0 … … … … … … … … … … … … … … …	0 … … … … … … … … … … … … … … …	16 … △ … … △ … … ◎ … … △ … … △ …
厩舎	浦和栢櫛浩	栗東森秀行	大井赤嶺本	浦和小久智	美浦小野次
厩舎成績	3 8 4 62	7 8 1 19	11 14 6 38	4 3 4 8	8 4 3 10
距離別成績	1 2 0 0 3 5 0 1 3 1 0 0 32 29 1 7	0 5 [illegible] 5 0 [illegible] 5 0 1 [illegible] 0 [illegible] 14 **4**	8 3 0 2 4 9 1 5 4 2 0 0 16 21 1 15	2 1 1 0 2 1 0 1 2 1 1 0 7 1 0 0	0 8 0 4 1 3 0 1 0 3 0 2 5 5 0 2
持ちタイム	1分12秒0	1分[illegible]秒4	1分10秒8	1分15秒0	1分10秒6
前走1	浦和 8.16 東月特A2 ❸ 千五左1377 57内田利1.6 ⑩ト9ﾀ8余527 6 6 5 39.4 ニチドウリュンヌ	京都 11.27 京阪 GIII ❶ 千二芝右1103 57バルザ0.7 ⑱ト2ﾀ2余478 1 1 36.2 エイシンスパルタ	大井ナ 5.23 ゆりかA1 ⑤ 千二右1139 57的場文1.0 ⑨ト5ﾀ1余496 5 5 38.4 ラクテ	大井ナ 5.10 アルクA1 ① 千四右1262 55真島大0.3 ⑩ト6ﾀ2余481 4 5 5 36.6 ゴーディー	大井 9.22 東京盃GII ❷ 千二右1123 56松山弘0.4 ⑭ト3ﾀ3余510 2 2 38.2 ドリームバレンチ
前走2	川崎ナ 9.6 長月特A2 ⓬ 千五左1388 57高橋哲3.5 ⑬ト8ﾀ12余525 12 12 13 40.7 エスケイアリュー	京都 1.29 シルクオープンハンデ ⑪ 千二芝右1086 575濱中俊0.8 ⑬ト10ﾀ1余482 2 2 34.7 6カ月休養	大井ナ 6.29 武蔵野A1 [1] 千四右1256 57的場文0.7 ⑪ト4ﾀ3余493 1 1 1 36.9 ファイヤープリン	浦和 5.31 さきたGII ④ 千四左1271 56真島大1.4 ⑫ト4ﾀ7余482 2 3 2 38.0 ホワイトフーガ	川崎 11.3 JBスGI ③ 千四左1289 55松山弘1.7 ⑫ト12ﾀ4余497 4 3 4 39.6 ダノンレジェンド
前走3	浦和 9.19 爽秋特A2 [7] 千四左1306 57高橋哲1.8 ⑩ト6ﾀ9余529 10 9 6 38.4 スプリングガール	新潟 7.30 アイビGIII ⑩ 千芝左550 58戸崎圭0.8 ⑯ト9ﾀ3余478 32.9 ラインミーティア	大井ナ 7.26 サンタSIII ① 千六右1410 57的場文0.8 ⑮ト1ﾀ4余492 1 1 1 40.3 コンドルダンス	大井ナ 7.26 サンタSIII ❽ 千六右1436 57真島大2.6 ⑮ト4ﾀ1余477 3 3 4 42.7 ゴーディー	中山 12.11 カペラGIII ❸ 千二右1107 56松山弘0.5 ⑯ト14ﾀ1余502 4 5 37.0 ノボバカラ
前走4	大井ナ 10.4 東京盃GII ⑯ 千二右1151 56高橋哲3.0 ⑯ト8ﾀ15余526 16 16 37.6 キタサンミカヅキ	札幌 8.27 キーンGIII ❽ 千二芝右1097 57中野省0.7 ⑬ト3ﾀ10余466 5 5 35.8 エポワス	大井ナ 8.30 アフタSIII ❷ 千二右1118 58的場文0.2 ⑮ト5ﾀ4余491 1 1 37.3 キタサンミカヅキ	大井ナ 10.3 ムーンA1 [13] 千六右1438 57真島大2.7 ⑮ト9ﾀ7余483 1 1 1 42.5 トロヴァオ	東京 1.29 根岸 GIII ⑮ 千四左1251 56松山弘2.1 ⑯ト9ﾀ12余504 9 9 37.2 8カ月休養
前走5	浦和 10.19 けやきA2 [8] 千四左1304 57高橋哲1.4 ⑫ト11ﾀ9余527 12 12 10 39.6 モリデンリオ	中山 10.1 スプリGI ⑯ 千二芝右1083 57勝浦正0.7 ⑯ト14ﾀ15余472 3 5 34.1 レッドファルクス	大井ナ 10.3 ムーンA1 [8] 千六右1432 58的場文2.1 ⑮ト13ﾀ1余490 2 1 1 41.9 トロヴァオ	船橋ナ 10.24 カムイA1 ③ 千左1002 57真島大0.5 ⑨ト9ﾀ3余484 4 4 36.4 アピア	大井ナ 10.4 東京盃GII ❻ 千二右1126 56松山弘0.5 ⑯ト7ﾀ5余516 2 1 37.3 キタサンミカヅキ

	11 緑6	10 黄5	9 黄5	8 青4	7 青4	6 赤
父	ダイワメジャー	ゴールドアリュール	パイロ	アドマイヤコジーン	プリサイスエンド	ロージズインメイ
馬名	ブルドッグボス	コパノリッキー	シゲルカガ	スノードラゴン	プリサイスキング	ドリームバレンチノ
母（母父）	リファールカンヌ（デインヒル）	コパノニキータ（ティンバーカントリー）	アレグレッツァ（シャンハイ）	マイネカプリース（タヤスツヨシ）	ジョセフィーヌ（エルハーブ）	コスモヴァレンチ（マイネルラヴ）
産地	浦河	日高	浦河	新冠	新冠	新冠
斤量・騎手	57内田博	57森泰斗	57山崎誠	57大野拓	57達城龍	57岩田康
騎手成績	1 0 1 1	初騎乗	初騎乗	2 4 3 14	12 2 2 1	3 5 1 10
性齢毛色脚質	牡5鹿差	牡7栗先	牡6鹿差	牡9芦追	牡5鹿先	牡10青差
印	24 … ▲ … … ▲ … … △ … … ○ … … ◎ …	20 … △ … … ◎ … … ○ … … ◎ … … △ …	0 … … … … … … … … … … … … … … …	8 … △ … … △ … … △ … … … … … △ …	0 … … … … … … … … … … … … … … …	8 … … … … △ … … … … … … … … … …
厩舎	浦和小久智	栗東村山明	川崎鈴木義	美浦高木登	大井高橋清	栗東加用正
厩舎成績	8 6 4 5	15 2 2 11	6 3 1 26	8 12 6 25	12 2 2 1	12 11 5 25
距離別成績	0 [illegible] 7 0 [illegible] 4 0 [illegible] 1 0 [illegible] 4 **3**	14 [illegible] 0 2 [illegible] 0 2 [illegible] 0 10 [illegible] 0 **2**	0 6 0 6 0 3 0 3 0 1 0 1 1 23 2 14	0 8 0 6 3 9 0 6 0 6 0 5 2 23 0 15	0 12 0 12 0 2 0 2 0 2 0 2 0 1 0 1	0 12 0 9 0 11 0 6 0 5 0 4 2 23 0 11
持ちタイム	1分[illegible]秒8	[illegible]8	1分7秒7	1分7秒3	1分12秒8	1分6秒9
前走1	京都 4.29 天王山オープン ⑤ 千二右1108 57池添謙0.7 ⑯ト9ﾀ3余518 4 5 36.1 コウエイエンブレ	中京 12.4 チャンGI ⑬ 千八左1516 57ルメール1.5 ⑮ト11ﾀ3余544 2 3 4 38.8 サウンドトゥルー	京都 4.29 天王山オープン ⑯ 千二右1122 57太宰啓2.1 ⑯ト16ﾀ16余520 11 15 36.2 コウエイエンブレ	中京 3.26 高松宮GI [7] 千二芝左1094 57大野拓0.7 ⑱ト11ﾀ11余512 11 12 34.5 セイウンコウセイ	大井ナ 4.17 大井競B2 ① 千二右1129 56達城龍0.4 ⑯ト5ﾀ1余519 3 3 37.6 シャラク	園田 12.28 兵庫ゴGIII ❷ 千四右1258 595岩田康0.0 ⑫ト9ﾀ3余496 9 6 3 37.1 ニシケンモノノフ
前走2	船橋ナ 7.25 習志野SIII ③ 千左1006 58戸崎圭1.6 ⑭ト6ﾀ1余522 6 8 37.3 スアデラ	大井 12.29 東京大GI ⑤ 二千右2075 57戸崎圭1.7 ⑭ト2ﾀ3余545 1 1 1 38.0 アポロケンタッキ	京都 5.14 栗東オープンハンデ ⑭ 千四右1247 54藤懸貴2.1 ⑯ト1ﾀ15余518 5 6 37.4 サイタスリーレッ	門別 6.8 北海スGIII ❸ 千二右1102 59大野拓0.8 ⑯ト9ﾀ3余514 10 8 35.3 ニシケンモノノフ	大井ナ 6.8 ゲンマB2 [1] 千二右1128 57達城龍0.8 ⑭ト12ﾀ1余521 6 3 37.0 コルディリエーラ	高知 3.14 黒船賞GIII ④ 千四右1289 59岩田康0.7 ⑫ト10ﾀ4余494 5 4 4 39.3 ブラゾンドゥリス
前走3	盛岡 8.15 クラスGIII [1] 千二左1088 54左海誠0.0 ⑭ト1ﾀ4余506 3 3 34.1 ラブバレット	東京 2.19 フェブGI ⑭ 千六左1365 57武豊1.4 ⑯ト4ﾀ6余544 3 2 37.3 ゴールドドリーム	船橋ナ 7.25 習志野SIII ⑨ 千左1015 58和田譲2.5 ⑭ト9ﾀ8余511 11 13 37.8 スアデラ	中京 7.2 CBCハンデ ❺ 千二芝左1083 58大野拓0.3 ⑱ト11ﾀ12余512 15 15 33.5 シャイニングレイ	大井ナ 7.14 日刊スB1 ① 千二右1135 55達城龍0.2 ⑬ト1ﾀ1余525 4 4 37.4 ネスター	大井ナ 4.19 東京スGIII [5] 千二右1133 58岩田康0.6 ⑩ト4ﾀ2余495 7 8 37.3 キタサンサジン
前走4	浦和 9.20 オーバGIII [3] 千四左1258 55左海誠0.7 ⑫ト5ﾀ3余523 3 2 3 37.1 サイタスリーレッ	船橋 5.5 かしわGI ① 千六左1399 57武豊0.4 ⑩ト1ﾀ2余536 6 6 6 38.0 5カ月休養	大井ナ 10.4 東京盃GII ⑮ 千二右1146 56森泰斗2.5 ⑯ト3ﾀ10余517 1 1 39.4 キタサンミカヅキ	阪神 9.10 セントGII ❽ 千二芝右1081 57大野拓0.6 ⑭ト11ﾀ7余504 8 7 33.3 ファインニードル	大井ナ 8.13 SPAB1 ❶ 千二右1131 57達城龍0.0 ⑯ト11ﾀ1余523 3 3 37.2 ドリームタイム	浦和 5.31 さきたGII ❻ 千四左1278 58岩田康2.1 ⑫ト11ﾀ4余496 8 8 8 38.0 4カ月休養
前走5	大井ナ 10.4 東京盃GII ❷ 千二右1122 56左海誠0.1 ⑯ト14ﾀ3余516 5 4 36.8 キタサンミカヅキ	盛岡 10.9 南部杯GI [1] 千六左1349 57田邊裕0.6 ⑯ト11ﾀ1余546 3 2 34.6 ノボバカラ	川崎ナ 10.12 富士見A1 ⑩ 二千一左2179 57的場文8.0 ⑩ト2ﾀ9余514 4 10 10 45.8 タマモネイヴィー	中山 10.1 スプリGI ❹ 千二芝右1077 57大野拓0.1 ⑯ト1ﾀ16余510 12 12 33.0 レッドファルクス	大井ナ 9.11 セプテA2 ❷ 千二右1128 57達城龍0.3 ⑮ト5ﾀ2余522 6 5 37.6 キタサンウンゲツ	大井ナ 10.4 東京盃GII ❺ 千二右1126 58岩田康0.5 ⑯ト10ﾀ8余499 9 6 37.0 キタサンミカヅキ

1着①ニシケンモノノフ　（2番人気）　単① 450円

2着⑩コパノリッキー　（1番人気）　複① 150円　⑩ 160円　⑪ 140円

3着⑪ブルドッグボス　（3番人気）　馬連①－⑩ 990円

・・・・・・・・・・・・・・・・　馬単①→⑩ 2250円

4着⑮ネロ　（8番人気）　3連複①⑩⑪ 1370円

3連単①→⑩→⑪ 7430円

れたスノーの差は実際にはグッと縮まるのだ。

もう1頭マークすべきは、ダートGＩの常連⑩コパノリッキー。交流GＩのかしわ記念を勝った後、夏は休養、秋初戦の交流GＩ南部杯も勝利している。ダート1600mを得意とする馬なので、短距離に出走したことに疑問を投げかける中央の予想家が多かったが、4番手とした。

通常、距離を短縮した馬は評価を下げることが多い。ダートレースの場合、位置取りが悪くなると、前が詰まったり、砂を被って走るのを嫌がったりと、能力を発揮できずに終わる危険性が高まる。特に先行して結果を残している馬は、前に行けるかどうかで成績がまったく違ってくる。

馬は走る距離を知らない。短距離をずっと使われていた馬が距離延長なら、いつものスピードで最初からダッシュするので、前につけられる可能性が高い。ペースが速いと思えば、前に行った後で騎手が抑えれば済む。

では距離短縮はどうか。中長距離を走り慣れている馬が短距離を使われると、前につけられず、能力を発揮できないというリスクが高まる。だから距離短縮は、たとえ馬に力があったとしても、疑ったほうがいい。

それでもコパノリッキーを評価したのは、実績が断然で戦ってきた相手を考えれば、距離短縮のリスク以上に好走が期待できると思われたからだ（結果的に1番人気に推されたところを見ると、私と同じ考え方をしたファンが多かったのだろう）。

終わってみれば、配当は低かったものの、会心ともいえる予想結果だった。1着はニシケンモノノフ、2着コパノリッキー、3着ブルドッグボス。上位6頭のうち、5頭が私が挙げた馬である。

特に注目していただきたいのは、先行し惜しくも4着となったネロである。マーケットでは8番人気と無視同然の扱いだったが、ゴール前まで粘りに粘って、勝ち馬からアタマ、アタマ、クビの僅差に頑張った。あわや2着というシーンまであった。ちなみにもう1頭、予想に挙げていたスノードラゴン（7着）も、次走のカペラSでは2着に好走している。

このように人気薄も含め、実走着差理論で算出された馬たちが上位を独占し、一網打尽となるレースは珍しくない。残念ながら、現時点では百発百中といけるほどの精度ではないが、冒頭でも触れたように、マグロの入れ食い状態になる日もある。私が実走着差理論に絶対の自信を持つゆえんだ。

同じようなメンバーのぶつかるGIは芋ヅル式に

一度、力の優劣を正しくつかむと、芋ヅル式に的中確率が高まるのも実走着差理論の特徴だ。

重賞、特にGIクラスになると、同じようなメンバーがぶつかり、勝ったり負けたりを繰り広げている。走ってきたレースごとに正しく優劣をつけられていれば、勝負になる馬はすぐに絞れるし、予想精度も高くなる。

例えば、毎年、帝王賞、JBC、チャンピオンズCといったダートGIを経由してきた馬たちの戦いになる、暮れの大井の大一番、東京大賞典である。実走着差理論を駆使しなくても、レースレベル

⑥ 赤3	⑤	④ 黒2	③	② 白1	①	29日大井
マツリダゴッホ **コスモカット** ナイスカット（エルハーブ） 新冠	ラングフール **アポロケンタッキー** ディキシアナディライト（ヨ 米	ロージズインメイ **サブノクロヒョウ** サブノイナズマ（カコイーシ 新ひだか	フレンチデピュティ **サウンドトゥルー** キョウエイトルース（フジキ 新ひだか	パイロ **タービランス** チャームエンジェル（シアト 厚真	カネヒキリ **ミツバ** セントクリスマス（コマンダ 日高	**10** 発走 16.30
57安藤洋	57内田博	57和田譲	57大野拓	57吉原寛	57Mデム	斤量・騎手
0 0 0 1	2 0 0 2	2 0 0 3	8 6 9 7	初騎乗	0 0 0 1	騎乗実績
牡4鹿追	牡5鹿差	牡4黒先	騸7栗追	牡4黒先	牡5鹿差	性齢色脚
0	10	0	34	0	14	人気
… … …	… △ …	… … …	… … …	… … …	… △ …	菊池
… … …	… △ …	… … …	2	… … …	… △ …	本紙大貫
大井宗形竹	栗東山内研	大井阪本一	美浦[illegible]登	北海若松平	栗東加用正	厩舎
10 3 3 15	9 3 2 9	5 7 0 19	10 [illegible] 2	7 1 1 2	9 4 5 15	全成績
大井ナ10.2 トゥイB1 14 千六右1449 55坂井英2.5 ⑯ト15ヲ13人483 7 11 13 42.2 ポッドジョイ	UA 3.25 DワーGI ⑨ 二千左2053 57ルメー3.2 ⑭ト1ヲ5人 ― 8 10 11 3カ月休養	大井ナ8.15 ミッドA2 4 千二右1275 57的場文0.9 ⑨ト4ヲ2人492 9 8 6 39.1 ブリージーストー	東京 2.19 フェブGI ⑧ 千六左1357 57柴田善0.6 ⑯ト1ヲ7人474 14 13 35.8 4カ月休養	大井ナ3.16 京浜盃SII ❶ 千七右1493 56森泰斗0.1 ⑭ト14ヲ2人505 3 3 3 39.4 グランユニヴェー	東京 5.7 ブリリOPハンデ ① 二千一左2103 565松山弘0.3 ⑯ト2ヲ1人468 9 8 3 36.0 キクノソル	国際交流・第63回 **東京大賞典・GI** （サラ3歳上、選定馬、定量）
大井ナ10.30 いたばB1 6 千八右1579 55坂井英1.6 ⑫ト11ヲ9人484 1 1 1 41.0 サンドプラチナ	大井ナ6.28 帝王賞GI ⑤ 二千右2058 57内田博1.4 ⑯ト6ヲ2人567 9 4 5 38.8 3カ月休養	大井ナ8.29 オーガA2 ⑤ 千八右1545 57的場文0.6 ⑧ト5ヲ3人494 6 6 6 37.7 キングニミッツ	大井ナ6.28 帝王賞GI ④ 二千右2054 57大野拓1.0 ⑯ト15ヲ3人473 7 6 6 38.3 3カ月休養	大井ナ4.20 羽田盃SI ① 千八右1555 56森泰斗0.0 ⑭ト1ヲ1人505 5 4 3 39.6 トロヴァオ	盛岡 7.17 マーキGIII 1 二千左2021 54松山弘0.1 ⑭ト2ヲ1人463 6 5 5 36.3 ピオネロ	
大井ナ11.17 アルデB2 ⑭ 二千右2127 57坂井英2.7 ⑯ト14ヲ12人489 5 4 6 42.7 ステイサウンド	船橋ナ9.27 日本テGII 1 千八左1529 58内田博0.0 ⑪ト11ヲ4人563 3 4 3 37.1 サウンドトゥルー	大井ナ9.13 東京記SII ❶ 二千四右2364 56和田譲0.5 ⑮ト15ヲ12人490 3 2 2 38.7 カツゲキキトキト	船橋ナ9.27 日本テGII 2 千八左1529 58大野拓0.0 ⑪ト2ヲ3人475 5 2 4 37.2 アポロケンタッキ	大井ナ6.8 東京ダSI ③ 二千右2084 56森泰斗1.5 ⑮ト15ヲ1人509 3 1 2 40.3 バルダッサーレ	阪神 9.30 シリウGIIIハンデ ⑧ 二千右2047 575松山弘0.8 ⑯ト12ヲ2人468 13 14 12 36.9 メイショウスミト	
大井ナ12.1 ByyB2 12 千六右1444 56坂井英1.4 ⑯ト4ヲ12人483 7 8 7 40.2 ヒロイックサーガ	大井ナ11.3 JBクGI ⑧ 二千右2067 57内田博2.2 ⑬ト10ヲ2人563 7 8 9 39.4 サウンドトゥルー	大井ナ11.3 JBクGI ❼ 二千右2067 57和田譲2.2 ⑬ト6ヲ8人493 2 3 6 39.7 サウンドトゥルー	大井ナ11.3 JBクGI ❶ 二千右2045 57大野拓0.2 ⑬ト8ヲ4人477 10 9 8 37.0 ケイティブレイブ	大井ナ7.13 JDDGI 二千右取消 56森泰斗 3ヲ ― 15カ月休養	大井ナ11.3 JBクGI ③ 二千右2047 57松山弘0.2 ⑬ト5ヲ7人462 4 2 2 37.8 サウンドトゥルー	
川崎ナ12.13 JH横B1 ⑥ 千六左1454 55安藤洋1.9 ⑬ト4ヲ11人486 10 11 10 41.4 ヤマイチレジェン	中京 12.3 チャンGI 千八左取消 57内田博 15ヲ ―	大井ナ11.29 勝島王SIII 5 千八右1556 58和田譲1.1 ⑯ト7ヲ2人499 4 5 4 40.2 ディアドムス	中京 12.3 チャンGI ⑪ 千八左1507 57大野拓0.6 ⑮ト14ヲ2人478 14 13 13 35.5 ゴールドドリーム	門別 11.9 ビヤパA1 1 千八右1540 57佐々国0.3 ⑩ト4ヲ2人542 2 2 2 39.2 サクラインザスカ	中京 12.3 チャンGI ⑥ 千八左1505 57松山弘0.4 ⑮ト3ヲ12人472 12 11 11 35.6 ゴールドドリーム	距離 2000 右外回り 1着賞金 8000万円
4 3 3 9	1 0 0 2	5 7 0 17	2 1 2 1	2 0 1 0	0 0 1 0	当地成績

（サンケイスポーツ）

の高低を間違えることはまずない。帝王賞やＪＢＣクラシック、チャンピオンズＣの上位馬を比較するだけでいいからだ。その比較も今まで積み上げてきたデータがあるので、簡単にできる。

例えば２０１７年12月29日の東京大賞典。ＪＢＣ、チャンピオンズＣのメンバーの再戦といってもいい顔ぶれ。ＪＢＣの予想でつけた優劣を頭に置きながら、今走での上げ下げを考えるだけでいい。

まずＪＢＣクラシックの１～３着馬、サウンドトゥルー、ケイティブレイブ、ミツバの３頭。この

2017年12月29日大井10R東京大賞典（GⅠ、ダート2000m良）

16 桃8	15	14 橙7	13	12 緑6	11	10 黄5	9	8 青4	7
カジノドライヴ	カネヒキリ	ディープインパクト	ゴールドアリュール	アドマイヤマックス	キングズベスト	シニスターミニスター	カジノドライヴ	サウスヴィグラス	アンライバルド
セイファルコン	ロンドンタウン	ハーキュリーズ	コパノリッキー	ケイティブレイブ	シャドウパーティー	インカンテーション	サンドプラチナ	ヒガシウィルウィン	バルダッサーレ
ダンツスウィフト（ダイワメ	フェアリーバニヤン（オナー	タックスヘイブン（アリダー	コパノニキータ（ティンバー	ケイティローレル（サクラロ	グリンティングデザート（テ	オリジナルスピン（マキアヴ	ステイウィズユー（ステイゴ	プリモタイム（ブライアンズ	メイルリヒト（フジキセキ）
浦河	新冠	千歳	日高	新ひだか	愛	浦河	洞爺湖	新ひだか	日高
55左海誠	57岩田康	57保園翔	57田邊裕	57福永祐	57高松亮	57三浦皇	57真島大	55森泰斗	57赤岡修
1 0 0 0	2 0 0 1	0 0 0 5	5 2 1 2	2 1 1 2	初騎乗	1 0 0 0	1 0 1 1	3 2 0 0	初騎乗
牡3栗追	牡4鹿先	牡9鹿追	牡7栗逃	牡4栗先	騸8鹿追	牡7鹿先	牡4鹿追	牡3栗差	牡4黒追
0	8	0	30	28	0	14	0	4	0
… … …	… … …	… … …	… △ …	… ○ …	… … …	… △ …	… … …	… ◎ …	… … …
… … …	… … …	… … …	… ◎ …	… …	… … …	… △ …	… … …	… ▲ …	… … …
川崎八木喜	栗東牧田和	浦和山越光	栗東 山明	栗東 哲	大井渡邉和	栗東羽月友	大井市村誠	船橋佐藤賢	大井中道啓
3 4 2 7	7 3 0 11	4 9 7 33	15 3 11	7 7	5 6 2 23	11 3 3 13	3 3 8 19	7 7 0 1	3 1 3 14
大井ナ 8.29 初嵐賞B2⑫ 千六右1431 56山崎誠1.7 ⑯ト15ヲ8人489 11 11 11 39.8 ザンブローネ	阪神 4.15 アンタGⅢ② 千八右1502 57川田将0.3 ⑯ト4ヲ6人516 7 8 8 36.4 モルトベーネ	船橋ナ 9.27 日本テGⅡ6 千八左1573 56保園翔4.4 ⑪ト8ヲ7人450 6 5 5 40.5 アポロケンタッキ	東京 2.19 フェブGⅠ⑭ 千六左1365 57武豊1.4 ⑯ト4ヲ6人544 3 2 37.3 ゴールドドリーム	京都 5.20 平安 GⅢ⑤ 千九右1565 58福永祐0.8 ⑯ト16ヲ4人504 2 1 1 38.8 グレイトパール	福島 4.16 民報 OPハンデ⑮ 二千芝右1596 54石橋脩1.1 ⑯ト13ヲ12人490 14 15 12 35.2 3カ月休養	東京 2.19 フェブGⅠ⑬ 千六左1365 57藤岡康1.4 ⑯ト16ヲ15人506 1 1 37.5 ゴールドドリーム	大井ナ 9.13 US長B2④ 千八右1566 57的場文0.8 ⑭ト4ヲ2人491 10 11 11 40.2 カパトット	大井 3.22 京浜盃SⅡ❶ 千七右1485 56森泰斗0.2 ⑬ト12ヲ3人453 6 4 4 38.2 ピンクドッグウッ	水沢 11.20 ダービーGP3 二千右2092 56吉原寛1.2 ⑪ト11ヲ1人493 7 3 4 38.5 9カ月休養
大井ナ 9.12 爽秋賞B2⓫ 千二右1149 55的場文1.6 ⑮ト9ヲ11人489 5 4 39.1 インカローズ	京都 5.20 平安 GⅢ⑫ 千九右1578 57松山弘2.1 ⑯ト11ヲ5人524 7 7 5 38.9 グレイトパール	浦和 10.18 埼玉新SⅢ⓫ 千九左2084 58保園翔6.5 ⑪ト1ヲ10人459 5 10 10 44.3 カンムル	船橋 5.5 かしわGⅠ① 千六左1399 57武豊0.4 ⑩ト1ヲ2人536 6 6 6 38.0 5カ月休養	大井ナ 6.28 帝王賞GⅠ❶ 二千右2044 57福永祐0.3 ⑯ト3ヲ6人504 12 9 7 36.5 3カ月休養	小倉 8.6 小倉記GⅢハンデ⑫ 二千芝右2011 54濱中俊3.5 ⑬ト9ヲ12人502 13 12 12 38.3 タツゴウゲキ	中山 3.26 マーチGⅢハンデ1 千八右1520 575勝浦正0.1 ⑯ト4ヲ10人504 3 5 3 38.3 ディアデルレイ	大井ナ 10.2 トゥイB1 5 千六右1428 57真島大0.4 ⑯ト1ヲ8人499 8 9 8 39.9 ポッドジョイ	大井ナ 5.10 羽田盃SⅠ② 千八右1545 56森泰斗0.1 ⑭ト3ヲ2人455 2 2 2 38.1 キャプテンキング	大井ナ 9.13 東京記SⅡ 二四右取消 56御神訓 4ヲ ―
大井ナ 10.4 オフ大B2① 千六右1427 56的場文0.6 ⑭ト1ヲ10人492 5 2 1 38.9 エリュシオン	札幌 8.13 エルムGⅢ❶ 千七右1409 57岩田康0.1 ⑭ト2ヲ4人510 4 3 3 35.6 テイエムジンソク	大井ナ 11.3 JBクGⅠ⓬ 二千右2110 57保園翔6.5 ⑬ト11ヲ12人449 12 12 12 41.9 サウンドトゥルー	盛岡 10.9 南部杯GⅠ1 千六左1349 57田邊裕0.6 ⑯ト11ヲ1人546 3 2 34.6 ノボバカラ	船橋ナ 9.27 日本テGⅡ3 千八左1530 58福永祐0.1 ⑪ト10ヲ1人503 2 2 2 37.3 アポロケンタッキ	大井ナ 10.3 ムーンA1 12 千六右1437 57クアト2.6 ⑮ト4ヲ9人499 11 10 10 41.3 トロヴァオ	船橋 5.5 かしわGⅠ② 千六左1403 57岩田康0.4 ⑩ト2ヲ5人504 4 3 4 38.6 5カ月休養	大井ナ 10.30 いたばB1 1 千八右1563 57真島大0.3 ⑫ト7ヲ4人502 3 2 2 39.4 ガヤルド	大井ナ 6.7 東京ダSⅠ❶ 二千右2069 56森泰斗1.3 ⑮ト13ヲ2人454 5 4 3 38.0 キャプテンキング	大井ナ 10.3 ムーンA1 14 千六右1443 57町田直3.2 ⑮ト7ヲ8人490 3 5 7 42.9 トロヴァオ
大井ナ 11.1 品川かB1 7 千四右1278 57的場文1.5 ⑯ト12ヲ8人502 5 6 7 38.8 キャンドルグラス	韓国 9.10 コリアC① 千八左1507 57岩田康0.7 ⑪ト11ヲ3人515 1 1 1 クリソライト	大井ナ 11.28 東京トA1 10 千二右1147 57保園翔2.7 ⑪ト2ヲ11人451 9 9 38.4 アピア	大井ナ 11.3 JBスGⅠ❷ 千二右1114 57森泰斗0.0 ⑯ト10ヲ1人537 5 3 36.6 ニシケンモノノフ	大井ナ 11.3 JBクGⅠ❷ 二千右2047 57福永祐0.2 ⑬ト12ヲ3人503 7 5 3 37.6 サウンドトゥルー	大井ナ 11.15 マGPSⅡ⑮ 千六右1438 57クアト3.1 ⑯ト10ヲ12人505 9 12 13 40.7 セイスコーピオン	金沢 10.3 白山大GⅢ1 三右2136 56岩田康0.5 ⑩ト10ヲ1人510 2 1 1 39.7 カツゲキキトキト	大井ナ 11.14 スポーA2 3 二千右2093 57真島大1.5 ⑨ト1ヲ1人506 1 1 2 41.5 アサクサスターズ	大井ナ 7.12 JDDGⅠ① 二千右2058 56本田重0.0 ⑭ト4ヲ5人459 5 6 5 38.2 4カ月休養	大井ナ 11.3 JBクGⅠ⓾ 二千右2078 57御神訓3.3 ⑬ト9ヲ9人483 5 5 7 40.7 サウンドトゥルー
大井ナ 11.28 冬木立B1 1 二千右2093 57左海誠0.3 ⑭ト1ヲ8人499 14 12 11 38.3 サヴァティアーノ	中京 12.3 チャンGⅠ⑮ 千八左1519 57岩田康1.8 ⑮ト7ヲ7人518 4 3 4 37.8 ゴールドドリーム	浦和 12.20 ゴールSⅡ11 千四左1303 58保園翔2.5 ⑫ト6ヲ11人462 11 11 10 38.7 ソルテ	中京 12.3 チャンGⅠ❸ 千八左1502 57田邊裕0.1 ⑮ト1ヲ9人546 1 1 1 36.3 ゴールドドリーム	中京 12.3 チャンGⅠ④ 千八左1504 57福永祐0.3 ⑮ト2ヲ3人512 3 3 3 36.2 ゴールドドリーム	大井ナ 11.29 勝島王SⅢ16 千八右2005 57クアト6.0 ⑯ト5ヲ12人496 9 10 12 44.6 ディアドムス	東京 11.11 武蔵野GⅢ① 千六左1355 57三浦皇0.1 ⑯ト13ヲ6人502 2 2 35.4 サンライズソア	川崎ナ 12.12 師走杯A2❾ 二千左2137 57柏木健1.8 ⑪ト10ヲ5人508 11 11 11 38.6 エスケイアリュー	浦和 11.23 浦和記GⅡ2 二千左2093 56森泰斗1.1 ⑪ト4ヲ2人472 3 2 2 39.5 マイネルバサラ	浦和 11.23 浦和記GⅡ7 二千左2161 56吉原寛7.9 ⑪ト8ヲ9人484 2 5 7 45.9 マイネルバサラ
3 4 2 6	初出走	0 0 0 5	2 3 0 2	1 2 0 0	0 0 0 3	初出走	3 3 8 18	3 1 0 0	1 0 0 4

1着⑬コパノリッキー　（3番人気）
2着③サウンドトゥルー　（2番人気）
3着⑫ケイティブレイブ　（1番人気）

単⑬ 470円
複⑬ 150円　③ 130円　⑫ 120円
馬連③－⑬ 970円
馬単⑬→③ 1950円
3連複③⑫⑬ 690円
3連単⑬→③→⑫ 4470円

3頭はチャンピオンズCにコマを進め、勝ち馬サウンドトゥルーは人気を裏切り、まさかの11着だった。ケイティブレイブ4着、ミツバ6着。このレースで最先着しているのは、JBCスプリント優勝馬であるコパノリッキー（3着）だ。

この4頭に加え、勝負になりそうな馬を探せば、かしわ記念でコパノと互角に戦っていたインカンテーションのみ。JBCクラシックの予想ではピックアップしていたアポロケンタッキーは、JBCでの走りと、チャンピオンズC取り消しから見て、調子を崩していると判断できるので、カットしても問題ないと思われる。

あとは、5頭の優劣。チャンピオンズCの着順に惑わされないことがポイントだ。コパノ、ケイティ、ミツバ、サウンドの順に入線したといっても、着差はコパノとケイティは0・2秒差。ミツバはさらに遅れたといえ、ケイティから0・1秒差。11着になったサウンドでさえ、コパノから0・5秒離されているだけである。

さらにペースをチェックすれば、スロー。後ろから行ったサウンドやミツバには厳しい流れ。逆に逃げたコパノや先行したケイティには有利な流れだったことがわかる。

つまりサウンドは、力負けしたわけではなく、予想外の緩いペースにハマって追い込み切れなかっただけで、実走着差では、むしろコパノやケイティには先着している。ミツバも同様で、このレースに限れば、サウンドとミツバを評価すべきなのだ。特に14番枠と、外枠からスタートで距離ロスのあったサウンドは割増しが必要になる。

一方、コパノは1番枠からの逃げ、ケイティは2番枠からの先行なので、こちらは割引だ。ミツバも3番枠だったので、サウンドよりは少し落ちると見てもいいだろう。

そのうえで東京大賞典の枠順を見ると、今度は逆転している。ミツバは1番枠を引いたものの、ケイティは12番枠、コパノは13番枠、逆にサウンドは3番枠。枠順を入れて計算をし直すと、①ミツバと③サウンドが今回は上。

特に条件が好転していて、本質的にインを突いて伸びるレースが得意なサウンドトゥルーが最上位となる。

したがって、馬券の確かな軸はサウンドトゥルー。結果的に、展開に恵まれたコパノリッキーが暮れの大一番を制し、ケイティブレイブが3着に粘り込んだが、サウンドトゥルーもきっちり2着まで差してきた。

3→2→1番人気の順で人気サイドの決着で、配当的にはイマイチも、実走着差理論で一連のダートGⅠを的中させてきた私にとっては非常に簡単なレースだった。

天皇賞秋→ジャパンC、中央の芝GⅠも実走着差理論で

「実走着差理論」はもともと南関のレースを対象として開発したもので、中央競馬の予想は念頭になかった。特に芝コースは想定していなかったので、現時点ではデータの精度に比べやや問題があるの

は、すでに述べた通りだ。

それさえ修正できれば、むしろ、地方競馬より中央競馬の予想に適している理論だと確信している。データの不備が正されれば、百発百中とまではいかずとも、今よりはるかに大きな成果を上げられるはずである。

なぜ、それほど自信を持っているのか。クラス分けが中央のほうが地方競馬より大雑把だからだ。

例えば南関東競馬の場合、古馬の最下級クラスはC1～C3まで3つに細分化されている。しかも、クラス分けのもとになる収得金額は1着でなくても、すべて加算される。

細かく分けられている分、各馬の力が接近しており、指数差も少ない。指数上位の馬が5頭も6頭もいて、その差もほとんどないのだから、軸の取り方が非常に難しい。ほとんど同じ指数の馬が数頭いて、軸の選択を間違った結果、連敗続きという事態も起こりやすい。

一方、中央競馬のクラス分けは、未勝利、500万下、1000万下、1600万下、オープンと全体でも5クラスしかない。クラス分けのもとになる賞金も、基本的に勝たないと加算されない仕組みになっており、ずっと上位に入っていても、昇級しない。逆に本当は弱いのに、ペースに恵まれて勝ったために、昇級する馬もいる。

つまり、同じクラスの馬でも、地方競馬に比べると力差が大きい。実走着差理論で正しく評価できれば、確固たる軸馬と勝負になる馬数頭が浮かび上がり、的中率も回収率も高くなるはずである。

完璧なデータではない現時点でも、実走着差理論の威力を証明するレースは少なくない。例えば、極悪馬場で行なわれた2017年天皇賞秋である。

勝ったのは引退した⑦キタサンブラック（1番人気）、2着は宝塚記念馬②サトノクラウン（2番人気）、3着は人気薄⑧レインボーライン（13番人気）という結果となった。

私が本命を打ったのはサトノクラウン。あとの2頭も買い目に入れていたが、キタサンよりレインボーを上に取っていた。結果的には、印を打った馬の中で最も低い指数となったキタサンに勝たれてしまったが、レインボーを拾えていたので、まずまずの予想だったといっていいだろう。

東京第11R②——④⑩⑧⑱⑦　▽73——▽72—70—▽70—69—▽68
スローGⅠ宝塚追い上げ組上位の算出、名手デムーロ好枠好位重巧者②で不動！（ネット競馬スタッフに送った天皇賞秋の予想とコメント）

おそらく、多くの方がなぜキタサンよりレインボーが上になるのか、首をかしげるに違いない。順を追って解説しよう。

綿密に計算をしなくとも、馬柱に載るレースの優劣をつければ、GⅠの大阪杯や天皇賞春、宝塚記念の3レースがメンバー的にも上位だと思われるはずである。天皇賞春は距離が長いので省くとして、ポイントは大阪杯と宝塚記念の実走着差だ。

大阪杯の上位入線馬は1着⑤キタサンブラック、2着④ステファノス、4着⑭マカヒキ、6着⑦サ

芝2000m不良）

東京 11R　WIN5⑤　発馬 3.40

第156回 天皇賞（秋）　㊯国際・サラ三才上 オープン・定量

	10	9	8	7	6	5	4	3	2	1
枠	黄5	黄5	青4	青4	赤3	赤3	黒2	黒2	白1	白1
父	キングカメハメハ㊥	フランケル㋮	ステイゴールド㊥	ブラックタイド㊥	ディープインパクト㊥	キングカメハメハ㊥	ディープインパクト㊥	ネオユニヴァース㊥	マルジュ㋮	キングカメハメハ㊥
馬名	ミッキーロケット	ソウルスターリング	レインボーライン	キタサンブラック	ディサイファ	ヤマカツエース	リアルスティール	ネオリアリズム	サトノクラウン	㊞サクラアンプルール
母・母の父	マネーキャント　バイミーラヴ㊥	スタセリタ㊥	レーゲンボーゲン㊥	シュガーハート㊥	ミズナ㊥	ヤマカツマリリン㋮	ラヴズオンリーミー㋮	トキオリアリティー㊥	ジョコンダⅡ㋮	サクラメガ㊥
毛色	鹿毛	青鹿	鹿毛	鹿毛	鹿毛	栗毛	鹿毛	栗毛	黒鹿	栗毛
斤量	58 牡4	54 牝3	58 牡4	58 牡5	58 牡8	58 牡5	58 牡5	58 牡6	58 牡5	58 牡6
騎手	和田	ルメール	岩田康	武豊	柴山雄	池添	替シュミノー	替シュタルケ	M.デムーロ	蛯名
厩舎	栗音無	㊗藤沢和	栗浅見	栗清水久	㊗小島太	栗池添兼	栗矢作	㊗堀	㊗堀	㊗金成
賞金	2725	11,200	2550	48,125	15,450	9975	21,455	17,650	21,750	6770
総賞金	15,950	24,600	18,020	128,820	40,607	41,220	80,640	40,217	56,004	15,685
馬主名	野田みづき	社台RH	三田昌宏	大野商事	シェイク・モハメド	山田和夫	サンデーR	キャロットF	サトミホースC	さくらC
牧場名	安ノーザンF	千社台F	安ノーザンF	日ヤナガワ牧場	日ダーレージャパンF	ひ岡田牧場	安ノーザンF	安ノーザンF	安ノーザンF	ひ谷岡S
佐藤直	…	▲	…	◎	…	△	△	△	○	…
小野智	…	△	…	注	…	…	○	…	◎	…
久光	…	…	…	○	…	◎	△	…	注	△
西田	△	◎	…	○	…	…	注	△	▲	…
坂倉	△	…	△	注	…	…	△	△	○	…
本紙武井	… 西	△	… 西	◎ 西	…	△ 西	○ 西	△	注	…
持ちタイム	2233④ / 中1484⑤ / 阪1594⑦ / 阪2123⑥	阪1332① / 東1461⑧ / 2241①	**3** 東[illegible]③ / 京[illegible]③ / 札[illegible]202[illegible] / 阪[illegible]⑤	**1** [illegible]55⑭ / [illegible]91① / 中[illegible]38③ / 阪[illegible]27⑨	東1327⑬ / 京1448② / 福1574④ / 中2120①	東1336⑬ / 1220⑥ / 阪1580⑥ / 阪2144⑬	東1340⑪ / 東1456① / 中1584② / 2238④	京1332③ / 東1464① / 函1599⑥	**2** [illegible]③ / 東147[illegible]① / 中[illegible]⑥ / 阪[illegible]	新1470② / 東2000④
前走	2阪 4月2日 ④大阪杯7 GI 1ﾀﾞ14頭 内1594 57和田 M⑪⑪⑬ 480 人気6 後方直丈 3 1/4 375中339 キタサンブラッ 1589 0.5	2阪 4月9日 ⑥桜花賞3 牝GI 14ﾀﾞ17頭 外1346 55ルメール M⑨⑥⑤ 474 人気1 漸進伸 3/4身 360外354 レーヌミノル 1345 0.1	3京 4月30日 ④天皇賞12 GI 16ﾀﾞ17頭 外3143 58M.デムーロ H⑰⑰⑭ 442 人気7 後方まま 11 1/4 392中357 キタサンブラッ 3125R1.8	3京 4月30日 ④天皇賞1 GI 3ﾀﾞ17頭 外3125 58武豊 H②②① 536 人気1 先行抜出 1 1/4 365中353 シュヴァルグラ 3127 0.2	3東 6月4日 ②安田記念13 GI 2ﾀﾞ18頭 1327 58四位 M②③③ 502 人気15 好位一杯 7 3/4 342中354 サトノアラジン 1315 1.2	2中京 3月11日 ①金鯱賞1 GII 6ﾀﾞ16頭 1592 57池添 S⑧⑧⑥ 516 人気1 中位差切 1 1/4 375中347 ロードヴァンド 1594 0.2	5東 16年11月 ⑧ジャパンC5 GI 16ﾀﾞ17頭 2264 57ムーア S③③② 506 人気2 伸一息 3 1/2 377中351 キタサンブラッ 2258 0.6	2中 2月26日 ②中山記念1 GII 1ﾀﾞ11頭 内1476 57M.デムーロ S②②③ 514 人気3 先行抜出 3/4身 376内343 サクラアンプル 1477 0.1	2阪 4月2日 ④大阪杯6 GI 7ﾀﾞ14頭 内1593 57M.デムーロ M⑤⑥⑤ 478 人気3 好位一息 2 3/4 368中342 キタサンブラッ 1589 0.4	2阪 4月2日 ④大阪杯13 GI 6ﾀﾞ14頭 内2009 57横山典 M③⑤⑦ 478 人気9 好位一杯 12 1/2 365中359 キタサンブラッ 1589 2.0
2走前	3阪 6月25日 ⑧宝塚記念6 GI 1ﾀﾞ11頭 内2123 58和田 S④④⑥ 478 人気8 中位まま 5 3/4 356中364 サトノクラウン 2114 0.9	2東 5月21日 ⑩オークス1 牝GI 2ﾀﾞ18頭 2241 55ルメール S④②② 474 人気1 好位抜出 1 3/4 373中341 モズカッチャン 2244 0.3	3阪 6月25日 ⑧宝塚記念5 GI 7ﾀﾞ11頭 内2123 58岩田康 S⑨⑩⑥ 444 人気7 後方差詰 5 3/4 364外363 サトノクラウン 2114 0.9	3阪 6月25日 ⑧宝塚記念9 GI 10ﾀﾞ11頭 内2127 58武豊 S③②② 542 人気1 好位一杯 8身 356中369 サトノクラウン 2114 1.3	2札 8月20日 ②札幌記念12 GII 9ﾀﾞ13頭 2015 57四位 S⑦⑥⑧ 500 人気10 中位一杯 6 1/2 364中361 サクラアンプル 2004 1.1	2阪 4月2日 ④大阪杯3 GI 13ﾀﾞ14頭 内1591 57池添 M⑩⑨⑦ 514 人気4 中位伸 1 1/4 373中338 キタサンブラッ 1589 0.2	2中 2月26日 ②中山記念8 GII 4ﾀﾞ11頭 内1483 58戸崎圭 S⑤⑥⑤ 502 人気2 伸一息 4 1/2 380中346 ネオリアリズム 1476 0.7	4月30日 QエリザベスII世1 GI 良 8頭 右2045 57モレイラ S⑥①① シャティン 510 香港 3角先頭 クビ パキスタンスタ 2046 0.1	3阪 6月25日 ⑧宝塚記念1 GI 11ﾀﾞ11頭 内2114 58M.デムーロ S⑥⑥⑥ 488 人気3 中位抜出 3/4身 359外354 ゴールドアクタ 2115 0.1	2函 7月16日 ❹函館記念9 GIII 16ﾀﾞ16頭 2020 56蛯名 M⑫⑭⑭ 474 人気8 後方差詰 4 3/4 370外359 ルミナスウォリ 2012 0.8
3走前	4京 10月9日 ③京都大賞4 GII 5ﾀﾞ15頭 外2233 57和田 S⑥⑥⑧ 484 人気3 中位差詰 2 1/4 364中340 スマートレイア 2230 0.3	4東 10月8日 ②毎日王冠8 GII 1ﾀﾞ12頭 1461 53ルメール S①①① 480 人気1 逃一杯 2 3/4 356内340 リアルスティー 1456 0.5	4ヵ月休 放牧 乗込み2週間 仕上り○ 連対体重 434～454 3ヵ月以上休 ①②③外 0 1 0 1	4ヵ月休 放牧 乗込み6週間 仕上り○ 連対体重 504～540 3ヵ月以上休 ①②③外 4 1 0 0	4中 9月24日 ⑦オールカマー6 GII 7ﾀﾞ17頭 外2141 56柴山雄 S②②② 504 人気14 先行一息 1 1/2 381内346 ルージュバック 2138 0.3	2札 8月20日 ②札幌記念3 GII 3ﾀﾞ13頭 2006 57池添 S⑤⑤④ 508 人気1 中位伸 1 3/4 364中354 サクラアンプル 2004 0.2	4東 10月8日 ②毎日王冠1 GII 8ﾀﾞ12頭 1456 57M.デムーロ S⑦⑦⑦ 506 人気3 中位抜出 クビ 364中328 サトノアラジン 1456 0.0	6ヵ月休 爪不安放牧 乗込み4週間 仕上り○ 連対体重 496～514 3ヵ月以上休 ①②③外 1 0 0 3	4ヵ月休 放牧 乗込み4週間 仕上り◎ 連対体重 468～490 3ヵ月以上休 ①②③外 3 0 0 2	2札 8月20日 ②札幌記念1 GII 1ﾀﾞ13頭 2004 57蛯名 S⑦⑥⑥ 476 人気6 中位抜出 クビ 364外350 ナリタハリケー 2004 0.0

芝 1600 / 1800 / 2000 / 2200

（開催日の馬場状態）良馬場・稍重・重馬場・不良

乗替り記号
㊫…ベスト10外の騎手から東西ベスト10へ乗替
替…それ以外。

開催場所・月日　開催日・着順　条件・枠・頭数　距離・タイム　斤量・騎手名　ペース・通過順　馬体重・人気　戦評・馬身差　前半600・上り600ﾊﾛﾝ　①②着時計 秒差

1着⑦キタサンブラック　（1番人気）
2着②サトノクラウン　（2番人気）
3着⑧レインボーライン　（13番人気）

単⑦ 310円
複⑦ 160円　② 170円　⑧ 600円
馬連②－⑦ 900円
馬単⑦→② 1660円
3連複②⑦⑧ 15290円
3連単⑦→②→⑧ 55320円

トノクラウンといったところで、キタサンから0・4秒以内で3頭が入っている。ペースはM（ミドル）で、通った距離で実走着差を出すと、内ピッタリを回ったキタサンとサトノはほぼイーブン。

次に宝塚記念。天皇賞秋に出走した馬たちの成績は⑪サトノクラウンが勝ち、⑥シャケトラが0・6秒差の4着、⑦レインボーラインが0・9秒差の5着、①ミッキーロケットが同じく0・9秒で続いた。⑩キタサンブラックは人気を裏切り、まさかの1・3秒負けの8着。

2017年10月29日東京11R天皇賞秋（GⅠ、

18 桃8	17 桃8	16	15 橙7	14 橙7	13	12 緑6	11
マンハッタンカフェ(長)	ハーツクライ(中長)	ディープインパクト(中長)	ディープインパクト(中長)	ディープインパクト(中長)	ディープインパクト(中長)	ディープインパクト(中長)	ダイワメジャー(マ中)
シャケトラ	ワンアンドオンリー	カデナ	マカヒキ	サトノアラジン	グレーターロンドン	ステファノス	ロードヴァンドール
サマーハ(中長)	ヴァーチュ(マ)	フレンチリヴィエラ(短)	ウィキウィキ(中)	マジックストーム(中)	ロンドンブリッジ(マ)	ココシュニック(中)	ジャズキャット(中)
青鹿	黒鹿	鹿毛	鹿毛	鹿毛	鹿毛	鹿毛	栗毛
58 牡4	58 牡6	56 牡3	58 牡4	58 牡6	58 牡5	58 牡6	58 牡4
替C.デムーロ	横山典	福永	内田博	川田	田辺	戸崎圭	太宰
栗角居	栗橋口慎	栗中竹	栗友道	栗池江寿	美大竹	栗藤原英	栗昆
3000	7825	4750	8250	15,800	3650	11,170	1825
14,290	43,264	9880	36,371	44,250	10,870	43,679	9945
金子真人HD	ノースヒルズ	前田幸治	金子真人HD	サトミホースC	窪田康志	キャロットF	ロードHC
安ノーザンF	新ノースヒルズ	ひグランド牧場	安ノーザンF	安ノーザンF	日下河辺牧場	安ノーザンF	ひケイアイF
…… …… △ …… △ ……西	…… …… …… …… …… ……西	…… …… …… …… …… ……西	…… △ △ …… …… ……西	注 △ …… △ …… ▲西	△ △ △ …… ▲ △	…… ▲ ▲ △ ◎ △西	…… …… …… …… …… B…西
云2257② 芸2328① 芺2001③ 阪2120④	芺1343⑩ 東1460⑦ 東1595⑯ 中2123⑦	阪1385② 阪1491① 中1583⑨ 云2259⑨	云2240① 東1459⑥ 中1581② 京2143③	東1315① 東1447① 小1589① 云2250④	東1316④ 東1458③ 中2138②	東1318⑦ 京1451① 阪1576② 新2119④	云2271⑨ 小1462④ 京1593② 京2139①
3京 4月30日 ④天皇9 GⅠ 1ト17頭 三外 3137 58 田辺 H ⑤⑥⑤ 508 人気3 折合欠 7½ 369 中 360 キタサンブラック 3125R1.2	2東 5月28日 ⑫目黒10 GⅡ 15ト18頭 芸 2318 58 横山典 S ⑱⑱⑱ 486 B 人気7 殿り差詰 5¼ 394 内 340 フェイムゲーム 2309 0.9	3中 4月16日 ⑧皐月9 GⅠ 4ト18頭 芝内 1583 57 福永 M ⑰⑪⑩ 452 人気3 伸一息 3¼ 366 内 344 アルアイン 1578 0.5	2京 2月12日 ⑥京都記念3 GⅡ 3ト10頭 三外 2143 57 ムーア H ⑤⑤④ 502 人気1 中位伸 1½ 379 中 349 サトノクラウン 2141 0.2	2東 5月13日 ❼京王SC 9 GⅡ 4ト13頭 芺 1236 57 川田 S ⑩⑩⑪ 524 人気1 後方直大 2¾ 371 内 338 レッドファルク 1232 0.4	2中 3月12日 ⑥東風1 オープン 3ト10頭 芝外 1367 56 田辺 S ⑨⑨⑧ 472 人気1 直線一気 1身 386 外 333 ダイワリベラル 1369 0.2	2阪 4月2日 ④大阪杯2 GⅠ 4ト14頭 芝内 1590 57 川田 M ⑤④④ 482 人気7 好位伸 ¾身 368 中 342 キタサンブラック 1589 0.1	2中京 3月11日 ①金鯱2 GⅡ 15ト16頭 芝 1594 56 太宰 S ①①① 504 人気7 逃粘る 1¼ 365 内 353 ヤマカツエース 1592 0.2
3阪 6月25日 ⑧宝塚4 GⅠ 6ト11頭 三内 2120 58 ルメール S ②②② 510 人気2 先争粘る 4身 354 中 362 サトノクラウン 2114 0.6	3中京 7月23日 ⑧中京記念10 GⅢ 7ト16頭 芺 1343 58 横山典 M ⑮⑮⑯ 496 人気7 後方差詰 6¼ 372 中 343 ウインガニオン 1332 1.1	2東 5月28日 ⑫ダービー11 GⅠ 13ト18頭 云 2277 57 福永 S ⑮⑰⑯ 454 人気8 外々回る 5身 385 外 335 レイデオロ 2269 0.8	2阪 4月2日 ④大阪杯4 GⅠ 14ト14頭 芝内 1593 57 ルメール M ⑫⑬⑩ 502 人気2 一瞬鋭 2¾ 377 外 339 キタサンブラック 1589 0.4	3東 6月4日 ②安田1 GⅠ 14ト18頭 芺 1315 58 川田 M ⑮⑭⑮ 528 人気7 G前差す クビ 349 外 335 ロゴタイプ 1315 0.0	3東 6月4日 ②安田4 GⅠ 7ト18頭 芺 1316 58 福永 M ⑯⑪⑪ 474 人気6 中位差詰 ¾身 347 中 339 サトノアラジン 1315 0.1	3東 6月4日 ②安田7 GⅠ 18ト18頭 芺 1318 58 戸崎圭 M ⑫⑩⑩ 484 人気4 中位差詰 1¾ 345 中 342 サトノアラジン 1315 0.3	2阪 4月2日 ④大阪杯14 GⅠ 8ト14頭 芝内 2014 57 太宰 M ②②② 498 人気10 先行一杯 15½ 362 内 370 キタサンブラック 1589 2.5
4ヵ月休 放牧 乗込み3週間 仕上り○ 連対体重 510～518 3ヵ月以上休 ①②③外 1000	4東 10月8日 ②毎日王冠7 GⅡ 10ト12頭 芺 1460 57 横山典 S ⑦⑧⑧ 492 人気10 中位差詰 2¼ 367 中 330 リアルスティール 1456 0.4	4阪 9月24日 ⑦神戸新聞9 GⅡ 11ト14頭 云外 2259 56 福永 S ⑥⑧⑥ 464 人気6 中位一杯 7½ 380 中 351 レイデオロ 2246 1.3	4東 10月8日 ②毎日王冠6 GⅡ 2ト12頭 芺 1459 57 内田博 S ⑤⑥⑥ 502 人気2 S後鈍る 2身 361 中 333 リアルスティール 1456 0.3	4東 10月8日 ②毎日王冠2 GⅡ 12ト12頭 芺 1456 58 川田 S ⑨⑧⑧ 532 人気5 中位伸 クビ 369 外 326 リアルスティール 1456 0.0	4東 10月8日 ②毎日王冠3 GⅡ 7ト12頭 芺 1458 56 田辺 S ⑨⑩⑩ 474 人気4 後方伸 1¾ 368 外 326 リアルスティール 1456 0.2	4中 9月24日 ⑦オールカマー2 GⅡ 8ト17頭 三外 2139 56 戸崎圭 S ⑥⑤③ 482 人気1 好位伸 ½身 390 中 339 ルージュバック 2138 0.1	2札 8月20日 ②札幌記念6 GⅡ 4ト13頭 芝 2008 57 太宰 S ①①② 482 B 人気5 逃一杯 2¾ 354 内 361 サクラアンプルール 2004 0.4

（優馬）

宝塚記念のペースはスロー。実走着差理論では追い上げた組が上位となる。したがって、楽に先行できたにも関わらず、大失速してしまったキタサンは4頭の中では最下位。サトノクラウンがトップ、レインボー、ミッキーロケットが続くという計算になるのだ。

今走（天皇賞秋）の枠順と馬場を考えれば、重巧者のサトノクラウンが断然。本命はすぐに決まった。

そのサトノと大阪杯では互角の戦いをしているキタサンを消すわけにはいかないが、実走着差理論では、直近の走りを重視するので、レインボーラインのほうが上位に来る可能性大となった。宝塚記念では、レインボーはキタサンより外を回って追い上げた。なおさらキタサンより上という計算である。

現実のレースでは、出遅れたキタサンが直線に入ると、内から突っ込んで1着。キタサンの底力がモノをいったレースとなったが、サトノクラウンが2着になったのは当然として、3着にレインボーが入ったことが実走着差理論の正しさをハッキリと証明している。

２００５年に最初の著作を上梓して以来、私の理論は広く知られ

予想印		
◎	2	サトノクラウン (2人気)
○	4	リアルスティール (3人気)
▲	10	ミッキーロケット (14人気)
△	7	キタサンブラック (1人気)
△	8	レインボーライン (13人気)
△	18	シャケトラ (11人気)
レース結果		

券種・買い目	組み合わせ・点数
馬連 (流し)	軸 ： 2 相手 ： 4 1通り 各4,000円
馬連 (流し)	軸 ： 2 相手 ： 7 8 10 18 4通り 各1,500円 払い戻し 2-7：1,500円x9.0倍=13,500円 的中
合計	10,000円

ネット競馬での天皇賞秋の的中画像。

るようになったが、まだまだ誤解されている部分も少なくない。

ネットでよく聞く声は、「吉富の理論では本命馬券しか当たらない」というもの。これは実走着差の本質を理解していないゆえの誤解である。

実走着差に換算すれば、表面上は大きく着順を落としていても、実は3着以内に食い込んでいる馬がたびたび浮かび上がってくる。着順の悪い馬は、人気薄になりやすい。実走着差理論は確かな人気馬を探すメソッドというだけではなく、確固たる穴馬をあぶり出す理論なのだ。

17年秋のジャパンCで天皇賞秋の1着馬④キタサンブラック、2着馬で宝塚記念馬⑫サトノクラウン、さらにダービー馬②レイデオロを差しおいて、確かな軸としたのは最内枠に入った①シュヴァルグラン（5番人気）だった。

サトノクラウンが勝った宝塚記念では、1・2秒差負け。しかもスローを逃げての敗北なのでまったく評価できないが、それ以前のレースでは、キタサンやサトノダイヤモンドなどと互角の戦いを繰り広げている。休養を挟んだ京都大賞典では0・4秒差（3着）。ひと叩きして、上昇必至。

もちろん、そんなあやふやな推測で中心視したわけではない。決め手となったのは16年のJCと17年天皇賞秋の優劣比較である。

16年のJCはスローペースを利して、キタサンブラックが逃げ切った。そのキタサンに追い込んで0・5秒差（3着）まで迫ったのがシュヴァルグラン。キタサンが1番枠からの逃げ、シュヴァルが17番枠からの追い込み。ペースと走った距離を換算すれば、シュヴァルの実走勝ちだ。

東京第11R①――⑤④⑫⑨⑪⑬　▽73――▽72―70―70―68―▽68―▽67

超スローー昨年ジャパンC実走①＞⑤＞⑨＞④vs前走天皇賞の構図算出、参戦外国馬③⑭あたりの逃げでスローーはなく、叩き上昇キメ手鋭い①で不動！（ネット競馬スタッフに送ったジャパンCの予想とコメント）

この16年JCには、17年天皇賞秋3着のレインボーラインも出走しており、0・6秒差の6着。こうした事実から17年秋の天皇賞よりも、16年JCのほうが上だというジャッジになる。

加えて今回、シュヴァルグランが引いたのは絶好の1番枠。1年前よりも通る距離が短縮される。行きたい外国馬もいて、ペースはスローにはならない。

ならば、シュヴァルの鋭い決め手が炸裂するはずとの読みだ。これがズバリ。絵に描いたようにシュヴァルの差しが決まった。馬券の種類を間違い、的中したものの、トリガミになってしまったが……（P92）。

タテ目で的中は逃したが、二ケタ人気馬を対抗に抜擢

もうひとつ、実走着差理論的なセンスを持てば、穴馬も容易に見つけられるという例を。サンプルは2018年2月3日東京11R節分S（1600万下、芝1600m）だ。

東京第11R ③――④⑦⑥⑪⑭ ▽71――68―67―67―▽66―65

休前ジューンSスロー外0・3差実走先着、コース歓迎、叩き馬体絞れ上昇③で不動！（ネット競馬スタッフに送った節分Sの予想とコメント）

私の予想（印）は、

◎③スモークフリー（10番人気）
○④チャンピオンルパン（12番人気）
▲⑦フィアーノロマーノ（1番人気）

以下、△は⑥ロジクライ（2番人気）、⑪アンタラジー（7番人気）、⑭ヒーズインラブ（5番人気）とした。

そして結果は⑥ロジクライ→⑭ヒーズインラブ→④チャンピオンルパンの順で入線。残念ながら典型的なタテ目の決着で終わってしまったわけだが、触れておきたいのは、なぜ12番人気（単勝70・9倍）④チャンピオンルパンを対抗に推したかである。

とりあえず、10番人気のスモークフリーに本命を打った理由から。根拠になったのは、先述のように5走前のジューンSである。

このレース、超スローペースだったのだが、スモークは後方から大外を回して0・3秒差まで詰めて4着に入った。実走着差理論では、圧勝である。今走は休み明けから叩き4走目で、枠順も内。調

（1600万下、芝1600m稍重）

東京11R 発馬 3.45

節分（せつぶん）**ステーク**ス
（混）サラ四才上 1600万下・定量

項目	10	9	8	7	6	5	4	3	2	1
枠	黄5	黄5	青4	青4	赤3	赤3	黒2	黒2	白1	白1
父・距離	クロフネ（マ中）	ディープインパクト（中長）	ダイワメジャー（マ中）	ファストネットロック（短中）	ハーツクライ（中長）	チチカステナンゴ（中）	ハーツクライ（中長）	ディープインパクト（中長）	ディープブリランテ（中）	ホワイトマズル（中長）
馬名	キャプテンペリー	ペガサスボス	マリオーロ	（外）フィアーノロマーノ	ロジクライ	タブレットピーシー	チャンピオンルパン	スモークフリー	メイショウオワラ	シャドウダンサー
母・距離	メイグレイス（中）	ファイトガリバー（マ）	アイアムラヴィング（中）	ハートアシュリー（短中）	ドリームモーメント（マ）	ウイングレット（中）	マイマスタートップ（短中）	スモークンフローリック（中）	メイショウヤワラ（マ）	ダンスインザムード（中）
毛色	栗毛	黒鹿	鹿毛	鹿毛	黒鹿	芦毛	鹿毛	芦毛	鹿毛	黒鹿
斤量	57 騸5	57 牡6	57 牡6	56 牡4	57 牡5	57 牡7	57 牡7	57 牡6	55 牝4	57 騸7
騎手	大野	[替]松岡	[替]菱田	川田	（替）内田博	田中勝	横山和	横山典	[替]吉田隼	[替]戸崎圭
厩舎	（北）岩戸	栗矢作	（南）斎藤誠	栗高野	栗須貝尚	（北）宗像	（南）勢司	（南）戸田	栗岡田	栗角居
賞金	1350	1300	1350	1500	1150	1350	1550	1550	1500	1200
総賞金	6200	5517	8242	3150	5360	5372	4894	5377	3422	9250
馬主名	千明牧場	天羽牧場	菊地剛	吉田和美	久米田正明	薗部博之	坪野谷和平	社台RH	松本好雄	飯塚知一
牧場名	日 千明牧場	日 天羽牧場	千 社台F	オーストラリア	安 ノーザンF	千 社台F	新 榊原光子	千 社台F	浦 三嶋牧場	千 社台F
佐藤直				○	▲		注		△	△
小野智	◎			注	○					△
久光	注	△		◎	○				▲	
西田	△			▲	○					△
伊利	△			△	○			△	▲	
本紙武井	△	西		◎ 西	○ 西				△ 西	△ 西
持ち時計	福 1106 ①					幸 1592 ⑫		幸 1586 ⑤	幸 2029 ⑯	幸 1589 ⑦
	幸 2018 ③	尜 1209 ②	新 1210 [16]			亖 2134 ⑥	東 1[illegible] ⑨	亖 2146 ⑭	尜 1217 ⑧	亖 2112 ④
	中 1335 ④	新 1336 ③	中 1339 ③	阪 1336 ①	京 1[illegible]1 ①	東 1359 ⑤	新 [illegible]3[illegible] ①	新 1344 ③	新 1345 ①	中 1329 ⑧
	中 1497 ④	阪 1466 ⑤	阪 1469 ⑧	福 1470 ①	阪 1[illegible]6 [6]	新 1466 ③	新 [illegible] ①	東 1483 ①	阪 1459 ⑤	阪 1464 ②
着					1		3			
過去走1	4中 9月24日 ⑦外房5 1000万 5ゲ9頭 芝外 1337 57 大野 S ⑥⑤[6] 488 人気2 前塞る 1身 368 中 344 ウイングチップ 1336 0.1	4東 10月29日 [9]紅葉9 1600万 12ゲ12頭 芝 1439 55 岩田康 M ⑩⑧⑧ 528 人気5 中位一杯 12 3/4 376 外 397 オートクレール 1417 2.2	4中 9月30日 ⑧秋風10 1600万 13ゲ14頭 芝外 1354 57 吉田隼 S [14]⑪⑨ 496 人気12 出遅る 4身 385 中 335 ジュールポレール 1348 0.6	1新 5月20日 ⑦早苗10 500万 4ゲ11頭 芝外 1494 54 藤岡康 S ①②② 522 人気2 先行一杯 9身 371 中 352 セダブリランテ 1479 1.5	1京 16年1月 ③シンザン1 GIII 6ゲ18頭 芝外 1341 56 浜中 M ④④④ 506B 人気8 好位抜出 クビ 352 内 352 ジュエラー 1341 0.0	1中 17年1月 ④初富3 1600万 8ゲ11頭 芝内 1484 57 田中勝 M ⑤⑤⑤ 482 人気8 中位伸 ハナ 375 中 351 フェルメッツァ 1484 0.0	4東 10月29日 [9]紅葉12 1600万 11ゲ12頭 芝 1442 54 内田博 M ⑫⑫⑫ 498 人気8 後方まま 14身 380 外 398 オートクレール 1417 2.5	4東 10月22日 [7]甲斐8 1600万 2ゲ8頭 芝 1587 57 柴山雄 S ⑤⑤⑤ 540 人気5 中位バテ 18 3/4 396 内 408 ハクサンルドル 1557 3.0	4阪 9月17日 ④ローズS5 牝GII 11ゲ18頭 芝外 1459 54 小牧 M ⑪⑧⑧ 456 人気12 中位伸も 2 1/4 358 外 342 ラビットラン 1455 0.4	2東 5月7日 ⑥湘南8 1600万 6ゲ14頭 芝 1343 57 吉田隼 S [9]⑦⑩ 496 人気12 出遅る 3 1/2 364 内 332 ベルキャニオン 1338 0.5
過去走2	4東 10月22日 [7]三才上1 1000万 3ゲ12頭 芝 1408 57 大野 M ⑦⑥③ 496 人気1 中位差切 1/2身 374 中 385 ゴールドスミス 1409 0.1	5東 11月12日 ④奥多摩8 1600万 12ゲ18頭 芝 1212 57 武士沢 S ⑭⑭⑬ 526 人気11 後方差詰 3 1/2 358 中 340 ストーミーシー 1206 0.6	5阪 12月3日 ②逆瀬8 1600万 10ゲ11頭 芝外 1469 54 和田 S ③②② 502 人気8 先行一息 2 3/4 360 中 342 サトノアリシア 1464 0.5	3福 11月3日 ①西郷1 500万 3ゲ16頭 芝 1470 53 北村友 M ③③② 528 人気6 好位抜出 ハナ 358 中 354 シンギュラリテ 1470 0.0	5阪 12月17日 ⑥元町7 1600万 5ゲ17頭 芝外 1342 57 浜中 S [6]⑦④ 520 人気8 好位一息 3身 364 中 344 ミエノサクシー 1338 0.4	5東 11月26日 ⑧ウェルカ10 1600万 2ゲ10頭 芝 1502 57 田中勝 S ③③③ 490 人気10 好位一杯 11 1/2 383 内 359 トーセンマタコ 1482 2.0	5東 11月12日 ④奥多摩9 1600万 16ゲ18頭 芝 1212 57 横山和 S ⑮⑮⑰ 492 人気15 後方差詰 3 1/2 362 中 337 ストーミーシー 1206 0.6	5東 11月4日 ①ノベンバ8 1600万 12ゲ14頭 芝 2013 55 福永 S ⑬⑫⑫ 538 人気6 後方差詰 2 1/2 390 内 334 ストーンウェア 2009 0.4	4京 10月15日 ⑤秋華16 牝GI 6ゲ18頭 芝内 2029 55 松若 H ⑦⑥⑨ 458 人気12 中位一杯 16 1/4 363 中 389 ディアドラ 2002 2.7	4東 10月29日 [9]紅葉8 1600万 4ゲ12頭 芝 1439 55 C.デムーロ M [10]⑪⑪ 494 人気7 出遅る 12 3/4 378 中 396 オートクレール 1417 2.2
過去走3	1中 1月13日 ④初富4 1600万 7ゲ10頭 芝内 1497 57 大野 S ⑥②② 500 人気4 好位伸 1身 392 中 348 サトノスティン 1495 0.2	5東 11月26日 ⑧ウェルカ9 1600万 7ゲ10頭 芝 1488 57 中谷 S [7]⑨⑨ 532 人気9 出遅る 3 1/2 389 外 339 トーセンマタコ 1482 0.6	5阪 12月17日 ⑥元町9 1600万 13ゲ17頭 芝外 1344 57 加藤 S [14]⑯⑯ 504 人気17 後方直大 4 1/4 372 中 337 ミエノサクシー 1338 0.6	5阪 12月28日 ⑨フォーチ1 1000万 5ゲ13頭 芝外 1336 55 川田 M ④④③ 534 人気3 好位抜出 1 3/4 354 中 345 エンヴァール 1339 0.3	1京 1月13日 ④新春2 1600万 3ゲ9頭 芝外 1364 57 浜中 S ①③③ 518 人気3 好位伸 クビ 366 中 342 エンジェルフェ 1364 0.0	1中 1月13日 ④初富10 1600万 6ゲ10頭 芝内 1507 57 田中勝 S ③⑤⑥ 496 人気10 中位一杯 8身 390 中 356 サトノスティン 1495 1.2	5中 12月3日 ②市川5 1600万 10ゲ13頭 芝外 1330 57 横山和 S [11]⑩⑩ 492 人気12 中位差詰 3 1/4 363 内 338 デアレガーロ 1325 0.5	5中 12月10日 ④美浦8 1600万 4ゲ11頭 芝内 1488 55 横山典 M ⑩⑨⑨ 536 人気5 後方まま 9 1/2 396 中 347 テオドール 1471 1.7	1京 1月13日 ④新春5 1600万 2ゲ9頭 芝外 1366 54 小牧 S ③⑥⑤ 448 人気4 中位まま 1 1/2 369 内 341 エンジェルフェ 1364 0.2	5東 11月26日 ⑧ウェルカ4 1600万 10ゲ10頭 芝 1483 57 C.デムーロ S [10]⑦⑦ 496 人気8 出遅る 3/4身 389 中 336 トーセンマタコ 1482 0.1

持ち時計：芝 1200 / 1400 / 1600 / 1800

開催日の馬場状態：良→良馬場、稍→稍重、重→重馬場、不→不良

乗替り記号
（替）…ベスト10外の騎手から東西ベスト10へ乗替
[替]…それ以外。

開催場所・月日、開催日・着順、条件・枠・頭数、距離・タイム、斤量・騎手名、ペース・通過順、馬体重・人気、戦評・馬身差、前半600・上り600ﾀｲﾑ、①②着時計 秒差

1着⑥ロジクライ （2番人気）
2着⑭ヒーズインラブ （5番人気）
3着④チャンピオンルパン （12番人気）

単⑥ 500円
複⑥ 200円 ⑭ 260円 ④ 1220円
馬連⑥－⑭ 1850円
馬単⑥→⑭ 3440円
3連複④⑥⑭ 40890円
3連単⑥→⑭→④ 130360円

2018年２月３日東京11Ｒ節分Ｓ

16	桃8 15	14	橙7 13	12	緑6 11
16	15	14	13	12	11
ディープインパクト㋭ マロープルー リラックススマイル㋮ 鹿毛	アドマイヤマックス㋮ オブリゲーション カンシャノキモチ㋟ 鹿毛	ハービンジャー㋭ ヒーズインラブ シーズインクルーデッド㋮ 鹿毛	チーフベアハート㋭ マイネルメリエンダ ホッカイショコラ㊥ 栗毛	ディープインパクト㋭ アルジャンテ ナイキフェイバー㋟ 芦毛	ディープインパクト㋭ アンタラジー プリティカリーナ㋟ 黒鹿
55 牝7	57 牡5	57 牡5	57 牡7	55 牝5	57 牡6
替石橋脩	替蛯　名	替三　浦	替柴田大	替田　辺	替北村宏
㊗堀	国奥村豊	国藤岡健	㊗和田郎	㊚尾関	㊚萩原
1350	1550	1200	1200	1350	1200
10,386	5415	6580	12,002	5020	4990
金子真人ＨＤ	辻牧場	(有)シルクＲ	ラフィアン	(有)シルクＲ	池谷誠一
日 日高大洋牧場	浦 辻牧場	安 ノーザンＦ	門 高橋幸男	白 白老Ｆ	安 ノーザンＦ
……… …△… ……… ……… ……… ………	…△… …△… ……… …△… …△… …注 西	…△… …▲… …△… …△… …◎… …▲ 西	……… ……… …△… ……… ……… ………	…◎… …△… ……… …◎… …注… …△…	……… …△… …△… …注… …△… …△…
芝 1583 ⑤ 中 1341 5 東 1463 ③	東 1222 ⑦ 新 1334 ⑤ 阪 1463 ④	阪 12[illegible] ① 中 [illegible]325 ① [illegible] ⑩	芝 1303 1 芝 2014 ⑦ 新 1325 ② 阪 1467 ③	東 1207 ③ 東 1334 ①	芝 2021 ③ 東 1212 ⑭ 東 1329 ③ 東 1502 ②
1東 17年2月 ③初音5 牝1600 5ゲ11頭 芝1472 55 石橋脩 S ③③③ 458 人気3 好位一息 3身 365 内 341 フロンテアクイ 1467 0.5	3新 10月29日 ❻[illegible]4 500万 11ゲ11頭 ダ外 1490 57 中谷 S ⑩⑦⑦ 464 人気5 後方追上 6 1/4 372 外 355 ワンダーブチュ 1480 1.0	1札 7月29日 ①TVh賞10 1600万 8ゲ10頭 芝1488 57藤岡康 H ③③⑥ 524 人気2 好位バテ 16 1/2 361 中 383 ハッピーユニバ 1461 2.7	5中 12月3日 ②市川10 1600万 4ゲ13頭 芝外 1336 57 柴田大 S ②②② 500 人気8 先行一杯 7身 354 中 356 デアレガーロ 1325 1.1	3東 6月17日 ⑤相模湖3 1000万 8ゲ11頭 芝 1207 55 ルメール S ⑥⑧⑧ 460 人気2 内つき伸 3身 356 中 334 ショウナンライ 1202 0.5	2阪 4月8日 ❺心斎橋17 1600万 17ゲ17頭 芝内 1247 57 ルメール S ⑩⑨⑨ 518 人気2 重不利 11 1/2 359 中 372 エスティタート 1228 1.9
2新 7月29日 ①佐渡9 1600万 2ゲ10頭 芝外 1594 54内田博 S ③③③ 468 人気3 好位一杯 8 1/4 362 内 354 ロッカフラベイ 1581 1.3	3福 11月12日 ④三本木1 500万 8ゲ14頭 芝 1473 57 シュタルケ M ⑥⑥③ 458 人気4 好位抜出 1 1/4 365 中 355 ショウナンサス 1475 0.2	5中 12月3日 ②市川4 1600万 5ゲ13頭 芝外 1330 57 三浦 S 7⑦⑦ 524 人気4 出遅る 3身 360 中 341 デアレガーロ 1325 0.5	5阪 12月17日 ⑥[illegible]3 1600万 15ゲ17頭 芝外 1340 57 川田 S ⑥⑥⑦ 498 人気11 好位伸 1 1/4 364 中 340 ミエノサクシー 1338 0.2	2新 8月13日 ⑥豊栄8 1000万 2ゲ18頭 芝内 1210 55 横山典 M 16⑮⑮ 458 人気1 出遅る 3 3/4 355 外 341 ヴェネト 1204 0.6	2東 5月21日 ⑩フリーウ14 1600万 16ゲ18頭 芝 1212 575 ルメール S 11⑩⑦ 524 人気2 鼻出血 3 1/2 358 外 339 ノットフォーマ 1206 0.6
5東 11月18日 ⑤ユートピ7 牝1600 12ゲ13頭 芝 1352 55 ムーア S ①①① 472 人気7 逃一杯 3身 367 内 342 レッドアヴァン 1347 0.5	5京 11月25日 ⑦三才上1 1000万 3ゲ12頭 芝外 1347 57 シュタルケ S 7⑦⑥ 472 人気8 中位差切 クビ 370 内 340 ソーグリッタリ 1347 0.0	1京 1月13日 ④新春3 1600万 1ゲ9頭 芝外 1365 57 武豊 S ⑥⑦⑦ 532 人気2 後方伸 1身 371 中 339 エンジェルフェ 1364 0.1	1京 1月13日 ④新春6 1600万 8ゲ9頭 芝外 1367 57 川田 S ⑤②② 496 人気5 先行一杯 2身 366 中 346 エンジェルフェ 1364 0.3	5東 11月5日 ②三才上1 1000万 10ゲ13頭 芝 1334 55 戸崎圭 S ⑧⑦⑦ 458 人気2 中位差切 1/2身 363 中 340 ベイドメルヴェ 1335 0.1	8ヵ月余 放牧 乗込み4週間 仕上り○ 連対体重 494～510 3ヵ月以上休 ①②③外 2 1 1 1

（優馬）

子を上げてきたと判断しての◎だ。

残念ながらスモークは不発に終わってしまったが、出馬表の中でジューンＳと並んでポイントとなると考えたのは、17年暮れの市川Ｓだ。

市川Ｓに出走したヒーズインラブやマイネルメリエンダなどが、その後のレースでも着差の少ない上位に食い込んでいることからも、レベルは決して低くなかったと判断できる。

だとすれば、この組の中では④チャンピオンルパンを真っ先に挙げるべきである。市川Ｓのペースはスロー。それを出遅れて後方から追い込んできたのが、チャンピオンだからだ。市川Ｓでの枠順は7枠10番、今回は2枠3番と枠順にも恵まれたのだから、なおさら期待できる。

チャンピオンが有力なのだから、もちろん、ヒーズインラブも必要。ヒーズがいるなら、新春Sで接戦を演じたロジクライもいるというわけだ。

この3頭で決まったのは、ある意味、意外でもなんでもない。それでいて3連複でも4万円台はつき過ぎといえるだろう。

次の第3章では、消せる馬、確かな軸馬を見分ける実走着差理論的技術を指南する。

第3章

実戦で役に立つ 吉冨式馬券戦略

人気馬を消す技術 穴馬を拾う技術

競馬の神様に鉄槌を下された有馬記念

生涯忘れられないレースがある。

1987年(昭和62年)の第32回有馬記念――。

その前夜、大井の某厩舎主催の忘年会が開かれた。駆け出しの予想屋だった私も参席し、杯を重ねた。集まっているのは騎手や調教師連中など競馬関係者ばかりなので、自然、話題は明日の有馬記念に及んだ。

耳を傾けていると、「あの馬で仕方ないな」「怪物だよ。ダービーを勝ったあの馬は」といった声が聞こえてくる。調教師の先生たちが、口々に絶対の本命馬として挙げていたのは、その年のダービー馬メリーナイス(7枠14番)だった。

競馬のプロである調教師の先生が皆、「あれは抜けて強い」と口を揃えるのだから、頭に残らないわけはない。当時は業界に入って間もなかった頃、まだ確たる理論もなく、時計に頼る予想だったので、〝プロの見立て〟が余計に頭にこびりついた。

明朝、起きると二日酔いで気分がひどく悪かったが、手持ちの20万円に加えて、借りられるだけ借りて、70万円近いカネをかき集め、いつも馬券を打っていた西新橋のWINSに向かった。年越しのカネに困っていたこともあって、必ず当たるであろう、有馬記念で大勝負だと……。

メリーナイスは3番人気で確か、単勝は5倍近くついていた(実際は4・9倍)。単勝、複勝、枠連。

当時、売られていた券種すべてをごっそり買い込んだ。万が一、メリーナイスが2着になったとしても、最低2倍になって戻ってくる。

獲らぬなんとかの胸算用なのだが、この頃にはメリーナイスの勝利は決まったも同然という、わけのわからない確信にとらわれていたので、払い戻しが待ち遠しくてたまらない。

WINSで偶然、大井町の友人に会った。レース後、「ほら、こんなに獲ったぞ」と驚かせてやろうと思い、一緒に場内のモニターを見ながらファンファーレを待った。

スタートが切られた瞬間である。オレンジの帽子がスーッと消えた。あのときのシーンは今でも甦る。刹那《せつな》、悟った。

「あれは俺だ」

見えざる大いなるものが、自堕落な俺に鉄槌を下し、俺を叱責しているのだと……。

案の定、落馬したのはメリーナイスに騎乗していた根本騎手だった。現在は藤田菜七子騎手の師匠として知られる、あの根本調教師である。

頭が真っ白、画面は見てはいたが、意識は半分朦朧《もうろう》としている。後ろから聞こえてきた、友人の「行け、行け」という興奮した声もほとんど耳に入らなかった。

大波乱だった。グランプリの栄冠に輝いたのは10番人気の伏兵メジロデュレン、2着は7番人気のユーワジェームス。2頭は同枠（4―4）だったこともあり、枠連では破格の超大穴の1万6300円の配当となった。

ちなみに、3着は14番人気馬ハシケンエルド。もし、3連単があれば、最低でも200万馬券にはなっていただろう。

後ろで見ていた友人は、この大荒れの枠連を見事射止めていた。4―4を2万円持っており、300万円ほどの儲けだという。明暗を分けるどころの話ではない。

私は駆け出しとはいえ、予想のプロである。冗談でも「自慢しようと思っていた、調教師たちの話を信じて。ほら、こんなヤラレタよ」なんていえない。足元もおぼつかないのに、必死で取り繕った。WINSからどうやって家にたどりついたのか、記憶がない。年をなぜ越すことができたのか、これも覚えていない。

当時、西新橋の日本石油本社の前に金色に輝くプロメテウス像があった。帰り道の途中、像の前で立ち止まり、その台座に刻まれた「希望」という文字を、しばし呆然と眺めていたことだけが思い出される。

あのときの絶望感は、大勝負に敗れ、大金を失ったがゆえのものではない。その後、1レースに200万円賭けるといった高額勝負を何度か挑んでいるが、そのときの敗北感とは別のものである。

当時、私が置かれた状況、生活レベルからすれば、失った70万円はその後の200万、300万円よりもはるかに重かったのは確かではあるが、あの敗北にはおカネではあがなえない、何かがあった。

自分なりの予想思想を何も持っていないのに、安易に人の情報に自分の運命を委ねてしまった後悔と不甲斐なさで、立てなかったといおうか……。

ある意味、あれは天啓ではなかったのかと思っている。振り返れば、あのときが予想家人生の分岐点になっている。オリジナルの理論を本気で考えようと決意したのも、あのときの蹉跌《さてつ》があったからだ。見えざる手が私の考え方を変えてくれたのだろう。

以来、私は厩舎情報は一切信用しない。専門紙の厩舎コメント欄も読まない。

競馬の予想ファクターの中には**取り入れてよいものと、入れると逆に予想が曇るものがある**と思う。

プロの予想家が繰り広げているのは「思想闘争」だ。他の予想家が、どのような思想で予想しようと結構だが、私の実走着差理論という思想からいえば、厩舎情報ほどナンセンスなものはない。

例えば、どこかの厩舎が「絶好調なので、今回は是が非でも勝ちたい」といったコメントを出していたとしても、思惑通りとなるかどうか。他に何頭も調子がいい同レベル能力の馬がいれば、掲示板も難しいかもしれない。それ以前に調教師の見立てそのものが、間違っている可能性だってある。

そうでなくとも、トラックマンが手分けして各厩舎のコメントを集めている。どんなに力強いコメントであっても、結局、木を見て森を見ていないので、的中には結びつかない。

馬主であり、馬券好きでも知られていた文豪・菊池寛は自著『日本競馬読本』の中で、「厩舎情報信ずべし、信ずべからず」という至言を残している。信じてはいけない情報が混じっているのなら、初めから無視したほうがいい。

しかし、人間とは弱いもの。決断がつかないと、ついつい情報に頼りたがる。A馬か、B馬か決断がつかなくて、厩舎コメントの感触でA馬を軸にしたら、B馬が勝ち、A馬はどこにもいなかったという経験をしたファンは多いのではないか。

ついつい厩舎情報に頼ってしまう方はおそらく予想力が足りない。確固たる根拠がないので、情報というあやふやなものに頼りたくなる。それが30年前の私の姿でもあった。

情報、血統……馬名さえ、予想には不要

私は、馬名にはまったく関心ない。中央競馬のレース予想では競馬新聞をコピー・加工し、記者の予想印や馬名など馬番と馬柱以外の情報をすべて取り除いた出馬表を自作し、それをもとに予想をしている。

的中への手がかりは、すべて馬柱の中にあるというのが実走着差理論の考え方の根幹である。馬名や血統、馬主、厩舎、騎手といった、その他の情報は予想のファクターとしては副次的なものに過ぎない。

馬柱がすべての私は、大レースの勝ち馬くらいは覚えていても、500万下の馬などまったく印象に残っていない。あのメリーナイスだけは、死ぬまで忘れないだろうが……。

余計な情報を排除しているのは、予想するにあたって雑念を入れたくないからだ。1頭に過剰な思い入れをすると、客観的に評価できなくなるので、馬名も覚えない。

松田聖子は、松田聖子だから国民的アイドル歌手だったわけではない。国民的アイドル歌手だったから、松田聖子なのだ。キタサンブラックだって、数々のGIを勝ったからキタサンブラック。馬名でGIを勝ったわけではない。

聞くところによると、競馬予想家がダメになるパターンがあるそうだ。

予想を毎週出していると、スランプが必ずある。私もそうだが、あまりに当たらないと、自分のこれまでやってきた予想法が根本から間違っているのではないかと疑心暗鬼になる。私はそれでも、予想法は変えないが、中には、当たりが欲しいがゆえに、従来入れていなかったファクターを予想に加える人がいるらしい。

例えば、血統で予想している人が、厩舎情報やスピード指数を取り入れる。それを繰り返している うちに、あれもこれもとなる。総合的な予想といえば格好がつくが、ハッキリいえば芯のない予想だ。買い目は増え、軸が2つ、3つになり、たとえ当たったとしてもどうして的中したのか、本人もわからなくなっている。これでは頂を目指しているつもりで、実は道に迷って下山道に入ってしまったに等しい。ヘタをすると、青木ヶ原の樹海から抜け出せなくなる。

私の場合、馬柱以外の情報を最初から無視していたわけではない。実走着差理論にたどり着く前は、「競馬の真実」に迫ろうとあらゆるファクターを研究した。そして取捨選択して、落とすものは落とした。

例えば、私が考慮しないファクターのひとつに血統がある。

サラブレッドという単語は「THOROUGH　BRED」と綴る。「THOROUGH」は「徹底的な」とか「完全な」という意、「BRED」は「BREED」の過去分詞で「品種改良されたもの」という意味だ。

つまり「徹底的に品種改良された馬」がサラブレッドである。競馬が「ブラッドスポーツ」といわれるゆえんだ。

ブラッドは、いうまでもなく日本語では「血統」。お上が競馬を施行する大義名分も、「馬匹の改良」「畜産振興」。血統による馬の品種改良だ。

しかし、完璧な品種改良が血統によって進んでいるのかといえば、かなり怪しい。

例えばディープインパクトの仔は強い馬が多い。それはそうだろう。種付け料が高いので、交配相手の牝馬も名牝。しかも高値で取引されるので、仔馬の頃から良質の飼葉が与えられ、環境が素晴らしい牧場で育成される。何不足ない環境の中でエリート教育を施されるのだから、ある意味、走らないほうがおかしい。

だが、ディープ産駒が全頭走るわけではない。地方競馬に都落ちしても、活躍できない産駒もいる。

そもそも、「エリートの仔はエリートに必ず育つ」という道理はない。人間とは比べられないかもしれないが、陸上競技の短距離にしても、マラソンにしても世界のトップアスリートの2世が再び世界を制したという話は耳にしない。

サラブレッドの場合も、種牡馬になれなかった馬が、もし種付けを許されていれば、とんでもない名馬を生み出した可能性は否定できないだろう。

「完全な品種改良」というのは、世界の競馬界が知恵を絞って考え出した理論武装、競馬をやらんがための壮大な建前だと思うのは私だけだろうか。

だからといって、血統による予想を全面的に否定するつもりはない。予想は「思想闘争」。「血統」という思想で頂を目指す人たちがいてもいいいし、馬券は自己責任なのだから血統を頼りに馬券を買おうと、その人の自由である。ただ、血統では頂にたどり着けないのではないか、と感じている。

血統予想の魅力は爆発力だ。時として高配当、50万以上の3連単にぶち当たることもある。なぜ、高配当がゲットできるのか考えてみよう。

競馬のマーケット、すなわちオッズを動かしている主要ファクターは時計である。専門紙の印も時計が速ければグリグリが並ぶ。馬券の60%以上が印＝時計で売れているのが現実だ。

血統予想は、このマーケットのメインストリームである時計を完璧に無視している。だからたまに穴馬券が当たるのだ。この高配当の魅力で血統予想が成り立っている。

では、血統でコンスタントに利益が上げられるか。残念ながら、私の知る限り、的中率、回収率とも年間を通して、安定的に投資レベルに到達している血統予想家はいない。

コンスタントに結果が出ない理由は、血統予想の入口が過去の統計であり、競馬の本質を捉えているものではないからだ。

私が血統を研究した結果、得た結論は、「産駒は（父と）体型と気質が似る」だった。体型が似ていれば、ある特定の条件下では同じ父の産駒が上位に入っても不思議ではない。

例えば、府中の芝1400m重馬場では、キンシャサノキセキ産駒がこの1年間で15戦して3勝4連対というデータがあったとしよう。これを信じて、重馬場の日に府中の芝1400mでキンシャサ産駒を狙うと、高配当が獲れた。こういうことが起こることはある。

しかし、いくら得意だといっても、力が大きく劣っていれば上位に食い込めないし、不良まで馬場が悪くなると、期待通り走れないかもしれない。

過去のデータの再現性がどこまであるか。さらに新種牡馬が毎年加わる。その条件に、もっと得意な血統が登場すれば、過去のデータ通りの成績は挙げられないだろう。

血統予想はあながちトンチンカンではないが、普遍性には乏しいというのが私の見解である。

ならば「騎手」は予想のファクターになり得るのか

地方競馬の場合、馬の能力もさることながら、騎乗する騎手が人気を大きく左右する。

最近では、中央競馬でもルメール、M・デムーロの2人の青い目のJRA騎手に人気が集中するという現象が普通になっている。昔から「馬7：騎手3」なんていわれるように、騎手の腕が馬の能力に大きな影響を与えるのは確かだろう。

端的な例は中央から南関東に転入した、キタサンミカヅキだ。

中央では武士沢騎手のお手馬だったが、オープン勝ちはあったものの、大井に来るまでは惨敗続きだった。ところが、大井に転入後、繁田騎手の手綱に替わると、いきなり2連勝。2017年東京盃（GⅡ）ではニシケンモノノフ、コーリンベリーといった中央の強豪を蹴散らした。JBCスプリントでも5着に頑張り、ダートの一流馬の仲間入りを果たしている。武士沢騎手には悪いが、繁田騎手で一変したところを見ると、中央では能力が引き出されていなかったのでは……。

とはいえ、リーディング上位の騎手に乗り替わったからといって、馬が動くとは限らないのが競馬である。

通算7000勝を挙げた的場文男騎手の全盛期には、大井競馬場を「的場競馬場」と呼ぶ人がいたほど、的場騎手の独壇場だった。もちろん、現在も南関のトップジョッキーのひとりだ。

17年の東京記念（大井）で、的場騎手のお手馬、サブノクロヒョウが和田譲治騎手に手替わりした。和田騎手は重賞未勝利。一般的には乗り下がりなので、12番人気とファンは無視同然。サブノクロヒョウは私の指数でも過去2走、上位に食い込む力があると出ていたが、私も最後の最後で切ってしまった。

サブノクロヒョウは難しい気性の馬で、横を向いてまともに走ろうとしない。的場騎手でも御すのがひと苦労の馬が、和田騎手で走るとは思えず、切り捨てたのだった。

ところが、気の悪さを出さず、楽勝してしまった。どうやら、サブノクロヒョウは気性難があったわけではなく、鞍上でドッスンドッスン激しく動き、ビシビシとムチを入れる的場騎手に反抗していたようなのだ。それが和田騎手に替わって素直に走り、能力を出し切ったと思われる。

乗り下がり、鞍上強化などというが、騎手の腕とは別に、手が合う合わないがあって、単純には判断できないので、騎手を予想に取り入れるのは難しい。

また、騎手ごとに得意コース、苦手なコースもあると思われる。例えば藤田菜七子騎手の場合、あたりが柔らかいので、小回りが合っている。

左回り右回りのどちらかしか走らないという馬がいるが、騎手にも回りによって成績に偏りがある人がいる。

例えば小牧騎手。彼は明らかにサウスポーで、右回りに比べて左回りの成績がはるかにいい。17年の成績を振り返っても、唯一、勝率が二ケタ（15％）を超えているのは左回りの中京競馬場だ。

いつだったか、小牧騎手がダービーで人気薄に乗って、連対したことがある（調べたところ、08年スマイルジャック12番人気）。あの観衆をアッといわせた激走も、鞍上の力が大きかったのかもしれない。小牧騎手の古巣、園田競馬場は右回りなので、彼がなぜ左回りのほうが得意なのか、理由はサッパリわからないが。

とまあ、騎手が競走結果に与える影響は決して小さくない。騎手というファクターは指数には組み込めないが、補助的な要素としては使える。

もっとも、私が予想で「名手に乗り上がった」とか「鞍上強化」といった表現を使っているからといって、騎手の腕を買っているわけではない。「名手」は単なる修飾、鞍上が上位騎手に乗り替わったから「心強い」といったくらいの意味である。

パドック(馬体)、馬具、調教はどうか

的場騎手の名が出たので、パドックに対する私の見解も述べておこう。大井のレジェンド、的場騎手は馬の調子を見分けるポイントは「毛ヅヤと踏み込み」といっている。

後ろ脚が、前脚にくっつきそうになるほど、踏み込みの深い馬がいいらしい。しかし、「絶好調」と「勝てる」は違うし、パドックではいつもよく見せる馬もいる。

私は、パドック診断は前走と比べないと意味がないと思っている。前走より踏み込みが深くなっていれば、調子が上がってきた証拠だし、毛ヅヤや踏み込みが悪くなっていれば、調子が下降している。

これが口でいうのは簡単だが、実際に判断するのは至難の業。大井の開催では、もちろん毎レース、パドックをチェックするが、前走との比較がきちんとできているか、といわれるとまったくもって自信がない。

何十年もの間、現場で馬を目の当たりにしている私でさえ診断できないのだから、モニターを通して馬の出来をチェックするのは、無理なのではないか。競馬記者たちのパドック診断も、単に印象を語っているようにしか聞こえない。

では、なぜ毎回、パドックに足を運ぶのか。最後の安心を得るためだ。

特に短期間に何度も競馬を使う地方競馬では、必ずしも目イチで馬を仕上げてくるとは限らない。冬毛がぼうぼうだったり、どう見ても太かったりと、ひと目でダメだとわかる馬も混じっている。予想で挙げた馬が、そうでないことを確認するためにパドックに行っている。

とはいえ、あまりよくないと感じても、よほどのことがない限り、予想は変えない。凄くよく見えたからといって評価を上げるのもやらない。

パドックは心理的要素も大きい。予想に自信がないと、なんとなく他の馬がよく見えるし、自分の本命が危ないのではと不安になる。そういうときの馬券は本来、見送るべきだろう。

私の仲間には、パドックにこだわった予想をする人もいる。ブリンカー、メンコ、ハミの種類、シャドー

ロール、アブミ……彼はありとあらゆる馬具をチェックしている。

彼の凄いところは馬具だけでなく、騎手が手袋をしていたか、その色はなんだったか、あるいはムチをどちらの手で持っていたかなどまで、いちいち注意しているのだ。あの短いパドックの間によくもまあ、そこまで見られるなあ、と感心する。

馬具といえば、その昔、蹄鉄による予想さえあった。

今はアルミニウム合金の兼用蹄鉄ができて、調教時もレース時も同じ蹄鉄を使っているが、昔、蹄鉄は調教用の鉄製の蹄鉄とレース用のアルミ製のニウム蹄鉄に分かれていた。

ニウム蹄鉄は調教用より軽く、馬は走りやすい。間隔を空けて馬を使う中央競馬では、レース前に鉄の蹄鉄からニウム蹄鉄に打ち替え、競走が終わると鉄の蹄鉄に再び戻していた。

一方、間隔を詰めて使う公営競馬では、鉄の蹄鉄のまま、レースを使う馬もたくさんいた。蹄鉄を頻繁に履き替えると蹄が痛み、詰めては使えないからだ。

いい換えれば、ニウム蹄鉄を履いてきた馬は勝負。特に初めてニウム蹄鉄で出てきた馬は「初履《はつば》き」といって、勝負のサインのように思われていた。そのため予想屋の中には、地面に顔をつけんばかりにパドックを回る馬の蹄の裏を覗き込んでいる人もいた。

パドック重視の彼が時々大穴を少点数で当てているところを見ると、私にはわからない、馬具による勝負判別法が今でもあるのかもしれない。

調教というファクターについても、触れておこう。

あくまでも六合目の現時点での見解ではあるが、調教も馬体診断と同様、前回との比較が重要だと思っている。オールドファンならご存知の、あの大橋巨泉氏も私と同じ見解だった。

例えば、調教で一番時計を出した馬がいたとしよう。しかし、好時計だから完璧な仕上がりだとはいえない。調教は走る馬で、それがいつも通りの時計なら評価に値しないからだ。前回より動いていて、初めてプラス要素になる。軽めでしか追えなかった馬が今回ビッシリ、強めの調教をこなした……時計以上に調教の強弱も重要だ。

では、逆に調教時計が前回より悪かったり、一杯に追っていた馬が、今回は軽めで済ませているケースはどうか。

結論をいえば、割引はしない。マイナス要因はカウントしないというのが私の考え方だ。

賞金の高い中央競馬の場合、勝負になる馬なのに、調子が悪いまま使うという選択はほとんどないと思うからだ。秋のスーパー未勝利戦のように、ここで使わなければ後がないというレースならともかく、勝負にならないほど調子が落ちているのに無理使いする理由はない。

調教を軽くしたのは使い詰めなので、疲労が残らないように、といった妥当な理由があると考えたほうが当たっているだろう。

だからプラス要素は加味するが、マイナス要素は見ないようにしている。

買えない休み明けと買える休み明け

休み明けを挟んだ馬の買い消しは、中央競馬と地方競馬ではまったく異なる。中央と地方では根本的な仕組みが違うからだ。

地方競馬の賞金は安い。馬主にとって理想は、1ヵ月に2回使ってもらうことである。2回使えば出走手当で飼葉料がまかなえるからだ。それで5着以内に入れば、賞金がまるまる儲けになる。賞金が取れれば御の字だ。たとえ賞金をくわえてこなくとも、とりあえずフトコロは痛まない。

こういう仕組みになっているので、厩舎サイドではコンスタントに使えるように仕上げる。併せ馬などハードな調教をやると、馬に疲労が残るので、単走で追い切り、レースを使いながら仕上げていく。特に疲労の残る夏場は併せ馬は避ける。併せ馬をやるときは、疲れが残ること覚悟で勝負をかけるときだ。だからといって、力が足りなければ勝てはしないが。

今述べたシステムで動いている地方競馬では、1ヵ月以上間隔を空ける……これは、やむを得ない事情があってのことである。例えば骨折までいかなくとも、脚元がモヤモヤしていて、レースを使うと脚がパンクしかねないので、泣く泣く休ませるといったケースである。使わないのではなく、使えなかったのだ。

当然、レースに使うにあたっても、強い調教はできない。実戦を調教代わりにしながら、調子を上げるというやり方を取らざるを得ないので、まず休み明け緒戦は走らない。たとえ指数が高くても基本的に消してである。

調教でも行きたがる先行馬はまだ仕上げがしやすいので、ときには来る馬もいるが、単走で追い切った追い込み馬は100％消しだ。追い込み馬はズブいので、強い攻め馬をしないと闘志が戻らない。力上位であろうと、攻め馬をチェックすれば簡単に消せるのが、休み明けの追い込み馬だ。

とはいえ例外もある。それは1年以上休んでいた長期休養馬だ。

サラブレッドは経済動物、牧場で休んでいても経費がかかる。馬主はかかった分だけ取り戻せる見込みがある馬だから、引退させずに、レースに出せるまで待ったのだ。こういう馬は出たとこ勝負。きっちり仕上げてくるので、馬券に絡む。

一方、賞金が高い中央競馬では、使えないのではなく、あえて使わない馬がほとんどだ。

例えば左回りの府中は走らない、坂のある中山の芝1200mに適性がある馬は、東京開催は全休して、3ヵ月後の中山に照準を合わせてくるという作戦を取ったりする。あるいはメンバー構成をにらんで、レベルの低いローカルを待って確勝を期すというローテを組む厩舎もある。

地方競馬と違って、休み明けはマイナスどころか、狙い通りだったりする。休んでいる間に強い馬は勝ち抜けているというアドバンテージもあって、休養馬がバカバカ飛んでくる。

昭和のセオリーでは、休み明けは仕上がり切っていないので×。仕上げやすい牝馬はともかく、牡馬の休み明けは狙えないというのが、馬券ファンの常識として定着していた。休み明けを叩き、2戦目に少し調子を上げ、3戦目にピークが来る――「叩き3戦目は勝負」という格言が広く知られていた。

しかし、この昭和の常識は平成の今、ガラリ一変。休み明けは割引どころかいきなり勝負、休み明け好走後の2戦目も「叩き上昇」で人気になる。

この「休み明け2戦以内が勝負」という、平成のセオリーの背景にあるのが外厩（育成牧場）による仕上げである。

社台グループを始め、大手の生産者、馬主を中心に、調教師に仕上げを任せるのではなく、自分たちの息のかかった育成牧場で仕上げ、レース直前に入厩させて、レースを使うというやり方が主流になりつつある（10日以上前にトレセンに入れば出走できる決まりになっている）。

トレセン顔負けの立派な育成牧場も次々と誕生し、有能なスタッフによる仕上げのノウハウも確立しており、もはや調教師抜きの仕上げシステムができ上がっている。

その結果、調教師の仕事は馬房レンタル業、馬房を貸し出すだけの人になったという指摘さえある。

実際、若手の調教師の中には、仕上げは育成牧場任せ、自身は馬の仕上げができないだけでなく、出走レースも騎乗させる騎手もすべて馬主のいいなりの先生もいるというから驚く。

馬主にとっては、馬の仕上げや使い方に一家言持つベテラン調教師より、いいなりの若手調教師のほうがむしろ望ましい。挙句、今は勝ち星が多い調教師が必ずしも腕がいいトレーナーとはいえなくなった。

こうしたシステムの変化にともない、「休み明け出たとこ勝負の馬」が増えているというわけだ。

では、単純に休み明けを狙えば、馬券収支がプラスになるのか。

もちろん、「否」である。

外厩で手厚いケアを受けられる馬は、たいていエリート馬、素質馬だ。そんな毛並みのいい、値も高かった馬たちが育成牧場経由で出走する。「平成のセオリー」が知れ渡っている今は、特に過剰人気になりやすい。


投資馬券の王道は今も昔も、「人と異なる発想」である。


多くのファンと同じ発想で予想をすると、辿りつくのは人気馬だ。それでは馬券で儲けられない。人の見つけられない穴馬をピックアップできてこそ、プラスへの道が開ける。

「寄らば大樹の陰」ではなく、「人の行く道の裏に花あり」である。サンシャイン水族館のメダカのごとく、みんなと同じ方向に泳いでいると、収支は黒字にならない。美ら海水族館のジンベエザメのごとく、悠々と自由に動けだ。

だからといって、根拠もなく人気薄を買うのは、単なる無謀。人とは異なる発想で、**「堅い人気薄」**を見つけられる技術が必要なのだ。

馬券勝負の本質をいえば、不特定多数のプレイヤーによる麻雀と同じゲームである。対戦相手を意識することはないが、1レースごとに上がった(的中した)プレイヤーが、振り込んだ(外した)プレイヤーからおカネをいただいている。こういう仕組みなのだから、相手が振り込みそうなときに手をつくって待っているのが、一番賢い打ち方である。

やってはいけないのは、テンパったのはピンフ（役としては軽い）なのに、強打をし、勝負に出るという打ち方だ。

上がっても所詮、ピンフ。一発で逆転される。なのに相手の大物手に振り込んでしまうと、もう挽回は効かない。勝負に出るのなら大物手で。しかも、皆が振り込みやすいときを狙うべし。

他のプレイヤーたちが諸君の当たり牌を振り込みやすいときとは、マーケットの人気がおかしいとき。すなわち、人気に祭り上げられている馬が、実は力が足りず、危なっかしいレースである。

そこで知っておきたいのは、休みを挟んでいる人気馬が飛ぶ典型的なパターン。まずは8割がた凡走するパターンから。

ポイントは休み明け後の1、2戦の馬体重。

休み明けの一戦を体重増で好走した馬が2戦目も増えて出てきた。このケースはまず来ない。太目で好走した反動で疲労が溜まり、まともに仕上げられなかった可能性が高いのだ。調教欄を見て、ビッシリ追うなどハードの調教をこなしていなければ、凡走の危険性は一層高まる。

100％消しのパターンもある。それは休み明けで減って出てきて、2戦目さらに減った馬。

そもそも休ませた馬は、体重が増えるのが普通。減っている馬は、休んでいた間の調整に狂いがあった可能性がある。休み明け緒戦でも手を出し難い馬である。それでも好走すると反動は必至、2戦目は本当に危ない。

体重が増えていたら、疲労が残ってあまり稽古ができなかった可能性があるし、体重が減っていれば、さらに消耗した恐れが高まる。調教が軽ければ、これはもう鉄板の消しだ。

「昭和のローテ・セオリー」から浮かび上がる穴馬

話を戻して、次はローテーションから見た、穴馬を探し出す方法を紹介しよう。

カギは、今は忘れられつつある「昭和のセオリー」だ。

外厩制度の恩恵を十分に受けられない中堅以下の馬主にとって、頼りは今も調教師の仕上げの腕である。また、現在のトレンドでは、不遇な立場に置かれてはいるが、ベテラン調教師を中心として名伯楽と呼べる腕の持ち主もいないわけではない。そうした厩舎に預託されている馬たちは、2、3戦とレースを使われ、結果を出すことが多い。

中山 12	白1 1	白1 2	黒2 3	黒2 4
発馬 4.00 サラ三歳以上 混 1000万下・定量	ディープブリランテ(中) スズカゼ バレンソール(短) 鹿毛	スクリーンヒーロー(長) ゴールドサーベラス インシステント(マ) 栗毛	ストーミングホーム(輸) ストーミング オリヴェット(中) 栗毛	キングヘイロー(静) スワンボート オンワードスワン(マ) 鹿毛
	54 牝3	57 牡5	57 牡6	57 牡7
	武士沢	柴山雄	大野	替菅原
	北伊藤正	北清水英	北新開	南柴田人
	900	950	950	950
	3040	1950	4615	2283
	ヒダカBU	田頭勇貴	栗坂崇	田頭勇貴
	ひ 藤原牧場	ひ 原田久司	浦 中神牧場	浦 オンワード牧場
佐藤直文	………	…△…	…△…	………
小野智美	………	………	………	………
久光匡治	…△…	…◎…	………	………
西田美佐子	………	………	………	………
坂倉和智	………	…△…	………	………
本紙武井	…△…	…○…	………	………
芝 1200 1400 1600 1800	新 1092 ⑩ 東 1228 ⑦ 東 1343 ⑦ 函 1487 ⑤	福 [illegible] ③ 東 [illegible] ③ 東 [illegible] ⑤ 新 [illegible] ⑦	[illegible] 2013 ④ [illegible] 2142 ⑪ 東 1342 ③ 東 1485 ④	福 1090 ⑨ 新 1214 ⑰ 中 1339 ③ 新 1468 ⑪
1-5 8.7 1-6 44.4 1-7 30.8 1-8 57.6 2-2 ☆ 2-3 ☆ 2-4 91.7 2-5 23.4 2-6 ☆ 2-7 82.2 2-8 ☆	4東 10月21日 6 三才上 10 1000万 11ダ16頭 ダ 1179 53 武士沢 M ⑦⑨⑩ 478 人気12 中位一杯 5 3/4 358 外 360 タイセイブレシ 1170 0.9	4中 10月1日 ⑨ 三才上 1 500万 1ダ16頭 芝外 1341 57 柴山雄 S ⑬⑧⑧ 446 人気8 中位抜出 1 1/4 369 外 340 タインズサン 1343 0.2	2中 3月20日 ⑧ 四才上 5 500万 5ダ15頭 芝外 1354 57 大野 S ⑧⑧⑦ 492 人気2 中位伸も 2 1/4 371 中 354 ニシノカブケ 1350 0.4	4東 10月15日 5 三才上 8 1000万 6ダ8頭 天 1508 54 藤田菜 S ⑦⑧⑧ 468 人気8 後方まま 13 1/4 386 中 358 アーバンキッド 1486 2.2
3-3 ☆ 3-4 47.7 3-5 12.1 3-6 61.5 3-7 42.7 3-8 79.8 4-4 80.6 4-5 8.3 4-6 42.5 4-7 29.4 4-8 55.1	5東 11月19日 ⑥ 三才上 13 1000万 16ダ16頭 ダ 1262 54 松田 S ⑤⑦⑦ 478 人気12 中位一杯 11 身 367 中 373 コパノリスボン 1244 1.8	4東 10月22日 7 三才上 5 1000万 10ダ12頭 芙 1414 54 武藤 M ⑨⑫⑫ 446 人気4 出遅る 3 1/2 377 外 385 キャプテンベリ 1408 0.6	3中 4月9日 6 四才上 1 500万 1ダ14頭 芝外 1373 57 大野 H ⑪⑪⑥ 490 人気6 G前差す 1/2 身 366 中 372 アイリーグレイ 1374 0.1	5東 11月26日 ⑧ オリエン 17 1000万 11ダ17頭 天 1507 50 藤田菜 S ⑬⑰⑰ 478 人気16 追走一杯 大差 381 内 362 サンティール 1468 3.9
5-5 4.2 5-6 10.8 5-7 7.5 5-8 14.0 6-6 ☆ 6-7 38.0 6-8 71.1 7-7 56.8 7-8 49.4 8-8 ☆ 軸馬 10 単穴 9 連 8 2 14	5東 11月25日 ⑦ 三才上 7 牝七 1000 9ダ15頭 ダ 1228 54 武士沢 S ⑦⑤⑥ 472 人気14 中位まま 3 3/4 373 中 336 アッラサルーテ 1223 0.5	5東 11月5日 ② 三才上 5 1000万 4ダ13頭 芙 1336 57 柴山雄 S ⑥⑦⑦ 450 人気7 中位差詰 1 1/4 364 内 342 アルジャンテ 1334 0.2	8ヵ月余 脚部不安放牧 乗込み4週間 仕上り○ 連対体重 470〜490 3ヵ月以上休 ①②③外 0 1 0 3	5中 12月2日 ① 三才上 15 1000万 7ダ15頭 芝外 1361 54 藤田菜 S ⑮⑮⑮ 478 人気13 後方まま 16 1/2 378 内 352 ドーヴァー 1334 2.7

（優馬）

2017年12月17日中山12R（1000万下、芝1600m良）

馬番	16	15	14	13	12	11
枠	桃8	桃8	橙7	橙7	緑6	緑6
父	メイショウサムソン	ロージズインメイ	ゼンノロブロイ	ハーツクライ	シンボリクリスエス	ディープインパクト
馬名	ベストドリーム	ウインソワレ	プルメリアスター	トーホウアイレス	スプリットステップ	(地)レッドアフレイム
母	ダービーゾーン	コスモダンスナイト	リリサイド	トーホウドルチェ	プロミストスパーク	スカーレットドレス
毛色	鹿毛	鹿毛	鹿毛	青鹿	鹿毛	鹿毛
斤量・性齢	57 牡6	55 牝5	55 牝5	54 牝3	54 牝3	54 牝5
騎手	替吉田隼	替津村	替中谷	替三浦	戸崎圭	▲武藤
調教師	(南)松山将	(関)宮本	(関)斉藤崇	(北)田中清	(北)和田郎	(南)久保田
賞金	750	950	950	900	900	520
総賞金	4892	4882	4245	1850	1490	1756
馬主	堀口晴男	(株)ウイン	キャロットF	東豊物産	サンデーR	東京HR
生産者	日 日西牧場	新 コスモヴュードF	安 ノーザンF	日 竹島幸治	安 ノーザンF	浦 吉田ファーム
印	…/…/…/△/△/…	△/△/…/…/…/西	○/△/…/△/…/▲西	…/▲/△/…/◎/△	…/◎/…/▲/…/…	△/…/…/…/…/…
持ち時計	東1221⑪ 東1332① 東1464⑯	小1080⑨ 阪1207② 京1359⑩ 小1497②	小1095⑫ 京1201② 阪1332⑤ 新1505[5]	[illegible]⑨ 東[illegible]⑨ [illegible]⑬ 3		新1095③ 新1210⑦ 中1338⑧
前走3	3中 3月26日 ②[illegible]4 1000万 4ゲ10頭 天内1522 57西田 S ⑨⑩⑨ 480 人気7 出遅る 1 3/4 401外354 クラウンディバ 1520 0.2	4阪 9月30日 ⑧三才上2 500万 2ゲ18頭 盂内1207 55菱田 S ①①① 482 人気12 逃粘る 1 1/4 343内352 ジョーマイク 1205 0.2	1阪 3月19日 ⑧[illegible]13 1000万 5ゲ13頭 盂内1234 55中谷 S ③③③ 444 人気5 好位一杯 17 3/4 351中368 アポロノシンザ 1205 2.9	2東 4月30日 ④スイートピー13 牝馬オープン 13ゲ18頭 天1483 54津村 S ⑫⑫⑬ 460 人気13 中位一杯 5 3/4 374外339 ブラックスビー 1474 0.9	3中 3月26日 ②三才1 牝馬未勝 9ゲ16頭 天ダ1572 54津村 S ②①① 482 人気1 向正先頭 2 1/2 397中393 ナムラアヴィ 1576 0.4	2新 8月13日 ⑥[illegible]7 1000万 1ゲ18頭 盂内1210 57川田 M ⑥⑦⑦ 442 人気12 好位一杯 3 1/2 345内347 ヴェネト 1204 0.6
前走2	2東 5月27日 ⑪[illegible]8 1000万 3ゲ12頭 兲1344 57西田 S ⑪⑪⑪ 468 人気7 後方直大 5 3/4 365中345 ムーンクエイク 1335 0.9	3新 10月21日 ③古1 500万 13ゲ17頭 盂内1217 55津村 S ①①① 484 人気3 逃切る 1 3/4 346内350 キャスパリーグ 1220 0.3	3京 4月30日 ④[illegible]2 1000万 9ゲ16頭 盂外1201 55福永 S ②②② 444 人気8 鼻出血 3/4身 356中336 レッドリーガル 1200 0.1	4東 10月8日 ②[illegible]5 1000万 10ゲ12頭 兲1350 53柴田善 S ⑧⑥⑥ 472 人気11 中位差詰 1 3/4 378中328 ボーダーオブラ 1347 0.3	2東 5月13日 ❼三才7 牝馬500 6ゲ16頭 兲ダ1369 54ルメール H ③②② 476 人気1 先行一杯 6 1/2 340中385 アンジュデジー 1358 1.1	4中 9月10日 ②[illegible]8 1000万 1ゲ9頭 兲外1338 54北村宏 S ④④④ 442 人気7 中位一杯 3 1/4 356内344 バルディトゥー 1333 0.5
前走	4中 9月18日 [5][illegible]6 1000万 1ゲ12頭 天内1493 57西田 S ⑧⑨⑨ 470 人気6 中位まま 5 3/4 389内338 ハナズレジェン 1484 0.9	3福 11月3日 ①河北新報9 1000万 10ゲ16頭 亖1091 53柴田大 H ⑥⑦⑧ 476 人気6 外々回る 3 1/2 335外356 ラホーヤビーチ 1085 0.6	5東 11月5日 ②三才上7 1000万 9ゲ13頭 兲1337 55福永 S ④③[4] 448 人気6 好位一息 1 3/4 358中348 アルジャンテ 1334 0.3	5東 11月25日 ⑦三才上9 牝馬1000 2ゲ15頭 盂1230 54柴田善 S ⑩⑩⑪ 472 人気7 後方差詰 4 1/2 376内333 アッラサルーテ 1223 0.7	4東 10月7日 ❶三才上1 牝馬500 13ゲ16頭 盂ダ1230 53戸崎圭 S ④③② 506 人気1 好位抜出 1 3/4 352中354 ヤマイチジャス 1233 0.3	5東 11月18日 ⑤三才上11 1000万 9ゲ16頭 盂1221 54武藤 S ⑬⑬⑬ 442 人気10 後方まま 6 1/4 365中341 ハウメア 1211 1.0

馬番	10	9	8	7	6	5
枠	黄5	黄5	青4	青4	赤3	赤3
父	ディープインパクト	マツリダゴッホ	メイショウボーラー	トーセンホマレボシ	メイショウサムソン	ストーミングホーム
馬名	ミッキーグローリー	エクラミレネール	ヴェアリアスサマー	(地)ライズスクリュー	シャララ	ユメノマイホーム
母	メリッサ	シャトーサウザンド	ダキューパン	トーセンスクリュー	ナムラクロシェット	ニシノユメヲミセテ
毛色	青鹿	芦毛	栗毛	栗毛	鹿毛	栗毛
斤量・性齢	57 牡4	55 牝4	54 牡6	54 牝3	55 牝4	55 牝5
騎手	替ボウマン	北村宏	▲野中	替柴田善	替内田博	松岡
調教師	(北)国枝	(南)高橋裕	(北)伊藤大	(北)小野次	(北)上原	(南)伊藤伸
賞金	950	750	950	750	700	700
総賞金	2600	5645	3695	2075	3250	5275
馬主	野田みづき	岡田牧雄	小林秀樹	島川隆哉	Him Rock R	ミルF
生産者	ひ 岡田S	ひ 岡田S	浦 村中牧場	日 エスティF	浦 中島牧場	浦 ミルF
印	注/注/▲/◎/注/◎	◎/○/○/○/○/注	▲/△/△/△/△/△	△/△/…/△/▲/△	…/…/△/注/△/△	…/…/注/…/…/…
持ち時計	1 東[illegible]① 中[illegible]⑥ 新[illegible]①	東1208⑥ 東1334⑬ [illegible]2036⑬	福1105⑦ 新1208⑤ 中1336③	東1205② 中1358⑨ 東1501⑧	[illegible]2010⑪ 新1213② 東1343④ 福1469①	函1081⑦ 東1229⑤ 中1333① [illegible]1288②
前走3	3中 16年4月 ④三才1 500万 12ゲ16頭 天外1344 56北村宏 M ⑤④② 518 人気2 好位差切 アタマ 357中357 ショコラーチ 1344 0.0	2東 5月21日 ⑩フリーウ6 1600万 13ゲ18頭 盂1208 52北村宏 S ③②② 458 人気9 先行粘る 1 1/4 352中341 ノットフォーマ 1206 0.2	2新 8月13日 ⑥[illegible]5 1000万 9ゲ18頭 盂内1208 57野中 M ②②② 516 人気14 先行一息 2 1/4 342内350 ヴェネト 1204 0.4	4東 10月15日 ❺神奈新聞8 1000万 4ゲ18頭 盂1229 53横山和 S ⑮⑭⑬ 462 人気7 後方差詰 2 1/2 372内340 ペイシャフェリ 1225 0.4	1札 8月6日 ④[illegible]2 1000万 2ゲ11頭 天1476 52丸山 S ②②② 488 人気6 先行伸 2 1/2 369中348 ナイトオブナイ 1472 0.4	4中 10月1日 ⑨勝浦5 1000万 7ゲ16頭 芸外1081 52杉原 M ⑬⑪⑫ 460 人気13 中位差詰 1 3/4 342中339 クラウンアイリ 1078 0.3
前走2	4中 9月16日 ③[illegible]6 500万 14ゲ16頭 兲外1337 57北村宏 M ④⑤⑤ 542 人気4 好位一息 2身 353中357 コスモヨハネ 1333 0.4	3東 6月17日 ⑤相模5 1000万 7ゲ11頭 盂1208 55北村宏 S ⑤⑤⑤ 460 人気5 中位差詰 3 1/2 353内337 ショウナンライ 1202 0.6	4中 9月24日 ⑦[illegible]3 1000万 3ゲ9頭 兲外1336 57野中 S ①①① 512 人気6 逃粘る 1/4身 359内349 ウイングチップ 1336 0.0	4東 10月28日 ⑧[illegible]5 1000万 14ゲ14頭 盂1229 52吉田豊 S ⑭⑬⑬ 458 人気7 後方追上 3身 374外334 ティソーナ 1224 0.5	2札 8月27日 ④WAJ4 8 1000万 7ゲ14頭 天1498 56ルメール M ③③② 492 人気1 好位一息 5 1/4 369内373 ルグランフリソ 1488 1.0	4東 10月28日 ⑧[illegible]8 1000万 2ゲ14頭 盂1229 52松岡 S ⑥⑦⑦ 458 人気10 中位まま 3 1/4 367内340 ティソーナ 1224 0.5
前走	3新 10月14日 ①三才上1 500万 3ゲ16頭 天外1461 57杉原 S ⑥④⑥ 542 人気1 好位抜出 1/2身 358中335 ビービーブレス 1462 0.1	5東 11月18日 ⑤三才上5 1000万 3ゲ16頭 盂1215 55北村宏 S ④③③ 458 人気6 一瞬鋭 2 3/4 353内345 ハウメア 1211 0.4	4東 10月15日 ❺神奈新聞5 1000万 12ゲ18頭 盂1228 57野中 S ①①① 512 人気8 逃粘る 1 3/4 359内351 ペイシャフェリ 1225 0.3	5東 11月25日 ⑦三才上13 牝馬1000 11ゲ15頭 盂1235 54吉田豊 S ⑬⑬⑫ 458 人気8 後方まま 7 1/2 379外337 アッラサルーテ 1223 1.2	3ヵ月半 放牧 乗込み5週間 仕上り○ 連対体重 444〜488 3ヵ月以上休 ①②③外 0 1 0 1	5中 12月2日 ①三才上8 1000万 1ゲ15頭 天外1344 55松岡 S ③③④ 460 人気10 好位一杯 6 1/4 362内350 ドーヴァー 1334 1.0

1着⑩ミッキーグローリー　（1番人気）

2着②ゴールドサーベラス　（3番人気）

3着⑬トーホウアイレス　（8番人気）

単⑩ 230円

複⑩ 140円　② 190円　⑬ 480円

馬連②―⑩ 910円

馬単⑩→② 1270円

3連複②⑩⑬ 5880円

3連単⑩→②→⑬ 18560円

しかも、好走時は人気薄になりやすい。平成のセオリーが常識になっているので、休み明け1戦目、2戦目と着順が悪いと、「この馬はダメだ」と見限られるので、不当に人気が下がるのだ。いってみれば「平成のセオリーの盲点」になっている馬の中に、お宝馬が潜んでいる。

私の経験則でいうと、休み明け4戦以内が好走ゾーンで、3戦目にピークになる馬が最も多く、その次は4戦目がヒットゾーンになる。

例えば、2017年12月17日中山12R（1000万下、芝1600m）で、私が不動の軸とした3歳牝馬⑬トーホウアイレス（8番人気3着）である。

中山第12R ⑬——⑨⑩②⑫ 70——69—67—67—？
デビューからダ路線の⑫は共通項なく？ だが、逃げタイプの昇級で好走疑問。上昇三才叩き三走目、直外伸びる⑬で不動！
（ネット競馬スタッフに送った中山12Rの予想とコメント）

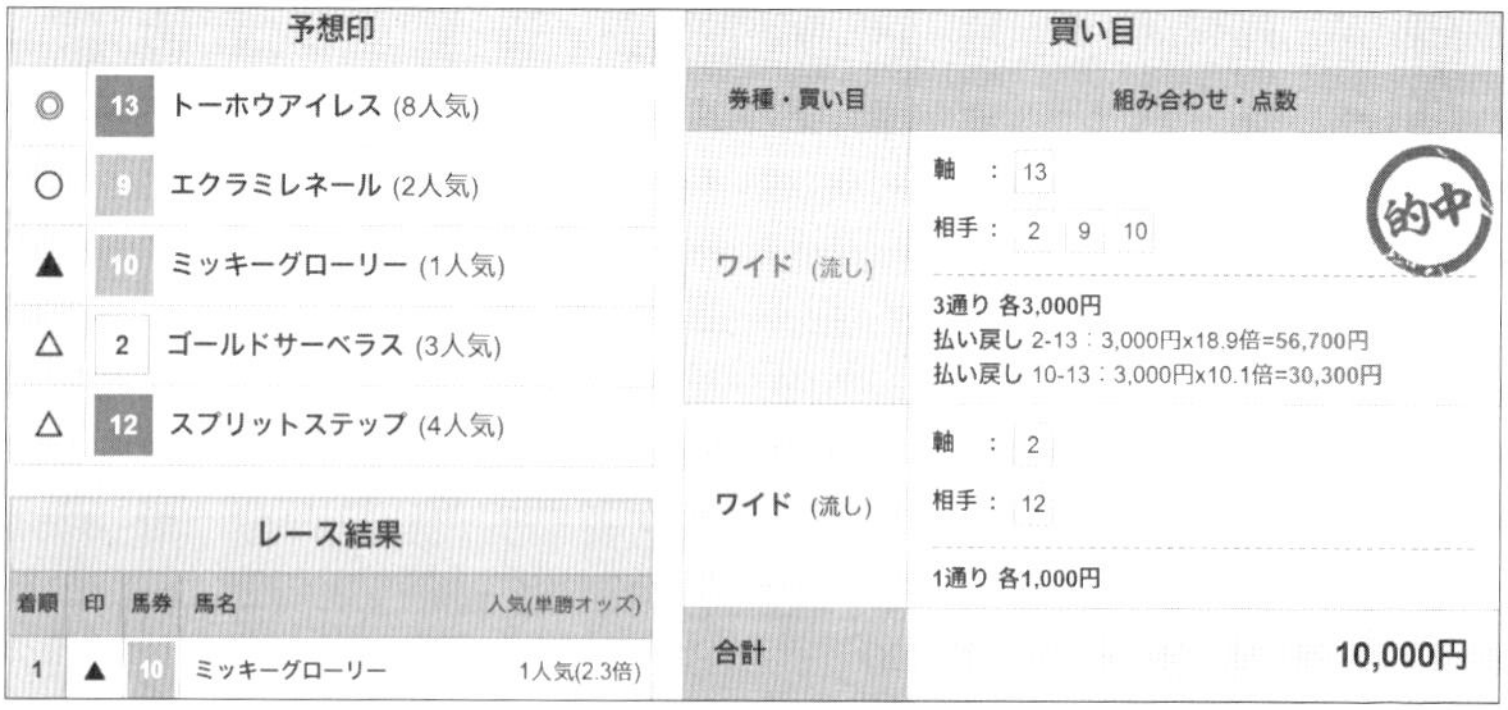

予想印
◎ 13 トーホウアイレス (8人気)
○ 9 エクラミレネール (2人気)
▲ 10 ミッキーグローリー (1人気)
△ 2 ゴールドサーベラス (3人気)
△ 12 スプリットステップ (4人気)
レース結果
着順 印 馬券 馬名 人気(単勝オッズ)
1 ▲ 10 ミッキーグローリー 1人気(2.3倍)
買い目
券種・買い目 組み合わせ・点数
ワイド (流し)
軸 : 13
相手 : 2 9 10
的中
3通り 各3,000円
払い戻し 2-13 : 3,000円x18.9倍=56,700円
払い戻し 10-13 : 3,000円x10.1倍=30,300円
ワイド (流し)
軸 : 2
相手 : 12
1通り 各1,000円
合計 10,000円

人気薄からのワイドを２点（②−⑬ 18.9 倍、⑩−⑬ 10.1 倍）的中！　ネット競馬での中山 12 Ｒの的中画像。

⑬トーホウアイレスは、新馬→500万特別と連勝した素質馬。昭和の格言でいえば、「新馬、特別連勝はエリート」。その後は若駒限定のGⅢレースを使われ続けたので、成績は上がっていないが、1000万下では十分足りる能力の持ち主だ。

夏は休みにあて、約5ヵ月ぶりに出走した秋初戦は5着0・3秒差、勝負になることを証明した。休み明け2戦目は、初の短距離離芝1400mも0・7秒差に頑張った。

そして3戦目に選んだ今走は、2歳時500万下特別を勝ち上がった中山のマイル戦。上昇が見込める3歳馬の叩き3戦目なので、なおさら好走が期待できた。

しかし、前走の着順が9着と悪かったためか、12月17日のレースでも8番人気。馬券的にも格好の狙い目である。

推しの材料はまだある。トーホウアイレスを管理する美浦の田中清隆調教師は66歳（当時）のベテラン。管理馬も非社台系の馬が主体だ。つまり、昔ながらの「叩きながら馬を仕上げていくトレーナー」で、実際、休み明け3戦目、4戦目に結果を出す馬が多い。

トーホウの馬主「東豊物産」は田中清隆厩舎に多くの馬を預けているが、そのうちの1頭、トーホウハニーも実は叩き3戦目で穴をあけている。

約6ヵ月ぶりに出走した17年8月13日新潟の豊栄特別では11着、続く飯豊特別では6着。この2戦の着差は0・8秒差→0・3秒差。徐々に調子を上げているのは一目瞭然だったが、10月15日3戦目の神奈川新聞杯ではなぜか13番人気。この低評価をあざ笑うかのように2着に食い込んだ。

このトーホウハニー、休み明け4戦目に9番人気2着という前科もある再犯馬だった。

京阪杯、9番人気で大逃走のネロに敢然と◎！

ジャパンCが東京で行なわれた2017年11月26日の京都最終に組まれた京阪杯（GⅢ、芝1200m）。ここで私が不動の本命に指名したのが④ネロだった。

京都第12R④—⑨⑩⑫　72—71—70—68

三走前GⅢキーンランドは大きく実走先着④＞人気⑤、前々走GⅠスプリンターズ外0・7差も＞⑨、

京都 12R　発馬 4.15　第62回 京阪杯　指 国際・サラ三才上 オープン・別定

	白1 ①	白1 ②	黒2 ③	黒2 ④
父・距離	ストーミングホーム(中長)	スウェプトオーヴァーボード(マ)	マツリダゴッホ(長)	ヨハネスブルグ(マ)
馬名	ティーハーフ	ラインスピリット	アルマワイオリ	ネロ
母・距離	ビールジャント(マ)	リボンストライプ(中)	イナズマローレル(中長)	ニシノタカラヅカ(短)
毛色	栗毛	黒鹿	黒鹿	栗毛
斤量	56 牡7	56 牡6	56 牡5	58 牡6
騎手	国分優	森 一	替アッゼニ	替吉原寛
厩舎	西 浦	松永昌	西 浦	森
賞金	4325	4500	1675	8275
総賞金	18,704	16,970	9850	25,004
馬主名	シェイク・モハメド	大澤繁昌	コウトミックR	西山茂行
牧場名	日 ダーレージャパンF	ひ 藤原牧場	新 小泉牧場	ひ 本桐牧場
持木	………	………	………	…△…
瀬古	………	………	………	…△…
加茂	………	………	…注…	………
須藤	………	………	…△…	………
田崎	…△…	…△…	………	………
本紙中邑	………	………	………	………
芝 1000		新 54.6 ⑥	函 1311 ①	新 5 1 ②
芝 1200	函 1073 ⑥	小 1076 ①	札 1086 ⑧	4 ②
芝 1400	京 1200 ③	京 1198 ③	東 1211 ④	函 1 9 ⑧
芝 1600	中 1339 ⑤	阪 1334 ⑥	京 1335 ⑪	京 1 4 ⑧
三走前	3中京 7月2日 ② CBC賞 4 GⅢ 2ゲ18頭 三 1083 57国分優 M⑫⑫⑪ 462 人気9 中位差詰 2身 345内338 シャイニングレ 1080 0.3	2新 7月30日 ② アイビス 6 GⅢ 4ゲ16頭 千直 54.6 56 岩田康 H ⑬⑭ 436 人気6 後方追上 3身 227—319 ラインミーティ 542 0.4	1札 8月6日 ④ UHB賞 8 オープン 9ゲ11頭 三 1086 55勝浦 M⑪⑪⑨ 482 人気4 後方まま 5 1/2 343外343 イッテツ 1077 0.9	2札 8月27日 ④ キーンラ 8 GⅢ 3ゲ13頭 三 1097 57 中野省 M④⑤⑤ 466 人気10 好位一杯 4 1/4 339中358 エポワス 1090 0.7
前々走	4京 10月8日 ② オパール 13 オープン 11ゲ13頭 三内 1081 57国分優 S ⑫⑫⑨ 466 人気8 後方まま 4身 353外328 ソルヴェイグ 1075 0.6	2小 8月20日 ⑧ 北九記念 3 GⅢ 18ゲ18頭 三 1077 56森 一 M③③③ 430 人気15 好位伸 1 1/4 330中347 ダイアナヘイロ 1075 0.2	3新 10月15日 ② 信越 11 オープン 7ゲ14頭 四内 1214 55勝浦 S ⑩⑪⑪ 486 人気8 脚余す 5 1/4 355中344 アポロノシンザ 1205 0.9	4中 10月1日 ⑨ スプリンター 16 GⅠ 14ゲ16頭 三外 1083 57 勝浦 S ⑥③⑤ 472 人気15 好位一杯 4 1/4 342中341 レッドファルク 1076 0.7
前走	4京 10月28日 ❽ スワンS 18 GⅡ 5ゲ18頭 四外 1236 56 国分優 S ⑱⑱⑱ 470 人気14 後方まま 7 1/2 367中355 サングレーザー 1224 1.2	3新 10月29日 ❻ ルミエー 7 オープン 5ゲ18頭 千直 56.3 58 森 一 H ④⑥ 428 人気9 好位一息 3 1/4 223—340 アベルトゥーラ 558 0.5	5東 11月12日 ④ オーロC 4 オープン 1ゲ16頭 四 1211 55柴山雄 S ②③② 482 人気11 内々回る 2身 356内341 トウショウピス 1208 0.3	大井 11月3日 ❺ JBCスプリ 4 交流GⅠ 15ゲ16頭 三ダ 1114 57 中野省 M②②② 467 人気8 先行粘る 1/2身 346内368 ニシケンモノノ 1114 0.0

開催日の馬場状態：不良・重馬場・稍重・良馬場

乗替り記号　替…ベスト10外の騎手から東西ベスト10へ乗替　替…それ以外。

開催場所・月日／開催日・着順／条件・枠・頭数／距離・タイム／斤量・騎手名／ペース・通過順／馬体重・人気／戦評・馬身差／前半600・上り600た／①②着時計 秒差

（優馬）

2017年11月26日京都12R京阪杯（GⅢ、芝1200m良）

16 桃8	15	14 橙7	13	12 緑6	11	10 黄5	9	8 青4	7	6 赤3	5
クロフネ(マ)	キングカメハメハ(勝)	インヴィンシブルスピリット(勝)	ダンスインザダーク(長)	アドマイヤムーン(中)	メダグリアドーロ(輓)	アドマイヤムーン(中)	ファストネットロック(勝)	ショウナンカンプ(勝)	ダイワメジャー(中)	ダイワメジャー(マ)	マンハッタンカフェ(長)
ジューヌエコール	アットザシーサイド	(外)イッテツ	タマモブリリアン	ダイシンサンダー	(外)フィドゥーシア	セイウンコウセイ	(外)メラグラーナ	ナリタスターワン	ソルヴェイグ	ビップライブリー	(地)ヒルノデイバロー
ルミナスポイント(地)	ルミナスハーバー(中)	テンプルストリート(マ)	チャームダイヤ(勝)	イチゴイチエ(中)	ビリーヴ(勝)	オブザーヴァント(マ)	ガリアー(中)	ボーンスター(中)	アスドゥクール(マ)	フローラルグリーン(マ)	デック(中)
鹿毛	鹿毛	鹿毛	黒鹿	鹿毛	鹿毛	栗毛	鹿毛	鹿毛	栗毛	栗毛	黒鹿
54 牝3	54 牝4	56 牡5	54 牝4	56 牡6	55 牝5	56 牡4	55 牝5	56 牡5	54 牝4	56 牡4	56 牡6
北村友	四位	替石橋脩	替吉田隼	替和田	三浦	替松田	替シュタルケ	幸	替川田	替大野	替古川
栗安田隆	栗浅見	(南)斎藤誠	栗南井	栗須貝尚	栗松元茂	(北)上原	栗池添学	栗高橋亮	栗鮫島	栗清水久	栗昆
5050	2475	3650	2250	2100	5450	4650	5500	3250	4475	2100	4270
10,780	11,770	10,765	9205	10,940	15,020	19,720	13,692	9232	18,182	12,035	15,160
サンデーR	吉田照哉	林正道	タマモ(株)	大八木信行	前田幸治	西山茂行	吉田和美	オースミ	G1レーシング	鈴木邦英	(株)ヒルノ
囡ノーザンF	囲社台F	アイルランド	凹曾我博	凹グランド牧場	アメリカ	凹桜井牧場	オーストラリア	囲社台F	白白老F	囡ノーザンF	新カミイスタット
注	◎	△				△	▲		○	△	△
	▲			△	注	◎	△	△	○		
	▲		△		△	△	○		◎		△
△	▲					△	注		○	△	◎
◎	注	△	▲	△					○		△
注	▲	東		△	△	△東	◎		○	△	B△
	芸1302❷	[illegible]③		大1457⑬	新54.2②	大1520⑫	大1474⑧	新54.9⑨		[illegible]❶	
函1068①	阪1084①	[illegible]⑤	函1076①	京1075③	中1075①	函1073④	阪1077④	京1076①	京1075①	[illegible]②	京1075②
阪1216④	東1217③	東[illegible]②	京1240③	京1204⑥	京1240⑱	東1207②	阪1211①	京1202④	阪1221①	[illegible]①	阪1202⑧
京1346①	阪1337③	[illegible]⑯		京1327①	阪1347②	東1358⑥	東1344⑩	京1352①	東1342⑤	阪[illegible]26①	三2157⑩
2阪 4月9日 ⑥桜花9 牝GI 4ゲ17頭 芝外1353 55北村友 M⑤⑥⑤ 484 人気12 好位一杯 5身 359中361 レーヌミノル 1345 0.8	1札 8月12日 ❺STV賞2 1000万 3ゲ14頭 芸1302 55四位 S⑥⑦⑦ 444 人気❶ 中位伸 クビ 366内356 ツーエムマイス 1302 0.0	1札 8月6日 ④UHB賞1 オープン 2ゲ11頭 芝1077 54藤岡佑 M①②① 484 人気❸ 先行抜出 クビ 337内340 ヒルノデイバロ 1077 0.0	1札 8月6日 ④UHB賞3 オープン 7ゲ11頭 芝1079 51古川 M⑤⑥④ 466 人気❷ 中位伸 1¾ 340中339 イッテツ 1077 0.2	3京 5月28日 ⑫安土6 オープン 7ゲ16頭 芝外1204 55加藤 M⑧⑩⑧ 510 人気7 出遅る 3¾ 346内348 シャイニングレ 1198 0.6	2新 7月30日 ②アイビス2 GⅢ 10ゲ16頭 千直54.2 54石橋脩 H ①① 478 人気❶ 逃粘る クビ 218—324 ラインミーティ 542 0.0	1函 6月18日 ②函館SS4 GⅢ 12ゲ13頭 芝1073 56幸 H②②② 502 人気❶ 先行一息 3¼ 324中349 ジューヌエコー 1068R0.5	3中京 7月2日 ②CBC賞10 GⅢ 3ゲ18頭 芝1087 55戸崎圭 M⑬⑫⑬ 528 人気❶ 直線不利 4¼ 346中341 シャイニングレ 1080 0.7	2新 7月30日 ②アイビス9 GⅢ 1ゲ16頭 千直54.9 56柴田善 H ⑪⑩ 462 人気12 中位まま 5身 226—323 ラインミーティ 542 0.7	2東 5月14日 ⑧ヴィクト5 牝GI 4ゲ17頭 芙1342 55川田 S①①① 470 人気9 逃粘る 1¾ 356中341 アドマイヤリー 1339 0.3	4[illegible] ⑤仲秋2 1600万 7ゲ12頭 芝内1215 57和田 S④③④ 450 人気❷ 好位伸 1¼ 347内350 サングレーザー 1213 0.2	2札 8月27日 ④キーンラ12 GⅢ 4ゲ13頭 芝1106 56四位 M⑨⑫⑫ 524B 人気8 後方まま 9¼ 346中360 エポワス 1090 1.6
1函 6月18日 ②函館SS1 GⅢ 8ゲ13頭 芝1068 50北村友 H④⑥⑤ 482 人気❸ 中位抜出 2½ 329中339 キングハート 1072 0.4	2札 9月2日 ⑤札幌スポ1 1000万 14ゲ16頭 芝1091 55四位 M⑧⑤⑤ 440 人気❷ 中位一気 3½ 348外343 ベリースコール 1097 0.6	2札 8月27日 ④キーンラ9 GⅢ 2ゲ13頭 芝1100 56藤岡佑 M⑥⑦⑧ 484 人気6 中位一杯 6身 341内359 エポワス 1090 1.0	4中 9月23日 ⑥セプテン1 1600万 4ゲ15頭 芝外1080 54吉田隼 M①②② 464 人気❷ 先行抜出 ¾身 336中344 アドマイヤナイ 1081 0.1	2小 8月20日 ⑧北九記念8 GⅢ 10ゲ18頭 芝1078 55加藤 M⑦⑩⑩ 500 人気9 中位差詰 1¾ 334中344 ダイアナヘイロ 1075 0.3	4阪 9月10日 ②セントウ9 GⅡ 14ゲ14頭 芝内1082 54石橋脩 S①①① 480 人気❷ 逃一杯 4¼ 338内344 ファインニード 1075 0.7	4中 10月1日 ⑨スプリンタ11 GI 3ゲ16頭 芝外1081 57幸 S④⑦⑤ 498 人気❸ 好位一杯 2¾ 343中338 レッドファルク 1076 0.5	4阪 9月10日 ②セントウ4 GⅡ 2ゲ14頭 芝内1077 54戸崎圭 S⑪⑪⑪ 532 人気❸ 流れ不利 1½ 353中324 ファインニード 1075 -0.2	2小 8月20日 ⑧北九記念2 GⅢ 12ゲ18頭 芝1076 55幸 M⑦⑥③ 468 人気14 中位伸 ¾身 332外344 ダイアナヘイロ 1075 0.1	2札 8月27日 ④キーンラ2 GⅢ 11ゲ13頭 芝1090 54川田 M②②② 474 人気❷ 先行伸 クビ 335中355 エポワス 1090 0.0	4東 10月14日 ④秋晨1 1600万 3ゲ10頭 芙1219 57大野 S⑧⑦⑦ 456 人気❷ 中位差切 アタマ 365中335 スターオブペル 1219 0.0	4京 10月8日 ②オパール2 オープン 10ゲ13頭 芝内1075 55四位 S⑧④④ 524B 人気9 漸進伸 クビ 347外328 ソルヴェイグ 1075 0.0
4京 10月28日 ❽スワンS12 GⅡ 6ゲ18頭 芙外1232 52北村友 S⑧⑨⑨ 492 人気6 中位一杯 5身 358中358 サングレーザー 1224 0.8	4阪 10月1日 ⑨道頓1 1600万 7ゲ14頭 芝内1084 55四位 S④④③ 438 人気❶ 好位抜出 クビ 346中338 ナガラフラワー 1084 0.0	4京 10月8日 ②オパール3 オープン 5ゲ13頭 芝内1076 55武豊 S③④④ 488 人気6 好位粘る ¾身 346内330 ソルヴェイグ 1075 0.1	4京 10月8日 ②オパール10 オープン 12ゲ13頭 芝内1080 52藤岡康 S②②② 474 人気4 先行一杯 3½ 344中336 ソルヴェイグ 1075 0.5	4京 10月8日 ②オパール5 オープン 4ゲ13頭 芝内1077 55岩田康 S⑧⑧⑦ 502 人気7 中位差詰 1½ 349中328 ソルヴェイグ 1075 0.2	4中 10月1日 ⑨スプリンタ9 GI 4ゲ16頭 芝外1079 55三浦 S③③② 474 人気13 好位一杯 2身 342内337 レッドファルク 1076 0.3	4京 10月28日 ❽スワンS14 GⅡ 11ゲ18頭 芙外1234 58幸 S④⑦⑧ 494 人気❸ 好位一杯 5¾ 356中362 サングレーザー 1224 1.0	4中 10月1日 ⑨スプリンタ7 GI 9ゲ16頭 芝外1079 55戸崎圭 S⑭⑭⑭ 522 人気❷ 後方差詰 2身 348中331 レッドファルク 1076 0.3	3ヵ月余 放牧 乗込み4週間 仕上り○ 連対体重 468〜480 3ヵ月以上休 ①②③外 1011	4京 10月8日 ②オパール1 オープン 7ゲ13頭 芝内1075 55松山 S①①① 468 人気❶ 逃切る クビ 343内332 ヒルノデイバロ 1075 0.0	4京 10月28日 ❽スワンS4 GⅡ 1ゲ18頭 芙外1227 56松若 S⑩⑫⑨ 462 人気9 中位伸 2身 360内352 サングレーザー 1224 0.3	4京 10月28日 ❽スワンS2 GⅡ 4ゲ18頭 芙外1224 56四位 S④③③ 520B 人気12 好位伸 アタマ 352中355 サングレーザー 1224 0.0

1着④ネロ　（9番人気）
2着⑥ビップライブリー　（6番人気）
3着⑭イッテツ　（14番人気）

単④ 3690円
複④ 1160円　⑥ 380円　⑭ 1330円
馬連④―⑥ 23390円
馬単④→⑥ 45190円
3連複④⑥⑭ 295980円
3連単④→⑥→⑭ 1674510円

前走ＪＢＣ砂深大井ハイ先行、好内容粘りなら、今の荒れ芝むしろ好材、名手吉原好枠一気逃げ打つ④で不動、本日一番！（ネット競馬スタッフに送った京阪杯の予想とコメント）

ネロは、前年のこのレースで後続を突き放し０・７秒差で圧勝しているが、なぜかまったく注目されておらず、９番人気（単勝36・９倍）の人気薄。どうやら近走の着順と、鞍上が中央のファンには馴染みのない吉原寛人騎手（金沢）だったために人気を落としていたようだ。

特にファンに嫌われたのは、着順の悪さだったよう。前４走の着順を振り返ってみると……。

休み明けのアイビスＳＤは３番人気10着、２走目キーンランドＣは10番人気８着、３走目スプリンターズＳ15番人気16着。そして前走は大井で開催された交流ＧⅠ、ＪＢＣスプリントに出走し、８番人気４着に入っている。

前走は、逃げてクビ差、あわや勝利をつかむところまでいったが、ダート戦での好走なので誰も注目しなかったのだろう。

でもちょっと待ってほしい。仮に百歩譲ってダート戦の前走をノーカウントとしても、着差に目を向ければ、アイビスＳＤからスプリンターズＳに至るローテーションの中で、ネロがグングン調子を上げていたのがわかるはずだ。特に注目すべきは、３走前以降の着差である。

新潟の直線競馬のアイビスＳＤは勝ち馬から０・８秒差。１０００ｍという距離を考えれば大敗である。休み明け２走のキーンランドＣは０・７秒差。ハイペースの４、５番手からの競馬で、ペース負荷を考えれば前走よりかなり頑張っている。

ネロの2走前はGIのスプリンターズS。着差は0・7秒。レースの格を考慮に入れれば、前走のキーンランドCよりさらに着差を縮めている。

そして前走JBCスプリントはわずかにクビ差。ネロはそれまでダート戦を一度走っているが、12着敗退。決して得意なわけではない。当日の大井の馬場は重も、深い砂の大井でハイペースを前に行って粘ったのだから余計に価値がある。最終目標の京阪杯に向けて、調子はピークに近づいていると読めた。

このように3戦、4戦と続けて着差を縮めてきた馬は、調子が上昇している証拠。買いの一手である。

そもそも各馬の近走と比較しても、ネロの評価が不当に低かったことがわかる。例えばネロと同じくキーンランドCを経由して京阪杯に駒を進めてきた⑤ヒルノデイバロー。

同馬は出遅れたとはいえ、キーンランドCは12着1・6秒。ペース（ハイ）を考えれば、前に行ったネロとの着差はさらに開く。今回、斤量差が1キロ詰まっているが、調子上昇を考えれば、ネロがヒルノに負ける確率は限りなく低い。

ところが、京阪杯のヒルノは4番人気と高い支持を集めているのに対して、ネロは9番人気。

スプリンターズSに出走したネロ以外の3頭と比較しても、勝ち馬から0・3秒差の⑨メラグラーナ、⑪フィドゥーシアとは0・4秒差、ネロと同馬主の⑩セイウンコウセイとは0・2秒差。ほぼ互角の勝負をしている。狙ってきた今回のレースで、ネロがこれらの馬を逆転しても驚けない。

結果、逃げを打ったネロの勢いはゴールまで止まらず1着。2、3着には追い込んだ⑥ビップライブリー（6番人気）、⑭イッテツ（14番人気）が入り、3連単167馬券の主役となったのである。

不当な人気落ち馬を「着差」で見抜く

２０１７年12月17日阪神最終R妙見山特別（１０００万下、ダート１４００m）に出走した⑦ラバニーユ（4番人気1着）は、休み明け4戦目で結果を出した。

阪神第12R　⑦―⑬②⑩①　69―68―66―66―▽65

休養明けここ二戦不得手左も好内容、全4勝得意右で追える川田キメ手鋭い⑦で不動！（ネット競馬1400m良）

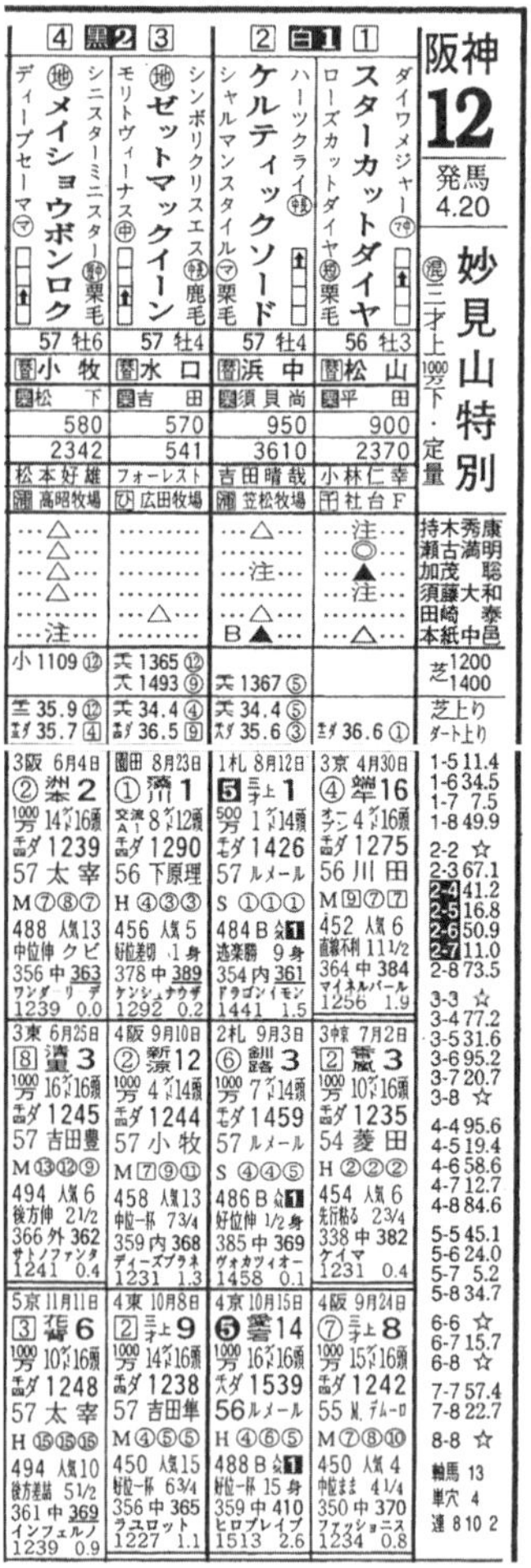

阪神12 発馬4.20 妙見山特別 混 三才上 1000万下・定量	白1 ①	白1 ②	黒2 ③	黒2 ④
父	ダイワメジャー	ハーツクライ	シンボリクリスエス	シニスターミニスター
馬名	スタートカットダイヤ	ケルティックソード	ゼットマックイーン	メイショウボンロク
母	ローズカットダイヤ	シャルマンスタイル	モリトヴィーナス	ディープセーマ
毛色	栗毛	栗毛	鹿毛	栗毛
斤量	56 牡3	57 牡4	57 牡4	57 牡6
騎手	松山	浜中	水口	小牧
調教師	平田	須貝尚	吉田	松下
	900	950	570	580
	2370	3610	541	2342
馬主	小林仁幸	吉田晴哉	フォーレスト	松本好雄
生産	社台F	笠松牧場	広田牧場	高昭牧場
持木秀康	注	△		△
瀬古満明	◎			△
加茂聡	▲	注		△
須藤大和	注			△
田崎泰		△	△	
本紙中邑	△	B▲		注
芝1200/1400		1367⑤	1365⑫ 1493⑨	小1109⑫
芝上り/ダート上り	ダ36.6①	34.4⑤ ダ35.6③	34.4④ ダ36.5⑨	35.9⑫ ダ35.7④
前走	3京 4月30日 ④ 16 オープン 4 16頭 ダ1275 56 川田 M⑨⑦⑦ 452 人気6 直線不利 11 1/2 364 中 384 マイネルバール 1256 1.9	1札 8月12日 5 三才上 1 500万 1 14頭 ダ1426 57 ルメール S ①①① 484 B 1 逃楽勝 9身 354 内 361 ドラゴンイモン 1441 1.5	園田 8月23日 ① 1 交流A1 8 12頭 ダ1290 56 下原理 H ④③③ 456 人気5 好位差切 1身 378 中 389 ケンシュナウザ 1292 0.2	3阪 6月4日 ② 2 1000万 14 16頭 ダ1239 57 太宰 M⑦⑧⑦ 488 人気13 中位伸 クビ 356 中 363 ワンダーリーデ 1239 0.0
2走前	3中京 7月2日 ② 3 1000万 10 16頭 ダ1235 54 菱田 H ②②② 454 人気6 先行粘る 2 3/4 338 中 382 ケイマ 1231 0.4	2札 9月3日 ⑥ 釧路 3 1000万 7 14頭 ダ1459 57 ルメール S ④④⑤ 486 B 1 好位伸 1/2身 385 中 369 ヴォカツィオー 1458 0.1	4阪 9月10日 ② 12 1000万 4 14頭 ダ1244 57 小牧 M⑦⑨⑪ 458 人気13 中位一杯 7 3/4 359 内 368 ディーズプラネ 1231 1.3	3東 6月25日 ⑧ 3 1000万 16 16頭 ダ1245 57 吉田豊 M⑬⑫⑨ 494 人気6 後方伸 2 1/2 366 外 362 サトノファンタ 1241 0.4
3走前	4阪 9月24日 ⑦ 三才上 8 1000万 15 16頭 ダ1242 55 M.デムーロ M⑦⑧⑩ 450 人気4 中位まま 4 1/4 350 中 370 ファッショニス 1234 0.8	4京 10月15日 ⑤ 14 1000万 16 16頭 ダ1539 56 ルメール H ④⑥⑤ 488 B 1 好位一杯 15身 359 中 410 ヒロブレイブ 1513 2.6	4東 10月8日 ② 三才上 9 1000万 14 16頭 ダ1238 57 吉田隼 M④⑤⑤ 450 人気15 好位一杯 6 3/4 356 中 365 ラユロット 1227 1.1	5京 11月11日 ③ 6 1000万 10 16頭 ダ1248 57 太宰 H ⑮⑮⑮ 494 人気10 後方差詰 5 1/2 361 中 369 インフェルノ 1239 0.9

枠連	オッズ
1-5	11.4
1-6	34.5
1-7	7.5
1-8	49.9
2-2	☆
2-3	67.1
2-4	41.2
2-5	16.8
2-6	50.9
2-7	11.0
2-8	73.5
3-3	☆
3-4	77.2
3-5	31.6
3-6	95.2
3-7	20.7
3-8	☆
4-4	95.6
4-5	19.4
4-6	58.6
4-7	12.7
4-8	84.6
5-5	45.1
5-6	24.0
5-7	5.2
5-8	34.7
6-6	☆
6-7	15.7
6-8	☆
7-7	57.4
7-8	22.7
8-8	☆

軸馬 13　単穴 4　連 8 10 2

（優馬）

2017年12月17日阪神12R 妙見山特別（3歳上1000万下、ダート

	16	15	14	13	12	11	10	9	8	7	6	5
枠	桃8	桃8	橙7	橙7	緑6	緑6	黄5	黄5	青4	青4	赤3	赤3
父	スクリーンヒーロー(長)	ヴァーミリアン(中)	アグネスデジタル(マ中)	キンシャサノキセキ(マ)	バンブーエール(短)	ハーツクライ(中長)	カジノドライヴ(中)	ハーツクライ(中長)	ファルブラヴ(中)	クロフネ(マ中)	ブライアンズタイム(万)	キングカメハメハ(短中)
馬名	ミススター	ベルクリア	ミトノゴールド	クラシコ	ダンツゴウユウ	ハーツジュニア	ヴェンジェンス	タマモユウトウセイ	エメラルエナジー	(地)ラバニーユ	アバンサル	ロードヴォルケーノ
母	フィールザミリオン(短)	プレシャスライフ(マ)	ホシノキンカ(短)	カリズマティックゴールド(中)	チョウカイクリス(短)	エリーナ(短)	スペシャルクイン(短)	ヒトリムスメ(中)	セトウチソーラー(マ)	スパンゴールド(中)	キシャリ(マ)	ジャズキャット(中)
毛色	鹿毛	芦毛	栗毛	鹿毛	栗毛	鹿毛	栗毛	栗毛	栗毛	芦毛	栗毛	鹿毛
斤量・性齢	57 牡4	55 牝4	57 牡5	57 牡5	56 牡3	57 牡5	57 牡4	57 牡6	57 牡5	55 牝5	57 騸6	57 牡6
騎手	替四位	替和田	替高倉	替ルメール	酒井	替川島	幸	替池添	替松田	替川田	替国分恭	替岩田康
調教師	加藤敬	吉田	湯窪	堀	谷	岩元	大根田	五十嵐	相沢	森田	中村	笹田
賞金	750	750	950	950	900	700	700	950	950	535	700	750
総賞金	3255	4000	4640	5682	1455	2955	3080	3635	2874	2960	3572	5369
馬主	永井啓弐	水上行雄	ロイヤルパーク	林正道	山元哲二	田畑利彦	宮川純造	タマモ(株)	高橋勉	前田幸治	ノースヒルズ	ロードHC
生産者	山際CS	笠松牧場	千代田牧場	ノーザンF	バンブー牧場	浦河日成牧場	富田牧場	新冠伊藤牧場	金成吉田牧場	土居忠吉	石田牧場	ケイアイF
予想1	…	…	…	○	…	△	▲	◎	…	△	…	…
予想2	△	…	…	○	注	…	▲	△	△	…	…	…
予想3	…	△	…	○	…	△	◎	…	…	…	△	…
予想4	…	…	△	○	◎	…	▲	△	…	△	…	…
予想5	△	…	…	○	…	…	▲	…	◎	注	…	△
予想6	…	…	B	◎東	…	△	○	B△	B△東	△	…	…
持ち時計	小1086① 京1231③	京1216⑩	函1112③ 京1321⑭	⑧ 東⑦	⑯	京1092⑦ 京1347⑧				小 ⑫ 2⑧	2052⑧	1371④ 1497⑥
上がり	34.0② ダ36.5①	35.4⑩ ダ36.7③	36.0⑥ ダ35.6①	⑦ ②	⑯ ①	34.6⑦ ダ36.1③	ダ36.6②	ダ36.6①	ダ36.6④	2② 1②	35.6⑧ ダ35.6⑪	34.6④ ダ35.5③
前走3	3京 4月30日 ④高瀬川11 1600万 15ゲ16頭 ダ1252 57幸 M⑪⑩⑨ 458 人気5 中位一杯 4 1/2 364中366 イーデンホール 1244 0.8	3中京 7月1日 ①知多10 1000万 9ゲ14頭 1216 55荻野極 M③③③ 460 人気7 好位一杯 5 3/4 346中354 クライムメジャ 1206 1.0	3阪 6月4日 ②洲本14 1000万 1ゲ16頭 ダ1256 57国分優 M⑩⑬⑫ 490B 人気11 後方まま 10 1/4 360外375 ワンダーリーデ 1239 1.7	2福 7月23日 ⑧摺上2 1000万 13ゲ15頭 ダ1461 57内田博 S②①① 510 人気1 先行粘る 1 1/4 369中376 エイシンビジョ 1459 0.2	4阪 9月23日 ⑥三才上5 500万 11ゲ16頭 ダ1247 55酒井 M⑧⑦⑦ 468 人気15 中位差詰 3 1/2 361中366 ドライヴナイト 1241 0.6	4京 10月15日 ⑤三才上5 500万 8ゲ13頭 ダ1252 57太宰 H①①① 504 人気3 逃一息 1 3/4 342内387 トウカイシュテ 1249 0.3	2小 9月2日 ⑪三才上1 500万 13ゲ16頭 ダ1461 57幸 M③②① 490 人気1 先行抜出 3 1/2 365中377 アドマイヤウイ 1467 0.6	2阪 4月9日 ⑥天王14 1000万 14ゲ16頭 ダ1239 55池添 M③③④ 484B 人気2 好位一杯 8 1/2 348中376 タイセイエクレ 1225 1.4	2東 5月20日 ⑨四才上1 500万 6ゲ16頭 ダ1250 54野中 H④④③ 496B 人気4 好位差切 1/2身 349中377 アオイサンシャ 1251 0.1	4阪 9月24日 ⑦三才上7 1000万 14ゲ16頭 ダ1241 55岩田康 M⑫⑬⑮ 432 人気9 後方差詰 3 3/4 355外364 ファッショニス 1234 0.7	1阪 3月19日 ⑧四才上8 1000万 9ゲ16頭 ダ1248 57国分恭 M⑪⑪⑪ 508 人気6 後方差詰 5身 364中363 ソーディヴァイ 1239 0.9	3中京 7月23日 ⑧尾頭橋 1000万 5ゲ15頭 ダ除外 57福永 472 キ甲部挫創のため エルフィンコー 1113
前走2	2札 9月3日 ⑥釧路14 1000万 13ゲ14頭 ダ1493 57池添 S⑧⑪⑪ 458 人気7 中位一杯 大差 390中399 ヴォカツィオー 1458 3.5	4阪 9月24日 ⑦三才上11 1000万 11ゲ16頭 ダ1243 55松若 M⑨⑧⑦ 466 人気7 中位一杯 5身 350外372 ファッショニス 1234 0.9	5京 11月11日 ③花背11 1000万 2ゲ16頭 ダ1255 57国分優 H⑬⑬⑫ 492B 人気14 後方差詰 9 3/4 357内378 インフェルノ 1239 1.6	4中 9月23日 ⑥茨城新聞2 1000万 14ゲ16頭 ダ1518 57内田博 M④④④ 516 人気2 好位伸 1 1/4 371中387 プレスアロット 1516 0.2	4京 10月9日 ③三才上1 500万 11ゲ15頭 ダ1245 55酒井 M⑩⑨⑨ 466 人気9 G前差す クビ 358中364 スマートダンデ 1245 0.0	5京 11月3日 ①三才上1 500万 16ゲ16頭 ダ1249 57太宰 M①①② 502 人気3 逃切る 1 1/4 351内372 サンキュー 1251 0.2	4阪 9月24日 ⑦三才上2 1000万 6ゲ16頭 ダ1235 57幸 M⑤⑥⑤ 482 人気3 好位伸 3/4身 348中366 ファッショニス 1234 0.1	3阪 6月4日 ②洲本13 1000万 10ゲ16頭 ダ1254 57藤岡佑 M⑤⑥⑫ 484B 人気5 好位一杯 9 1/2 354中378 ワンダーリーデ 1239 1.5	3東 6月11日 ④小金井4 1000万 14ゲ16頭 ダ1249 57吉田豊 M⑧⑦⑦ 498B 人気16 中位差詰 2身 362中366 ダノンフェイス 1246 0.3	4東 10月14日 4三才上2 1000万 11ゲ14頭 ダ1230 55田辺 S⑭⑭⑭ 434 人気5 直線一気 アタマ 370外341 リンガスウーノ 1230 0.0	3中京 7月2日 ②豊明13 1000万 9ゲ16頭 ダ1248 57鮫島良 H⑪⑪⑪ 494 人気15 中位一杯 10 1/4 352中381 ケイマ 1231 1.7	4京 10月14日 ④三才上7 1000万 6ゲ11頭 ダ1246 57浜中 M⑩⑪⑪ 478 人気7 後方差詰 3 1/2 361中366 ドライヴナイト 1241 0.5
前走	4中京 12月3日 ②鳴海13 1000万 4ゲ16頭 ダ1122 57吉田隼 M⑥⑧⑨ 462 人気8 中位一杯 7 1/4 355中367 コパノマイケル 1110 1.2	4東 10月29日 9河口湖10 牝馬1000 14ゲ16頭 ダ1250 55田辺 H⑭⑬⑭ 458 人気7 後方差詰 7 1/4 360外373 メリートーン 1238 1.2	5京 11月19日 ❻三才上16 1000万 13ゲ16頭 ダ1536 57幸 S⑮⑪⑪ 490B 人気15 追上一杯 14身 383外384 シロニイ 1514 2.2	5東 11月26日 ⑧シャング2 1000万 8ゲ16頭 ダ1245 57ムーア S④④④ 516 人気2 好位伸 1 1/4 364内358 タイセイエクレ 1243 0.2	4京 10月28日 ❽三才上10 1000万 9ゲ16頭 ダ1251 55酒井 M⑮⑭⑮ 466 人気9 後方直大 6 1/4 364中368 オールボッシブ 1241 1.0	5阪 12月2日 ①三才上8 1000万 6ゲ16頭 ダ1247 57太宰 M⑨⑩⑧ 498 人気7 中位まま 10 1/2 353外376 アディラート 1229 1.8	4京 10月14日 ④三才上3 1000万 11ゲ11頭 ダ1243 57幸 M⑤④④ 488 人気1 好位粘る 1 1/4 354中369 ドライヴナイト 1241 0.2	6ヵ月余 放牧 乗込み6週間 仕上り○ 連対体重 480～492 3ヵ月以上休 ①②③外 2012	5東 11月11日 ③三才上8 1000万 14ゲ16頭 ダ1192 57吉田豊 S⑫⑬⑫ 518B 人気9 S後退 6身 368中367 スピーディクー 1182 1.0	5東 11月5日 ②三才上6 1000万 5ゲ16頭 ダ1250 55M.デムーロ S⑮⑮⑮ 434 人気1 後方差詰 3 1/4 377外353 ヤマトワイルド 1245 0.5	5阪 12月2日 ①三才上9 1000万 3ゲ16頭 ダ1248 57藤懸 M⑫⑫⑪ 510 人気15 後方差詰 11 1/4 356外374 アディラート 1229 1.9	5東 11月5日 ②三才上9 1000万 12ゲ16頭 ダ1256 57シュタルケ S⑨⑧⑧ 478 人気6 中位まま 6 3/4 368中365 ヤマトワイルド 1245 1.1

1着⑦ラバニーユ　（４番人気）

2着⑫ダンツゴウユウ　（12番人気）

3着⑬クラシコ　（１番人気）

単⑦ 1330円

複⑦ 270円　⑫ 1060円　⑬ 140円

馬連⑦－⑫ 39490円

馬単⑦→⑫ 77080円

３連複⑦⑫⑬ 27310円

３連単⑦→⑫→⑬ 292590円

スタッフに送った阪神12Rの予想とコメント）

　3ヵ月休んだ後のラバニーユの軌跡を辿ると、休み明け緒戦は阪神ダート、2、3戦目は東京ダートを使われている。いずれも距離は1400mで、着差着順は0・7秒差7着、アタマ差2着、0・5秒差6着と明らかに通用する成績を残している。

　特に前2走は最速の上がりをマークしており、決め手でも優っている。これだけでも狙える馬だが、私は前2走以上にパフォーマンスが上がると見て、不動の本命に推した。

　先述しているように、過去の戦績を見ると、左回りより右回りを得意としている馬だったからだ。中央で未勝利を勝てず、園田（右回り）に転出し3連勝。中央に戻ってきた後、京都で1勝している。つまり、全4勝が右回り。苦手の左回りでも、僅差の勝負をしての出走。ここは狙いすました1戦と読めた。

　ところが、単勝は13倍台。前走1番人気に祭り上げられたのに、逆に人気を落としていた。おそらく人気が落ちたのは、M・デムーロ騎手から川田騎手に乗り替わったためだろう。また、阪神ダートは2回走って馬券圏内なしが嫌われたのもあるだろう。

　しかし、この2つのファクター。割引材料ではない。川田騎手は追えるジョッキー。むしろ、この手替わりはプラスに働く可能性が高い。M・デムーロ騎手はこの日、中山に遠征しているために乗れないだけで、この馬を捨てたわけでもない。

コース実績も、過去の戦績を吟味してみれば、決して阪神コースが不得意なわけではないことがわかる。

２回走ったうち、１回は休み明けで少し重かった。それでも０・７秒差だ。もう１回は、５００万下当時で４着。着差は０・２秒と接戦を演じている。コース実績のデータ欄を見ただけでは、着差はわからない。短絡に阪神ダートでは馬券になっていないので苦手、と考えると判断を誤るのだ。

18年1月6日中山9R招福S（1600万下、ダート1800m）で⑥ロードシャリオ（7番人気2着）を推奨したのも、ひとつには叩き3走目で勝負気配を感じたからだ。

中山第９R⑥―④⑫⑮③⑤②　70―69―68―67―67―66―65
上位前走北総S、最内もスロー割っての実走先着▽人気④、全勝得意コース叩き三走目、力発揮⑥で不動！（ネット競馬スタッフに送った中山９Rの予想とコメント）

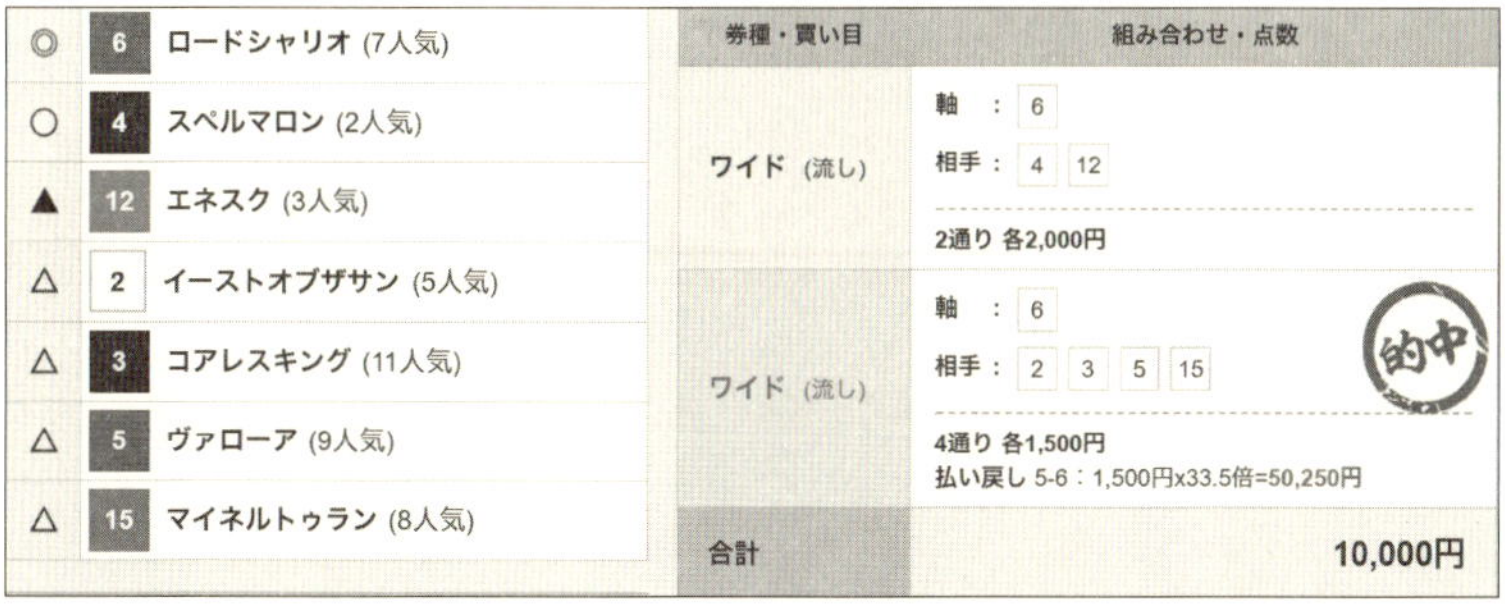

◎ 6 ロードシャリオ (7人気)
○ 4 スペルマロン (2人気)
▲ 12 エネスク (3人気)
△ 2 イーストオブザサン (5人気)
△ 3 コアレスキング (11人気)
△ 5 ヴァローア (9人気)
△ 15 マイネルトゥラン (8人気)
券種・買い目
組み合わせ・点数
ワイド (流し)
軸 : 6
相手 : 4 12
2通り 各2,000円
ワイド (流し)
軸 : 6
相手 : 2 3 5 15
4通り 各1,500円
払い戻し 5-6 : 1,500円x33.5倍=50,250円
的中
合計
10,000円

ワイド⑤―⑥ 33.5倍を1500円的中！　ネット競馬での中山９Rの的中画像。

招福Ｓ（1600万下、ダート1800m良）

中山 9 発馬 2.25

招福ステークス （混）四才上 1600万下・定量

枠番	6	5	5	4	4	3	3	2	2	1	1
馬番	11	10	9	8	7	6	5	4	3	2	1
父	ステイゴールド(輸)	ゼンノロブロイ(輸)	ヴァーミリアン(中)	ゴールドアリュール(中)	エンパイアメーカー(中)	キンシャサノキセキ(マ)	エンパイアメーカー(中)	ロージズインメイ(中)	キングカメハメハ(静)	キングカメハメハ(静)	フジキセキ(7中)
馬名	ベルウッドテラス	アカノジュウハチ	(地)パルトネルラーフ	スマートボムシェル	パワーポケット	ロードシャリオ	ヴァローア	スペルマロン	コアレスキング	イーストオブザサン	メガオパールカフェ
母	リリーボンド(マ)	ルビア(マ)	サクセスウイッチ(中)	ファニーストーリー(短)	タカラグリーン(中)	レディカーニバル(中)	ボーントゥブーギー(マ)	チャンピオンダイヤ(マ)	コアレスサンデー(マ)	タックスシェルター(マ)	カフェピノコ(短)
毛色	鹿毛	芦毛	鹿毛	栗毛	黒鹿	鹿毛	鹿毛	栗毛	鹿毛	黒鹿	栗毛
斤量・性齢	57 騸8	57 牡7	57 牡5	57 牡6	57 牡6	57 牡6	55 牝6	56 騸4	57 牡8	57 牡5	57 牡7
騎手	替柴田善	替勝浦	替戸崎圭	川田	替柴山雄	替三浦	替福永	替岩田康	替吉田隼	替内田博	田中勝
調教師	北二ノ宮	南尾関	北高木	栗東吉田	北二ノ宮	北高柳瑞	栗東奥村豊	南古賀史	北尾形充	栗東浅見	北小島太
賞金	1550	1550	1340	1350	1200	1550	1300	1500	1300	1350	1350
総賞金	5943	5020	3232	6118	5784	4915	3435	3790	6932	7000	7705
馬主	鈴木照雄	(株)岩切企画	ディアレストC	大川徹	柳原達也	ロードHC	ターフS	西森鶴	小林昌志	三田昌宏	西川光一
生産者	日 オリオンF	平 坂東牧場	日 浜本牧場	千 社台F	浦 ダイヤモンドF	ひ ケイアイF	浦 谷川牧場	浦 日優牧場	平 コアレスS	千 社台F	日 ヤナガワ牧場

予想	11	10	9	8	7	6	5	4	3	2	1
佐藤直文			◎					▲	△	注	
小野智美			▲	○				◎		注	
久光匡治			▲					◎		注	
西田美佐子			▲	△		△		注	△	○	
伊利和恭			▲	◎		△	△	△		注	
本紙武井			◎	注 西			西	△	△	▲ 西	

	11	10	9	8	7	6	5	4	3	2	1
芝1600／1800	二千 2025⑤ 東 1492②	二千 2019⑨ 中 1505⑭	阪 1406⑱			2 [illegible]⑦ 札 [illegible]⑪	3	新 1516⑫	新 1373⑯ 千四 1238⑥	二千 2041⑪	二千 2061⑤ 二二 2181⑦
芝上り／ダート上り	千八 34.0② 千八ダ 35.1❽	二千 33.5③ 二一ダ 35.9①	千四 39.0⑱ 千八ダ 36.4❹	千八ダ 36.0❸	千八ダ 36.1⑥	[illegible]⑤ 千八ダ [illegible]①	千八ダ [illegible]②	千八 34.9⑫ 千八ダ 36.9⑩	千四 34.9⑥ 千八ダ 35.4⑦	二千 34.8⑪ 千八ダ 36.4❷	千四 35.8⑧ 千四ダ 35.9⑨

近走	11	10	9	8	7	6	5	4	3	2	1
3走前	2東 5月28日 ⑫ 薫風 11 1600万 1ダ16頭 千六ダ 1371 57 柴山雄 S ⑫⑩⑪ 512 人気14 出遅る 7 3/4 364 内 363 ラインシュナイ 1358 1.3	2東 16年5月 ⑩ 丹沢 14 1600万 11ダ16頭 二一ダ 2127 57 田中勝 S ⑭⑭⑮ 506 人気8 後方まま 13身 394 外 372 エルマンボ 2106 2.1	4中 9月9日 ① 鋸山 1 1000万 10ダ13頭 千八ダ 1522 57 大野 S ⑦⑦⑦ 502 人気7 中位差切 クビ 380 中 369 ブレスアロット 1522 0.0	3中京 7月1日 ❶ 白川郷S 3 1600万 1ダ16頭 千八ダ 1514 53 川田 S ⑤⑤④ 504 人気6 好位伸 3 3/4 380 内 360 アドマイヤロケ 1508 0.6	5中 16年12月 ⑤ 仲冬 6 1600万 11ダ15頭 千八ダ 1534 57 田中勝 S ⑧④③ 546 人気8 好位一息 4 1/2 388 外 379 リーゼントロッ 1526 0.8	3中 4月15日 ⑦ 下総 12 1600万 10ダ16頭 千八ダ 1536 57 田辺 M ⑬⑨⑨ 468 人気2 出遅る 6 3/4 384 中 378 エネスク 1525 1.1	4京 10月7日 ❶ 平城 7 1600万 5ダ16頭 千八ダ 1494 55 藤懸 S ⑬⑪⑫ 462 人気8 出遅る 3 1/4 379 外 359 タガノヴェリテ 1489 0.5	2新 7月30日 ② 三才上 1 500万 14ダ15頭 千八ダ 1536 54 岩田康 M ③②③ 488 人気4 先行抜出 1 1/2 363 内 388 タイセイストー 1538 0.2	4東 10月28日 ⑧ 神無 8 1600万 4ダ14頭 千四ダ 1246 57 三浦 S ④⑤⑤ 544 人気11 好位一杯 3身 363 中 364 コロマンデル 1241 0.5	4東 10月15日 ❺ 赤富 10 1600万 10ダ16頭 二一ダ 2090 55 丹内 H ⑥⑨⑪ 470 人気4 中位まま 3 1/4 371 中 377 モンドアルジェ 2085 0.5	4東 10月21日 ❻ 秋嶺 2 1600万 2ダ16頭 千六ダ 1357 52 蛯名 H ⑫⑩⑦ 544 人気15 中位伸 3身 352 外 377 クインズサター 1352 0.5
2走前	3中京 7月1日 ❶ 白川郷S 15 1600万 14ダ16頭 千八ダ 1547 54 秋山 S ⑫⑪⑬ 514 人気10 後方まま 大差 386 外 388 アドマイヤロケ 1508 3.9	1中 17年1月 ① 招福 13 1600万 12ダ13頭 千八ダ 1568 57 田中勝 M ⑪⑪⑪ 512 人気13 後方まま 大差 395 内 409 コスモカナディ 1537 3.1	4中 10月1日 ⑨ 内房 1600万 9ダ15頭 千八ダ 取消 55 大野 左前肢 フレグモーネ ケンベストカフ 1524	5京 11月12日 ④ 観月 7 1600万 12ダ12頭 千八ダ 1517 57 川田 H ⑧⑧⑧ 506 人気6 中位まま 6 1/4 380 中 377 ラインルーフ 1507 1.0	1中 17年1月 ⑦ アレキサ 16 1600万 11ダ16頭 千八ダ 1568 56 田中勝 M ⑪⑩⑫ 546 人気6 中位一杯 大差 386 外 420 ディアドムス 1531 3.7	4東 10月15日 ❺ 赤富 8 1600万 1ダ16頭 二一ダ 2090 55 北村宏 H ⑪⑫⑯ 484 人気13 内々回る 3 1/4 376 内 374 モンドアルジェ 2085 0.5	5京 11月12日 ④ 観月 8 1600万 7ダ12頭 千八ダ 1519 55 藤懸 H ⑪⑪⑪ 466 人気5 外々回る 7 1/2 385 外 373 ラインルーフ 1507 1.2	2新 8月26日 ❾ 瀬波 1 1000万 1ダ15頭 千八ダ 1523 54 岩田康 S ①①② 490 人気2 逃切る 1 1/2 372 内 382 バイタルフォー 1525 0.2	5東 11月19日 ⑥ 錦秋 7 1600万 4ダ16頭 千六ダ 1369 57 三浦 H ⑦⑧⑦ 538 人気13 中位まま 3 1/4 357 内 369 オールマンリバ 1363 0.6	4京 10月29日 ❾ 御陵 2 1600万 8ダ16頭 千八ダ 1505 55 川須 H ⑨⑧⑥ 476 人気6 中位伸 2 1/2 368 中 384 マイネルバサラ 1501 0.4	5東 11月19日 ⑥ 錦秋 14 1600万 13ダ16頭 千六ダ 1392 57 蛯名 H ⑩⑧⑩ 548 人気10 中位一杯 17身 360 中 390 オールマンリバ 1363 2.9
前走	6ヵ月余 去勢放牧 乗込み4週間 仕上り△ 連対体重 478〜506 3ヵ月以上休 ①②③外 1 1 2 6	5中 12月16日 ⑤ 仲冬 13 1600万 6ダ13頭 千八ダ 1567 57 田中勝 S ⑬⑬⑫ 514 人気13 後方まま 15 1/2 396 内 397 スピーディクー 1540 2.7	5中 12月16日 ⑤ 仲冬 4 1600万 3ダ13頭 千八ダ 1543 57 大野 S ⑨⑩⑩ 502 人気6 中位差詰 1 1/2 388 外 377 スピーディクー 1540 0.3	5阪 12月10日 ④ 堺 4 1600万 3ダ11頭 千八ダ 1533 57 川田 S ④③③ 504 人気4 好位一息 1 3/4 384 中 368 アドマイヤラン 1530 0.3	11ヵ月半 ゲート再審 乗込み5週間 仕上り△ 連対体重 504〜536 3ヵ月以上休 ①②③外 0 1 0 2	5中 12月2日 ① 北総 8 1600万 5ダ16頭 千八ダ 1538 55 内田博 M ⑯⑯⑬ 488 人気7 出遅る 3 1/4 405 内 372 ブレスアロット 1533 0.5	5阪 12月23日 ⑦ 摩耶 15 1600万 10ダ16頭 千八ダ 1541 52 藤懸 S ⑬⑬⑭ 466 人気6 後方まま 8 1/2 391 中 362 ユラノト 1527 1.4	5中 12月2日 ① 北総 7 1600万 8ダ16頭 千八ダ 1537 54 大野 M ②②③ 504 人気8 先行一息 2 3/4 381 中 385 ブレスアロット 1533 0.4	5中 12月16日 ⑤ 仲冬 8 1600万 11ダ13頭 千八ダ 1546 57 三浦 S ⑪⑫⑫ 550 人気11 後方差詰 3 1/2 392 外 378 スピーディクー 1540 0.6	5京 11月25日 ⑦ 花園 5 1600万 3ダ10頭 千八ダ 1591 57 M.デムーロ S ⑦⑦⑧ 476 人気1 中位伸も 1 1/2 383 中 367 ヒロブレイブ 1589 0.2	5中 12月2日 ① 北総 11 1600万 15ダ16頭 千八ダ 1551 53 田中勝 M ⑨⑨⑪ 542 人気13 中位一杯 11身 388 中 391 ブレスアロット 1533 1.8

枠連	オッズ
1-5	10.0
1-6	10.6
1-7	43.3
1-8	21.4
2-2	☆
2-3	56.8
2-4	28.9
2-5	10.5
2-6	11.1
2-7	45.4
2-8	22.5
3-3	☆
3-4	97.5
3-5	35.6
3-6	37.7
3-7	☆
3-8	76.0
4-4	☆
4-5	18.1
4-6	19.2
4-7	78.0
4-8	38.7
5-5	☆
5-6	7.0
5-7	28.5
5-8	14.1
6-6	☆
6-7	30.1
6-8	14.9
7-7	☆
7-8	60.7
8-8	☆

軸馬 9　単穴 8　連 4 12 2

1着⑭サクラルコール　（10番人気）

2着⑥ロードシャリオ　（7番人気）

3着⑤ヴァローア　（9番人気）

単⑭ 3530円

複⑭ 790円　⑥ 400円　⑤ 720円

馬連⑥ー⑭ 20670円

馬単⑭→⑥ 47690円

３連複⑤⑥⑭ 104000円

３連単⑭→⑥→⑤ 779590円

実走着差理論でも、前走の北総S組が上位。そのレースで8着も、出遅れながら、スローを上がり最速で差してきて0・5秒差。それだけでも十分通用すると判断できるが、さらに後押ししたのはローテーション。

叩き3戦目で全4勝を挙げている中山ダート1800mに出走、明らかに狙ってきており勝負気配濃厚。ここで走らなくてどうする！　というローテである。差しが届かなかったが、2着は確保。

後ろから行く馬だけに馬券はワイド勝負で、3着に△9番人気⑤ヴァローアが入り、3000円台のワイドをゲット。大幅プラスを計上した。

ちなみにヴァローアは叩き4戦目。休み明けの3走前、7着も出遅れて0・5秒差、大外を回しての僅差で着順以上に強い内容だった。今走は関東遠征で福永騎手が騎乗。こちらも勝負気配が漂っていた。

2018年１月６日中山９Ｒ

16 桃8	15	14 橙7	13	12 緑
ストーミングホーム	ロージズインメイ	サクラプレジデント	ネオユニヴァース	ベーカバド
ブライトンロック	マイネルトゥラン	サクラルコール	ロードフォワード	エネスク
クイーンオブナプレス	マイネカレッシュ	サクラセレーネ	サッカーマム	エルフィン
黒鹿	黒鹿	栃栗	青鹿	鹿毛
56 牡4	57 牡5	57 牡7	57 牡7	57 牡5
蛯名	石橋脩	北村宏	横山典	柴田大
田中清	武市	田島俊	岩戸	和田雄
1500	1200	1550	1350	1200
3730	5674	5010	7993	7894
坂巻勝彦	ラフィアン	さくらC	ロードHC	桐谷茂
ノーザンファーム	ビッグレッドF	高橋修	ケイアイF	須崎牧場
…△…	………	………	…△…	…○…
…△…	………	…△…	…△…	…△…
…△…	…△…	…△…	…△…	…○…
…△…	………	………	………	…◎…
………	…△…	…△…	………	…○…
…△…	B……	…△…	…△…	…○…
中 1354 ⑪ 千八 1236 ①	福 1514 ⑨	1	京 1362 ⑧ 京 1481 ⑫	
千八 34.3 ① 千八ダ 35.1 ❻	千八 37.4 ⑨ 二ダ 35.9 ①	千八ダ 34[illegible] ❶	千八 33.8 ⑧ 千八ダ 35.7 ⑩	二ダ 37.0 ⑥
2新 8月6日 ④ レパード 4 GⅢ 11ダ15頭 千八ダ 1533 56 田中勝 M ⑬⑫⑫ 452 人気13 後方追上 2 1/4 379 中 376 ローズプリンス 1529 0.4	5東 11月5日 ② 晩秋 9 1600万 3ダ12頭 二ダ 2121 57 柴田大 H ④④④ 514 B 人気8 好位一杯 11身 373 内 398 メイプルブラザ 2101 2.0	2新 8月26日 ⑨ 瀬波 4 1000万 6ダ15頭 千八ダ 1534 57 横山典 S ⑧⑦⑦ 490 人気7 中位差詰 7身 379 内 386 スペルマロン 1523 1.1	4東 10月21日 ❻ 秋嶺 9 1600万 12ダ16頭 千八ダ 1369 53 三浦 H ⑪⑬⑬ 452 人気9 直線差詰 10 3/4 353 外 382 クインズサター 1352 1.7	4東 10月21日 ❻ 秋嶺 5 1600万 14ダ16頭 千八ダ 1361 57 田辺 H ⑦⑦⑦ 510 人気5 中位差詰 5 3/4 342 中 382 クインズサター 1352 0.9
4東 10月7日 ❶ 西湖 5 1000万 14ダ16頭 千八ダ 1361 55 蛯名 S ⑦⑦⑦ 448 人気3 一瞬鋭 1 1/2 365 外 351 サクラルコール 1359 0.2	5中 12月2日 ① 北総 10 1600万 9ダ16頭 千八ダ 1545 56 津村 M ⑤⑤⑤ 516 B 人気9 好位一杯 7 1/2 383 内 390 プレスアロット 1533 1.2	4東 10月7日 ❶ 西湖 1 1000万 15ダ16頭 千八ダ 1359 57 勝浦 S ⑩⑩⑩ 488 人気12 中位一気 ハナ 368 外 347 ジェイケイライ 1359 0.0	5中 12月2日 ① 北総 6 1600万 6ダ16頭 千八ダ 1537 53 吉田隼 M ⑨⑨⑨ 456 人気10 中位差詰 2 1/2 388 中 377 プレスアロット 1533 0.4	5中 12月2日 ① 北総 5 1600万 1ダ16頭 千八ダ 1536 57 柴田大 M ⑥⑥⑦ 514 人気6 中位差詰 2身 385 中 379 プレスアロット 1533 0.3
4京 10月28日 ❽ 三才上 1 1000万 12ダ16頭 千八ダ 1518 55 松田 M ⑫⑫⑧ 450 人気7 漸抜出 1 3/4 383 中 370 リアルプロジェ 1521 0.3	5中 12月16日 ⑤ 仲冬 5 1600万 5ダ13頭 千八ダ 1544 57 津村 S ③①① 516 B 人気10 3角先頭 2 1/4 384 中 386 スピーディクー 1540 0.4	5中 12月16日 ⑤ 仲冬 6 1600万 7ダ13頭 千八ダ 1545 57 勝浦 S ⑥⑦⑦ 498 人気9 中位差詰 2 3/4 387 外 382 スピーディクー 1540 0.5	5中 12月16日 ⑤ 仲冬 10 1600万 2ダ13頭 千八ダ 1547 57 吉田隼 S ⑨⑦⑦ 462 人気12 中位一杯 4身 386 中 383 スピーディクー 1540 0.7	5中 12月16日 ⑤ 仲冬 2 1600万 10ダ13頭 千八ダ 1541 57 柴田大 S ③②③ 516 人気5 好位伸 1/2身 381 中 382 スピーディクー 1540 0.1

（優馬）

馬柱から馬の調子をジャッジする術

そもそも　馬柱は3～4走単位でチェックすれば、調子の上げ下げがわかりやすく、狙える馬が浮かび上がってくる。

実走着差理論に立ち返って整理してみると、次のようになる。今回、好走する可能性の高い馬は次の理由から力を十分発揮できなかった馬たちだ。

①枠順に恵まれず、外々を回されるなど距離ロスが大きかった馬

②ペースに恵まれず、力を削がれた馬

この2点を踏まえて調子を上げている馬を考えると、枠順が不利になっているに関わらず、3走前、2走前より好走した、あるいは流れが2、3走前よりさらに向かなかったのに、差を詰めている……。

どちらかひとつでも当てはまっていれば、ちょっとした条件の好転で好走が望める。さらに、この2つの条件が重なっている馬がいたとしたら、これはもう激走必至。

ここで少しペース判断に触れておきたい。実走着差理論では、先述した通り、クラス別・距離別に統計処理し、ペースの遅速を数値化している。したがって専門紙のS（スロー）、M（ミドル）、H（ハイ）といった判定とは違い厳密だし、必ずしも専門紙とは一致しない。実際、専門紙のペース判断が間違っていることも多い。

かといって、諸君がペースを予想に取り入れる際に、私のような処理をしろというのは土台無理だ。専門紙の判定を利用していただくしかない。

ただ、鵜呑みにはせず、自分なりにチェックすることも大切だ。例えば、馬柱ではHと表記されていた。そのレースの先行勢のその後のレースを見てみると、みな凡走、逆に後ろに位置取っていた馬が好走していたのなら、そもそもHだったという見解が怪しくなる。

また先行馬が全滅、逆に前に行った馬しか馬券にならなかったなどという極端なレースであれば、ペースを推測しやすい。先行馬が全滅したということは、速いペースが原因だった可能性が高いし、先行馬が全部残ったというレースであれば、スローの可能性が高くなるというわけ。

例えば18年2月10日小倉12Rで私が本命を打ったマイネルネッツ（3着）の前走は、1～3着が追い込み馬によって占められたレース。5着馬も後方からの馬だった。

追い込む馬が上位を独占しているので、ペースが速かった可能性が高いが、多くの新聞がM（ミドル）ペースの判定だった。

対して私の見解は、「速いペースを果敢に逃げて0秒7差であれば前進が見込める。ハッキリとした同型がおらず、単騎逃げ濃厚で軸不動」。結果、マイネルは3着を確保し、ワイド4点買いで2点

的中（14・6倍、4・6倍）となった。

ペースによる負荷のかかり方は、前半3ハロン、後半3ハロンをチェックしても推測はつく。

例えば、絶対来る追い込み馬のパターン。

追い込み脚質のA馬の前半3ハロンのタイムが3走前36秒→2走前37秒→前走37・5秒だったとしよう。この場合、どんどんスローになっているのだから、追い込みのA馬には流れが厳しくなっているはずだ。

ところが、上がり3ハロンを見ると、3走前より2走前、2走前より前走が速くなっている。負荷が増しているのに、最後は伸びているとなると、これは明らかに調子が上がっている証拠。

さらにレースリプレイでチェックしたところ、前走は外を回って追い上げてきていたなどという馬がいたら、鉄板の軸馬になる。

逃げ・先行馬はこの逆だ。前半3ハロンのラップが速くなっているのに、後半の粘りは増している（後半3ハロンのラップも縮んでいる）となると、これまた高い確率で来る。

逃げ先行馬の場合、枠順の有利不利も大きい。例えば3走前は1番枠、2走前は5番枠、前走は15番枠といった具合に、枠が徐々に外のほうに寄ってきているのに前で粘っていれば、これはもう鬼に金棒。今走が内枠なら、馬券になる確率はなおハネ上がる。

調子が下降気味の馬はこの逆。追い込み馬なら、テンが速くなっているのに、上がりがどんどん遅くなっているといった馬は、たとえ着順が上位に食い込んでいても次は危ない。

位置取りとラップの関係からも調子は類推できる。例えば、追い込み馬の位置取りだ。追い込み馬がもし逃げられれば、楽勝できるはずである。しかし、逃げられないからこその追い込み馬だ。

差し追い込みのB馬がテンのラップが35秒の2走前、36秒の前走、どちらもほぼ同じ位置から追い込んできているとしよう。次に上がりを見てみると、2走前より前走が速く、しかも着差も詰めていた。こういう馬も狙える。

2走前はペースにも恵まれたので、もっと伸びてもよかったはずだが伸び切れなかった。前走はテンが遅くなって、流れも不向き。位置取りも2走前とほぼ同じなので、前を捕え切れるかどうか心配だったが、不利な流れをものともせず、2走前より走ったのだから、調子がグンと上がっているというわけだ。

危険な人気馬のアラカルト

人気馬でも切れるパターンを、最後にもうひとつ。

注意が必要なのは昇級馬の取り扱いである。例えば、未勝利を速い時計で勝ち上がってきた3歳馬が500万下に出走すると、下級条件でウロウロしている4歳以上の馬に比べて勢いがあると判断されるのか、人気になりやすい。

しかし、走破時計がいくらよくても、昇級馬を信用してはいけない。特に逃げや追い込みといった、極端な戦法で勝ち上がってきた馬は疑うべし。時計がいくらよくても、いともアッサリ飛ぶ可能性が高いからだ。

市民ランナーから日本代表に選ばれるほどの選手になった公務員ランナーの川口優輝選手と、町のマラソン大会で負けたことのない市民ランナーが一緒に走っても、レースにはならない。それと一緒で、クラスが上がるごとに〝クラスの壁〟がある。

もちろん、一気に突き破って上のクラスへとスピード出世する馬もいるが、見せかけだけのエリートもいるので注意したい。昇級馬の中には、実走着差理論で翻訳すると、実は「勝たずにクラスが上がってしまった馬」がいるからだ。

例えば、未勝利戦をもの凄い脚で追い込んで勝った馬。時計も速い。だが、レースを吟味してみると、ペースは超ハイ。インを突いて追い込んでいたというケースである。

ハイペースで飛ばした前が潰れて下がっただけで、追い込んだという表現自体がすでに適していない。しかも、インをピッタリ上がってきた。走った距離と展開に恵まれて、1着にしてもらったに過ぎない。

だが、ハイペースで引っ張られたために時計は速くなるので、人気を集めてしまう。これほど危険な人気馬はいない。

たとえ再び未勝利戦と同じようなラップでレースが進んでも、そもそも500万下のペースとしては普通。位置取りは未勝利戦より悪くなるし、先行馬もそう簡単にはバテない。結局、追い上げられず後方のままでレースが終わる。

逃げ馬も同様だ。未勝利戦をスローペースに持ち込んでまんまと逃げ切った馬は、上のクラスでは、まず通用しない。500万下のペースについていけず、逃げられない。内側の枠にダッシュ力が上回る馬がいれば、100%、単騎の逃げは望めない。

逃げや追い込みといった極端な戦法しか取れない馬は、他馬を怖がる臆病な馬が多い。だから、逃げられないとひとたまりもない。たとえハイペースの未勝利戦を勝ち上がった逃げ馬でも、外枠に入ってしまうと、内枠の速い馬にテンを奪われ惨敗してしまう。

逃げなくても、外の番手で気分よく先行して好走したというケースも同様。もまれ弱さを露呈して、凡走する危険性が高い。

ダートから芝替わりの例なので、適切といえるかどうかは微妙だが、先にトーホウアイレスの例で挙げた2017年12月17日、中山12Rの⑫スプリットステップが一例だ。

前走、休み明けのダート戦でいきなり500万下を先行して勝った。35秒とテンの速さも芝並みだったこともあって、ここも先行できると思われたのだろう。鞍上の戸崎騎手の人気もあって、単勝6倍台の4番人気に推された。

結果は案の定、前に行こうとしたが、思い通りの位置が取れず4着に終わった（私のコメントを読み返してほしいが、「デビューからダ路線の⑫は共通項なく？　だが、逃げタイプの昇級で好走疑問」としている）。

いくら時計が速くとも、逃げ・追い込みタイプの昇級戦は危険が一杯。連勝はないと考えたほうがいいだろう。

だが……「何が素質馬だ、良血馬だ。〝勝っていない馬〟なのだから、ここで通用するはずがないだろう。絶対絶対、1着はない！」と声を張り上げると……。

ぶっちぎりの楽勝。頭を割られた思い。生きていけないほどの絶望感に襲われる。そこが生き物の不可思議さというべきか……。

第4章

いかに効率よく
儲けるか――

予想家には
マネできない
投資馬券の極意

もうひとりの自分「気弱な傷病兵」との闘い

私と競馬の戦い、馬券の的中を目指す死闘は、もう半世紀近くに及ぶ。予想技術は曲がりなりにも進歩はあったが、馬券を買う技術は、さっぱり進化していないのではないか、と思うときが多い。

馬券買いにおいて一番の敵は、己自身である。我々は競馬で勝負をしているとき、ひとりではなく、もうひとり連れて戦っている。この連れがなかなかやっかいである。私はもうひとりの自分を「気弱な傷病兵」と称している。

少し負けが込んでくると、今までおとなしくしていた気弱な傷病兵が顔を覗かせる。こいつは気弱なくせに、競馬場という最前線の先頭に立って負け戦を挑もうとする。

勝負レースが外れてしまった。こんなときに、傷病兵が出てきて、買うつもりのなかった次のレースに手を出す。結果はあえなく返り討ち。余計にカーっとなって、これまた買う予定のなかった次のレースにもドンといく。

気がつけば、諭吉部隊は全滅。もうひとつの勝負レースだった最終Rを迎えたときには、もうタマが尽きている。指をくわえて観戦した最終Rは予想した買い目通りに決まり、肩を落として家路につく……。

諸君も、こんな経験をしたことがあるのではないか。人は皆、傷病兵を心の中に連れている。この心の中の葛藤が、勝負事では表面にもろに出てくるのだ。

気弱な傷病兵を封じ込めるには、**徹底した自分の管理が必要**だ。ルールを決め、それを頑なに守る。馬券買いもルーティンにし、そこから逸脱しないように、徹底的に自分を律する。いわゆる克己心が重要である。

言葉でいえば、非常に簡単だが、これが生半可なことではない。厳格にルールを決めていても、内なる傷病兵が出現し、決め事はあっけなく破られる。私のような弱い人間は、ひとたまりなく、やられてしまう。

例えば冷静さを失わないために、一時期、行なっていたのが、各勝負レースごとに資金を封筒に分けるという方法だ。

3R、8R、10Rが自信の勝負レースなら、封筒に各レース番号を書き、その中に3万円なら3万円の馬券代を入れて封をする。勝負レースの前に封を切って、馬券を買えば、うまくいくはずだった。

ところが、現実にはこれが守れない。例えば1回目の勝負である3Rが外れると、もういけない。ついつい4Rの馬柱を見てしまう。このレース、よく見ると簡単かも……よし勝負だ！　気がつけば、8Rの封筒の封を切り、券売機にカネを突っ込んでいる。

なぜ、こうなってしまうのか。私なりに総括すれば、失った自信を早く取り戻したいからではないか。

私は予想に自信のあるレースしか買わない。その分、やられると、理論が破綻しているのではないか、途端に不安がよぎる。

自分が今までやってきた予想は正しいと早く納得したいがために、次のレースに手を出してしまう。

それがまた自信の喪失につながり、最後は立ち上がれないくらいの敗北を味わう。

負けが込んでくると、投入金額がエスカレートしていく。これも多くの競馬ファンが体験している現象ではないだろうか。このベースにも、早くカネを取り戻したいといった焦燥感に加えて、失われた自分自身を買い戻したいという心理があるように思う。

「所持金をもとに戻したい」は、いい換えれば、「自分の自信をもとに戻したい」と同じ。自信を取り戻すには、負け金以上のカネが返ってこなければならない。だから、ドンといってしまうのだろう。

株をやったことがないので断言はできないが、株と馬券では、勝負をしているときの金銭感覚はまったく違うのではないか。

株は戦っている相手が茫洋として見えない。かたや馬券は、麻雀などとは違って、いったん主催者に賭け金を預けるので、直接対決ではないが、周囲のファンと戦っているという感覚がある。こちらの馬券がかすりもしないときに、後ろでは「獲ったあ」。あいつに負けたのだと思うと、カーっとくる。

自分が賭けた馬は自分の代理、自分自身の投影である。思いをかけた馬が負けるのだから、まぎれもなく自分自身の敗北。誰もこれで負けたとは思いたくない。だから自信を買い戻したくて、冷静さを失った打ち方をしてしまうのだ。

これはボクサーが一発パンチをもらって、カーっとくるのと一緒の感覚ではないか。

ヘビーな競馬ファンなら、競馬との闘いは死ぬまで続く。いちいちカーっとなっていては身がもたない。だから自分なりのルールを決め、その中に自分を閉じ込め、頑なにスタイルを変えないという戦い方が一番正しい、と考えている。

軸馬の定まらないレースは買うな！

私は中央の馬券は、必ず最寄りのＷＩＮＳに足を運んで買うようにしている。ネットでの投票は利用しない。

ネット投票なら手軽ではあるが、その手軽さの中に落とし穴がある。ネット投票の世界では、おカネはおカネではない。数字が増えたり、減ったりしているだけ。負けても痛みをあまり感じない。

しかも、クリックひとつで馬券が買えるため、いつの間にか、鬱病ならぬ打つ病にかかっている。そして気がつけば、残高がゼロに。

これでジ・エンドならまだいい。近くのコンビニのＡＴＭ機でタマをいくらでも補充できる。全面戦争勃発。戦い抜けるだけの戦略も、兵器もないのに、勝てるはずがない。これがネット投票の罠。

面倒でもわざわざ出かけて馬券を買ったほうがいい。わざわざ買いに行く価値のないレースなど打ってはいけない。

ＷＩＮＳでも、油断は禁物だ。その日の勝負レースの馬券を購入した後は、さっさと退散することに決めている。以前はＷＩＮＳに留まってレースを観戦していたが、今はすべてのレースが終わってから、結果を確かめている。

WINSからすぐに離れる理由はお察しの通り。いつ現れるかもしれない気弱な傷病兵に余計な馬券を買わせないためである。

1レースあたりにつぎ込むおカネも決めているし、成績もつけるようにしている。これも自分をしっかり管理するための対策だ。


私の予想を買っていただいた方ならご存知だろうが、私はその日一番の勝負レースを「**本日一番**」と表記し、略して「ホンイチ」と呼んでいる。

ホンイチにするレースは、軸の堅いレースである。

例えば、軸は少し怪しいが、相手3頭に絞れるレースAと、軸は堅いが相手は7頭に手を広げないと当たらないと思われるレースBがあったとしよう。

馬連を買うとすれば、Aはボックス買いでも6点、Bは本命から1軸流しでも7点。投資の効率からいうと、BよりもAがいい可能性がある。

しかし、私が迷わずホンイチにするのはB。軸がしっかりしていないのに、馬券を買うという思想は私にはないからだ。

私の実走着差理論では、例えば14頭立ての場合、各馬の近7走、全部で98個の馬柱を突き合わせて、着差を求めているのはすでに述べた通り。この98の馬柱をすべて比較して、どこをとっても最先着している馬がいるとすれば、理想の軸馬だ。

しかし、共通データがあって、全部を比較できるレースは1日2つあればいいほうなので、実際は次善策として、比較できた馬柱が最も多いレースをホンイチに選んでいる。その中で、大きな着差を見込めて、調子も上がっていると考えられる馬がホンイチの軸馬候補だ。

あとは相手を正しく捕えられれば、馬券は的中する。実際、ホンイチの的中率は、他の勝負レースより高い。

では、ホンイチにドカンといくのか。いや、それはやらないことに決めている。どんなに自信の予想であろうと、100%的中するわけではない。この先、予想の精度がいくら高まっても、的中確率が上がりはするが、外れるリスクが消えるわけではない。

100%的中する保証がないのに、思いっ切り勝負して外れるとどうなるか。

人間、何が起こるかわからない。乾坤一擲の大勝負などと意気込んで敗れると、人間性が変わってしまうことだってあり得るだろう。私のような弱いタイプはなおさら。そんな危険性を犯さないように、賭け金には強弱をつけないようにしている。

一攫千金を狙ってコロがし、一気に増やすという勝負のやり方もあるかもしれないが、たとえ一度うまくいっても、長い目で見れば破綻につながる道のような気がする。

戦いは、ずっと続くのだ。どんなに予想に自信があっても、実際には、どのレースで的中するのか、終わってみないとわからない。

淡々と賭けて、安定して利益を叩き出す。これが私の理想だ。

まあ、そうはいっても精神的な修養ができていない私は、うっかりすると、自分で決めたルールを破ってしまう。この本の企画のひとつとして、巻末に実戦記を載せることになり、10年ぶりに東京競馬場で馬券を打った。

その顛末は巻末の実戦記を読んでいただくとして、久しぶりにやってしまった。思い切り沈んだのだ……最終Rで、ありったけの額を突っ込んで。

実走着差理論は、先述した通り、その性格上計算が狂っている日は不的中が続くという傾向がある。3、4レースと外れた日は、最後に挽回するのは難しい。それがわかっていながら、無謀な勝負を挑みたくなるのだから、我ながら進歩がない。

私は、後ろからレースを予想するので、最も時間をかけて予想する最終Rがホンイチになることが多い。負けが込んできてホンイチ。余計に不要な力が入ってしまった。

天守閣もお堀にかかる橋も、すでに敵の軍勢によって放たれた火で炎上、陥落は一歩手前。それなのに、城門を自ら開き、討って出るような自爆勝負をついついやってしまう。これが弱い人間の性《さが》なのだろう。

おそらく諸君も、私と同様の過ちを犯したことがあるのではないか。負けを一気に取り戻そうとして、最終Rに手持ちのカネをオールイン。スッカラカンになって後悔するといったような……。

競馬は毎週続くのだから、日曜の最終だからといって無理をするな、来週の1Rだと思って馬券を買え——これは、昔からいわれ続けている、先人たちの教えだ。

裏を返せば、こんな教えがずっと残っているくらい、最終で負け分を全部取り戻し、一発大逆転を狙う競馬ファンが多いという証拠だろう。

確かに長い競馬人生では、1日の収支などたいしたことはないのに、人はなぜ、最終にぶち込んでしまうのか。この裏にも、一刻も早く自信を取り戻したいという焦りがあるのだ。それがゆえに来週まで待てず、傷を深くしてしまう。馬券で勝つには、負けを負けと認める強さも必要ということなのだろう。

結局、自分の弱さを認めるところから、勝ちへの一歩が始まるのではないか。

孫子曰く「敵を知り己を知れば百戦危うからず」。この兵法の極意に尽きる。

己を知り、己を律して戦う。実は敵を知り、予想精度を高めるより、こちらのほうがはるかに越えがたいハードル。この難題も、私の前に立ちはだかる大きな壁である。

追い込まれたカネでは勝利の女神は微笑まない

競馬は余裕のあるカネで打て！　これまた私が考える、勝負の絶対法則のひとつだ。追い込まれた状況で、なけなしのカネを入れて、大金をつくろうと狙ってもまず失敗する。

どんなに予想に自信がある人でも、切羽詰まった状況で、大金を賭けるとなると、平常心ではいられないからだ。打ち方が普段とは変わる。

例えば３００万円ないと、明日不渡りを出し、会社が潰れる……よし競馬で金策だと決意し、金庫に残っていた50万円を元手に大勝負を挑んだとしよう。

途端に穴馬券は買えなくなり、決して堅くない本命サイドの馬券が魅力的に見えるようになる。イワシの群れと一緒でみんなと同じ方向に泳ぐほうが、安心感があるからだ。

私がつまづいたメリーナイスの有馬記念にしても、当時、年越しのカネに困っており、競馬でなんとかしたいというところから、過ちの導火線に火がついていた。競馬の神様がいるかどうかはわからぬが、**「火のつくようなカネでの勝負はまず成功しないと心得よ」**である。

我々の仲間はなんらかの事情を抱えて、この世界に飛び込んできた人が多い。波乱万丈の人生じゃない人間なんていない、といってもいいほどだ。皆それゆえ、エピソード、伝説にはこと欠かない。とりわけH氏は、劇画の世界を地で行く伝説の持ち主である。当時、会社を経営していた彼は、ある年の年末、支払いに詰まって大井の暮れの大一番、東京大賞典で乾坤一擲の勝負をかけようと決意した。

会社を潰さないためには億のカネがいる。だから大金が入る東京大賞典を選んだのだろう。そこで2000万円をかき集め、全額枠連1点にぶち込んだ。

オッズが5倍以上なければ、1億円にはならないので、ギリギリまで待っての馬券購入である。当時の大井は、大口の馬券はロールの形で渡される。発券スピードも今より格段に遅い。ファンファーレが鳴ってもまだ発券は続いており、ようやくHが馬券を受け取ったときには、すでに馬群は1コーナーに差しかかっていたそうである。

3角、4角と馬群が進んでいくにつれ、彼の体はガタガタ震え出した。賭けた2頭が他馬を大きく離して一騎打ちの様相を呈していたからだ。直線半ばに差しかかっても、2頭の競り合いが続いている。「できた!」――勝利を確信した、そのときである。

1頭の馬が後方から、猛然と突っ込んでくるのが見えた。さすがに届かないだろう……だが、彼の願いもむなしく、グングンと迫ってくる。2、3着の勝負は写真判定に持ち込まれた。

固唾を飲み込んで掲示板を眺めていた彼は、馬番が灯った途端、その場にへたり込みそうになったという。無情にも、結果は1、3着。

「俺の人生は終わった」

打ちひしがれた彼は、あきらめ切れず、紙くずとなった馬券の束をカバンに詰め、競馬場の最寄り駅、京浜急行の立会川の飲み屋の暖簾をくぐった。飲まないとやっていられない。

すると、後ろの席で競馬の話をしている男がいる。どうやら大井の場立ち予想士らしかった。H氏は、悔しさを紛らわせたいこともあって、カバンにぎっしり詰まった外れ馬券を見せた。

長く予想士をやっていても、さすがにこんなに大量の外れ馬券を見る機会はない。事情を知った予想士が誘った。「会社が潰れるのなら、ウチで予想をやらないか」——これがH氏が場立ち予想士に転身するきっかけとなった。

H氏は実に多芸多才だ。マイクを握らせたら、玄人はだし。慰安旅行で彼が歌い始めると、その美声に皆、聞き惚れる。趣味のハゼ釣りでも、日本屈指の釣り師として名を轟かせている。また、名竿のコレクターとしても知られていて、数百万円もする釣竿も所蔵しているらしい。

こんな異才にしても、イチかバチか、生きるか死ぬかの大勝負には勝てなかった。乗るか反るかの分不相応な勝負は、間違ってもやってはいけない。

私の予想をうまく使った馬券長者たち

ここらあたりで景気のいい話を。

私のお客さんの中には、いわゆる馬券上手がいる。常連客から携帯で預金残高を見せられた。なんと億の数字。彼のいうには、私の予想で貯めたカネだとか。

確かに、彼の馬券のうまさは際立っている。見ていると嗅覚が鋭い。動物的な勘に優れている。私が出す指数のついた馬の中から、人気薄をピックアップして、他の馬とうまく組み合わせ、3連単の10万馬券、20万馬券クラスを獲るのが上手なのだ。

1点あたま、1000円、2000円と買うので、的中するたびに百万以上の儲けが出る。それが積もり積もって億の貯金に……。

私は数百万円の払い戻しを受けたことは何度もあるが、いまだ1000万円の大台を超えたことはない。数百万円の配当といっても、昔、デカいカネを賭けていた当時の話で、回収率からいうと、それほど自慢はできない。

これまたお客さんのひとりの逸話。忘れもしない、あれは戸崎騎手騎乗のマカニビスティーが勝った2010年の東京ダービーだった。2着は岩田騎手のガナール、3着は石崎駿騎手のマグニフィカで決着した。

マカニは1番人気、マグニは3番人気と上位人気だったが、ガナールは12番人気。2着馬が二ケタ人気だったので、3連単は10万馬券と荒れた。このレース、私は快心の勝利。◎○▲3頭で決まったからだ。

馬場換算すると、ガナールは争覇圏内だったので、台の上で絶対来ると吠えた。それを聞いていたお客さんのひとりが、私の◎○▲の3連単をまず1万円買った。帰ってくると、私がまだガナールが来ると絶叫していたので、さらに1万円追加したという。

その2万円がドッカン。レースが終わった途端、2000万円に大化けした。彼は翌日、札束のピラミッドの写メをわざわざ見せに来た。

彼はいわゆる常連さんではない。私も顔に覚えはなかった。あれ以来、一度も来ていないところを見ると、たまたま遊びに来た大井で私があまりにも吠え立てているので、疑いもなく勝負したのだろう。こんな幸運な方もいらっしゃる。

億の貯金を達成しているお客さんは、安定的に勝ち続けるという私の理想をすでに体現しているひとりだが、もうひとり勝ちを積み上げ、ここ数年、年間1000万円ほどのプラス収支を続けている方がいる。

彼の場合、1点あたまの金額は数百円の3連単勝負が中心。皆さんにも参考になる買い方で実績を上げていると思われるので、今回、第5章で登場いただいた。彼の言葉には馬券買いの極意が詰まっているので、ぜひお読みいただきたい。

いずれにしても台の上で私が知る馬券の達人たちは、予想力に優れているというわけではない。

卓越しているのは、私の予想を自分なりにアレンジし、的中につなげる技術や、押し引きのタイミングを計る能力といった、予想を超えたもの。いわゆる勝負勘は抜群だし、勝負強い。軟弱な私から見ると、持って生まれた遺伝子が違うのだろうな、と思わずにはいられない打ち手たちだ。

彼らを見ていると、つくづくと思う。馬券で配当を手にするまでのためには、2つの役割をこなさなければならないと。

経営者としての能力と、資本家・投資家としての能力。この両方を兼ね備えている人が最強の馬券師だと。

経営者の仕事は「plan-do-see」である。事業の計画を立て、実施するための要件を整え、スタッフを管理して事業を成功させる。これは競馬でいえば、予想だ。

馬柱を検討したり、調教欄や厩舎コメントを読み、冷静にレースを分析し、どの馬が3着以内に来るか考える。そして予想したうえで、購入する馬券の種類と買い目もあらかた決める。

しかし、いざ馬券を買う段階になると、資本家としての発想が頭をもたげてくる。予想通り、◎から5点馬連を買うとすると、トリガミになる目も混じる。3連複に変えよう、あるいは人気のない○を軸にしよう……。

やがて負けが込んでくると、前夜検討した目はもはやどうでもよくなる。オッズだけが気になり始め、最終レースともなると、取り返すためにはこの馬だと、予想では挙げていなかった馬に手を出す。もはや投資家などではなく「頓死家《とんしか》」だ。

かくいう私も、炭になっている火中の栗を素手で拾いに行って大やけどをした経験が何度もあるので、偉そうなことはいえないが。

仮に百発百中の予想ができる技術を身に付けられれば、投資家もへったくれもない。予想通り買えば儲けられるのだから、投資家が顔を出す必要はない。しかし、現実にはよくて3割程度の的中率の人がほとんどだろう。

しかも、馬券が難しいのは、たとえ予想がズバリでも券種の選択を間違えると、利益が出ないどころか、外れになりかねない点である。例えば、馬連、馬単なら当たっていたのに、3連単でドンといったために3着が抜けたなんて事態はいくらでも起こりえる。予想が正しくても儲けられるとは限らないのが馬券だ。

もちろん予想がなっていなければ、投資センスの出番もないので、予想力が必要条件なら、投資家としてのセンスは十分条件である。

そんな必要条件も満たされていないのに、馬券を打つ。これはあり得ない話なのだが、現実には、なんと多くのファンがそんな無謀な勝負を挑んでいることか。

2017年、大阪杯とホープフルSがGⅠに昇格した。また、中央競馬では19年から降級制度が廃止になる。

この2つの出来事の裏にあるのは、高額条件を増やそうというJRAの陰謀である。陰謀と表現し

たのは、その狙いが高額条件新設によって、馬券の売り上げを伸ばす、だからだ。1レースあたりの売り上げは、条件が高額になるほど、比例して高くなる。

GIが近づくとTVでCMがガンガン流され、あたかもこのレース買わないと損ですよといわんばかりに煽り立てる。大レースを宣伝で盛り立て、売り上げアップを図ろうというのがJRAの戦略だ。実際、それが効果を発揮している。

この現象をファンの立場から見ると、GIだの、重賞だのといった看板に踊らされて馬券を買わされているという他はないのだ。

GIであろうと、平場であろうと競馬は競馬だ。GIだから、配当がよい、控除率が低く設定されるといったサービスをしてくれるわけではない。

投資の対象として競馬を見れば、ビッグなレースかどうかなんて関係ない。**投資対象となるのは、能力差のあるレースだ。**

馬券買いは戦《いくさ》である。戦術・戦略なきところに勝利はない。しかし、宣伝文句につられて、普段買わない客までがWINSに走る。

「GⅠは情報が豊富だから当てやすい」と思っているファンがいたとしたら、それは錯覚だ。競馬のシステムからいえば、下のクラスほど能力差が大きい。新馬戦や未勝利戦では、将来の重賞馬と未勝利のまま、中央から転出を余儀なくされる馬が走っている。

それが上に行くにしたがって、実力が拮抗したメンバーになっていく。GⅠともなれば、ちょっとした条件の違いで着順は入れ替わる。

それでも古馬の大レースなら、同じようなレースを経由して出走してくるので比較はつきやすいが、2歳GⅠなどは偶然頼りの「当てもの」としかいいようがない。これは宝クジと一緒だ。まだ馬が若く、これまでの実績では測れない成長力もあるし、初距離・初コースの馬が一杯いるなど、不確定要素が大きい2歳限定戦を理路整然と予想して当てろというほうが無理である。

そもそも1勝馬でも出走できる2歳GⅠは、ビッグレースという看板自体が偽りだ。実質的には500万下、1000万下に毛が生えた程度のレースでしかない。

クラシックだって同じ。桜花賞・皐月賞にしろ、オークス・ダービーにしろ、未熟な馬たちの駆けっこ。投資の対象には不適切なレースである。

もう一度いっておきたい。売ったから松田聖子、松田聖子だから売れたわけではない。GⅠ、クラシックといった看板、宣伝にだまされてはいけない。

しっかりと肝に銘じよ、「確固たる予想なき投資は成立しない」。

「予想」と「投資」を分業化することの大きなメリット

それでは、予想家と資本家・投資家、どちらの能力が重要か。

答えは明白だ。資本家・投資家としての資質である。予想は、私のような予想家に任せることができる。いってみれば経営と資本の分離。分業体制である。

どのような馬券をどれだけ買うか。券種や資金配分などの決断は、思った以上にエネルギーを消耗する。しかも、ここで決断を誤れば水の泡。

分業体制なら、ひとりでこなすよりも投資に集中できるので、失敗は少ない。信頼できる予想家・予想士を見つけられれば、半分仕事は終わりである。

予想は信頼できる専門家に任せ、投資に専念するメリットは他にもある。

自分が絶対だと思っている予想が外れれば、冷静ではいられない。一発手痛いパンチを受けたボクサーと同じ。ついカーッとなって、傷病兵のいうがままになってしまいかねないのは先述した通り。

その点、分業なら戦っているのはリングの上の選手、すなわち予想家で、あなたはリングの外の観客。選手に賭けているだけなので、贔屓の選手が殴られても、ああ、このラウンドは仕方がないな、と冷静に流せる。熱くなることはないので、無益な勝負も避けられる。

最後にどんな馬券をどれだけ購入するか、決断するのは資本家としての目で行なわなければならない。予想は予想力のある人間に肩代わりさせられるが、馬券買いは自分で券種や金額を決断し、自らの手で買うしかない。

少し考えてみればわかる。仮に優れた投資家がいたとしよう。彼に私の予想と資金を渡して決断してもらうとする。これで儲かるのなら、彼は自分の資金を使って大儲けしようとするだろう。

投資家としての役割は、諸君自身で最後までこなすしかない。他人に委ねては絶対にいけない。

ついでに、予想家というより、投資家の自分に舞い上がってしまった我が身の失敗談を。

まだ川崎競馬場でも予想台を出していた頃のエピソードだ。わりと早いレースで予想が大的中。お客さんに馬券を獲ってもらったが、私も買っていて大勝利となった。

穴決着の高額配当ということもあって、払い戻し額は300万円である。払い戻し額もさることながら、何よりも大勝負と豪語したレースで、穴を当てられたことがうれしい。

「お前ら、予想屋が馬券が買えなくて予想を売っていると思うなよ。冗談じゃない。俺も戦っているんだ！」

声を張り上げて的中馬券を取り出し、集まっている客たちにこれ見よがしに披露した。あんまりうれしいものだから、2回、3回と見せびらかし、財布から出し入れしているうちに……。

ない、ない、どこにもない。しまったはずの的中馬券が見つからない。

私の弟子を標榜する予想家、ヤマちゃんがたまたま遊びに来ていて、一緒に探してくれたのだが、当時の川崎競馬場は、大量の外れ馬券が散乱して紛れ込んだとしたら、もう見つからない。結局、探しまくっても行方不明のまま。さすがにその後は仕事ができなかった。

普段は当たり馬券を客に見せたりしないのだが……あまりにもうれしかったので見てもらいたかったのだ。本当、自分はつくづく投資家には向いていない。

諸君も、馬券自慢はほどほどに。勝負は、的中馬券を換金するまでわからない！

バカにするなかれ、ワイドだって破壊力十分！

「俺は3連単しか買わない」「馬連以外は手を出さない」――券種を決めて勝負をしているファンもいるだろうが、多くの方にとって券種の選択は頭を悩ます問題だろう。

先ほど述べたように、券種を間違えば、予想が正しくてもパーになりかねないし、馬連が的中したが、3連単を買っていれば、その50倍の配当がもらえたといったこともたびたび起こる。

勝って後悔では、せっかくの当たりがうれしくなくなる。かといって欲をかいて3連単で外すといった失敗も、多くのファンが体験しているはずである。

そういう泣き笑いにならないよう、券種を固定しておくというのもひとつの手ではあるが、私は、券種は予想に基づいて選定すべきだと考えている。どのような馬券を選ぶのか、この問いの大前提になるのは予想だ。

購入馬券の券種は予想と表裏一体、予想の精度が高ければ、自ずと買うべき券種は決まってくる。私の場合でいえば実走着差理論が完成し、8割がた出走馬の優劣がつけられるようになれば、かなりの確率で着順も予測できるようになるはずだ。

例えば、単勝1倍台の圧倒的人気馬がせいぜい3着までで、1、2着に入りそうな馬は3頭という計算になったとしよう。リスクとリターンを考えれば、シンプルに馬連か馬単の1、2着候補3頭ボックスが最良の選択となるだろう。

3着以内はほぼ間違いないが、勝てるとは断言できるほどの差が他馬となければ、3連複やワイド。あるいはリスクを承知で馬連勝負もあるかもしれない。

いい換えれば馬券の組み立てを迷う人は、予想があやふやだからだ。せっかく当たっても、不安だから複勝に逃げてしまったため、ほとんど利益が出なかったといったファンがトータルで勝つのは難しい。予想の精度を高めることが先決だろう。

私の場合、中央の3連単はまず買わない。3連単で勝負できるほど、まだ予想精度が高くないという自覚があるからだ。もちろん、結果的に3連単が当たるレースはあるが、私の投資的感覚からいえば、ワイドや3連複メインが正解だと思っている。

ワイドは2連、3連馬券の基本。ワイドが的中しないのに、3連複、3連単や馬連、馬単が当たることはあり得ない。

中には、ワイドはこの馬から、馬連はあの馬からと軸を違えて勝負する人もいるというが、私から見ればそれは邪道だ。そもそも軸のハッキリしないレースは勝負してはいけない。

ワイドや3連複だとインパクトに乏しいのではないか、と思われる方がいるかもしれないが、見かけの配当よりも重要なのは、回収率だ。

例えばワイドならリスクヘッジも兼ねながら、一発も狙える。2018年1月20日中山9Rの初茜賞（1000万下）を例に取れば、予想では⑨ハイランドピーク（1番人気）、①コティニャック（3番人気）の一騎打ちと出たので、ワイドをメインで買い、3連複でボーナスを狙うという馬券の組み立てにした。

ネット競馬の予想では、1レースの予算は1万円なので、まず①―⑨のワイド7000円。あとの3000円を①―⑨軸流し3点に各1000円。3番手以下の3頭の中には10番人気馬も混じっていて、これが3着以内なら1万8000円馬券になる。残念ながら、10番人気馬は5着。2着に拾っていない馬が

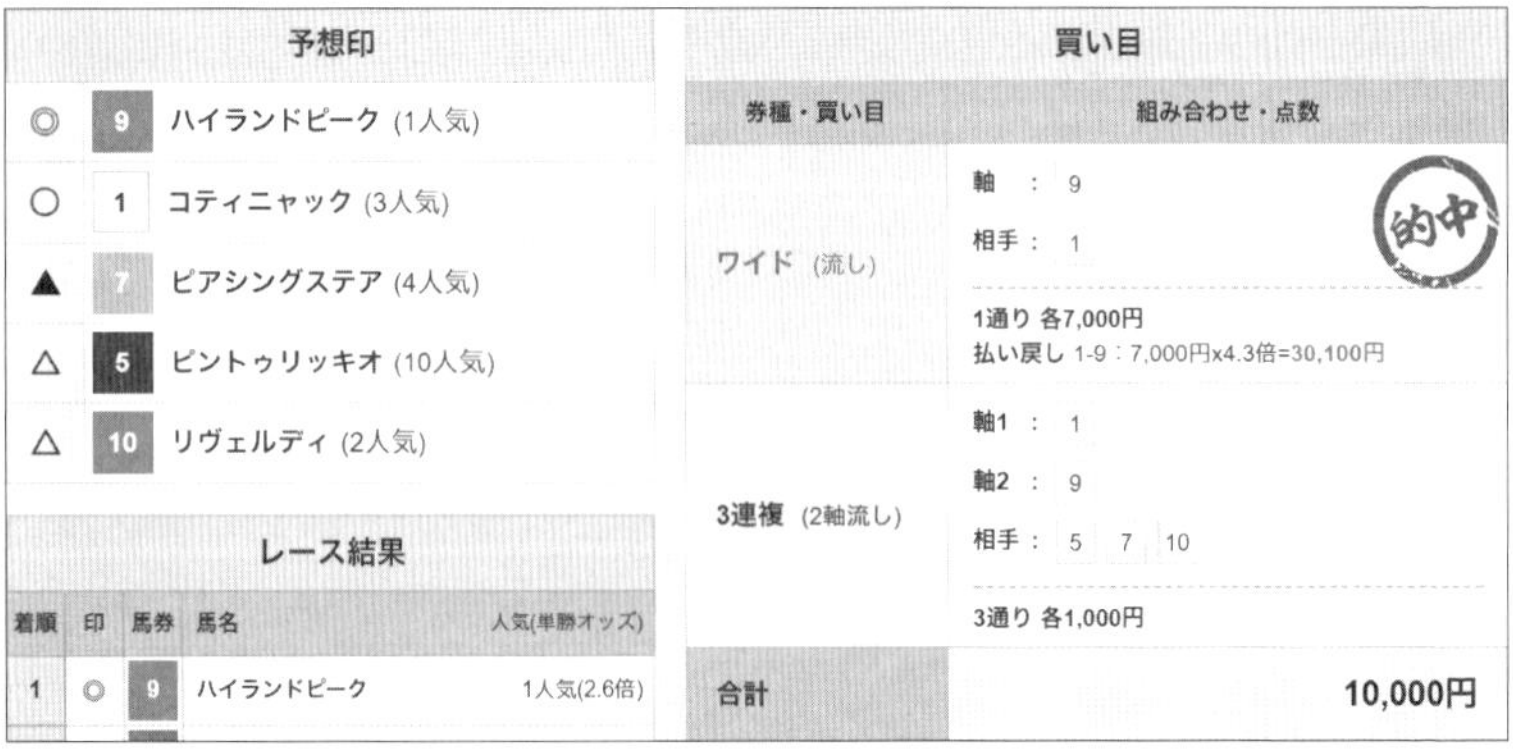

ご覧のように、ワイド①－⑨１点で十分な儲けを出した。ネット競馬での中山９Ｒ初茜賞の的中画像。

入って、3連複は外したものの、ワイドは1―3着でゲットした。

1番人気と3番人気のワイドなので、お察し通り配当は地味、4・3倍だ。しかし、7000円を入れているので、戻りは約3万円。資金は3倍になった。

3連複なら万馬券も期待できる。快勝となったのは、17年8月13日札幌12Rの大雪HC（ダート1700m）。1000万下のハンデ戦だけに波乱も考えられる一戦だ。

とはいえ、◎は1番人気の⑦ドラゴンシュバリエ。前走の駒場特別は、再昇級という形も2着をキープ。逃げずに3番手から競馬をしたのも前進している証拠だ。強力な先行馬もいないここも、展開は恵まれるはず。斤量も2キロ減って有利なのは間違いない。

この日は重馬場だったのだが、過去にこなしているし、再度好走可能だと見ての◎抜擢である。もちろん、指数は1位だ。

ドラゴンが◎なのだから、相手は前走ほぼ互角の勝負をした⑥ディアドナテロ（4番人気）で決まり。指数でも、この2頭が抜けている。

ワイド1点勝負という手もあったが、ここはハンデ戦。紛れも考えて、予想では◎⑦1軸の6頭流し（15点）と⑥―⑦軸の5頭流しの3連複に各500円とした。

これがズバリ、1着⑦―2着⑥で決まり、3着に人気薄の△④スマイルフォース（10番人気）が入り、3連複は2万馬券（2万2130円）。1000円分が的中で21万円を超える純益となった。

ちなみに④スマイルフォースは、前走の内容からピックアップ。○⑥ディアドナテロは②デグニティクローズと3月11日中山で対戦している。ディアはデグニティに先着されてはいるが、このレースは超ハイペースだったので、実走では断然、逃げたディアの勝ちである。

負けたデグニティローズが5月の與杼特別で対戦したタイマツリという馬がいる。タイマツリ6着、デグニティ7着だった。さらにタイマツリは4月にスマイルフォースと戦っていて、スマイルに0・5秒先着しているが、実走では差が詰まる。

つまり、タイマツリを基準馬として手繰っていった結果、ディアドナテロが馬券になるのなら、スマイルフォースも圏内という結論になったというわけだ。

仮にこのレース、3連単で勝負するとどうなるか。思い切って1着にドラゴンを置いて、あとの6頭を2、3着という大胆な買い方でもしない限り、点数は60点以上にハネ上がる。1万円の予算では、せいぜい買えて1点200円だろう。

では、3連単の配当は？　8万8340円。200円買っても20万円に届かない。

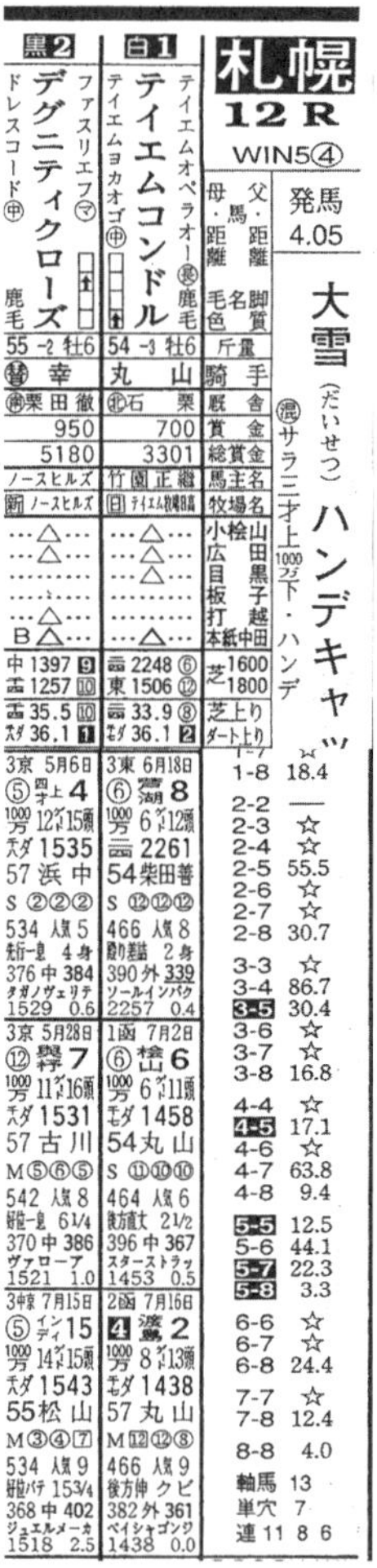

札幌 12R WIN5④ 発馬 4.05

大雪（だいせつ）ハンデキャップ

混 サラ三才上1000万下・ハンデ

	白1	黒2
父	テイエムオペラオー	ファスリエフ
馬名	テイエムコンドル	デグニティクローズ
母・母父	テイエムヨカオゴ㊥	ドレスコード㊥
毛色	長 鹿毛	鹿毛
斤量	54 −3 牡6	55 −2 牡6
騎手	丸山	替 幸
厩舎	北 石栗	南 栗田徹
賞金	700	950
総賞金	3301	5180
馬主名	竹園正繼	ノースヒルズ
牧場名	日 テイエム牧場日高	新 ノースヒルズ
小桧山	…△…	…△…
広田	…△…	…△…
目黒	…△…	………
板子	………	………
打越	………	…△…
本紙中田	…△…	B△…
芝1600	函2248⑥	中1397 9
芝1800	東1506⑫	函1257 10
芝上り	函33.9⑧	函35.5 10
ダート上り	左ダ36.1 2	右ダ36.1 1
前走1	3東 6月18日 ⑥ 箱根湖 8 1000万 6ダ下12頭 函2261 54柴田善 S⑫⑫⑫ 466 人気8 殿り差詰 2身 390外339 ソールインパク 2257 0.4	3京 5月6日 ⑤ 四才上 4 1000万 12ダ下15頭 右ダ1535 57浜中 S②②② 534 人気5 先行一息 4身 376中384 タガノヴェリテ 1529 0.6
前走2	1函 7月2日 ⑥ 桧山 6 1000万 6ダ下11頭 左ダ1458 54丸山 S⑪⑩⑩ 464 人気6 後方直大 2½ 396中367 スターストラッ 1453 0.5	3京 5月28日 ⑫ 與杼 7 1000万 11ダ下16頭 右ダ1531 57古川 M⑤⑥⑤ 542 人気8 好位一息 6¼ 370中386 ヴァローア 1521 1.0
前走3	2函 7月16日 4 濱鷹 2 1000万 8ダ下13頭 左ダ1438 57丸山 M⑫⑫⑧ 466 人気9 後方伸 クビ 382外361 ベイシャゴンダ 1438 0.0	3中京 7月15日 ⑤ インディ 15 1000万 14ダ下15頭 右ダ1543 55松山 M③④7 534 人気9 好位バテ 15¾ 368中402 ジュエルメーカ 1518 2.5

1-7	☆
1-8	18.4
2-2	—
2-3	☆
2-4	☆
2-5	55.5
2-6	☆
2-7	☆
2-8	30.7
3-3	☆
3-4	86.7
3-5	30.4
3-6	☆
3-7	☆
3-8	16.8
4-4	☆
4-5	17.1
4-6	☆
4-7	63.8
4-8	9.4
5-5	12.5
5-6	44.1
5-7	22.3
5-8	3.3
6-6	☆
6-7	☆
6-8	24.4
7-7	☆
7-8	12.4
8-8	4.0
軸馬	13
単穴	7
連	11 8 6

（優馬）

2017年８月13日札幌12Ｒ（1000万下、ダート1700ｍ重）

項目	14	13	12	11	10	9	8	7	6	5	4	3
枠	桃8	桃8	橙7	橙7	緑6	緑6	黄5	黄5	青4	青4	赤3	赤3
父	クロフネ(マ中)	カネヒキリ(中)	ゼンノロブロイ(中長)	プリサイスエンド(マ)	ヨハネスブルグ(マ)	フォーティナイナーズサン(中)	ストリートセンス(中)	ダイワメジャー(マ中)	スウィフトカレント(中)	ブライアンズタイム(万)	バトルプラン(中)	ゴールドアリュール(中)
馬名	ディーズプラネット	バニーテール	エリモグレイス	ノースランドボーイ	アルティマウェポン	ダイチヴュルデ	サトノプライム	ドラゴンシュバリエ	ディアドナテロ	(地)ロマンホープ	スマイルフォース	(地)カレンジラソーレ
母	ザデイ(短)	ウィンターコスモス(中)	ラインステッチ(マ)	ノッティングギャル(中)	レインボーアーチ(短)	ヴィヴァーチェ(短)	ラストアロー(中)	シェルズレイ(中)	ハイフリート(短)	クロノグラフ(中)	ジョイフルスマイル(短)	エンドレスビジネス(短)
毛色	芦毛	芦毛	鹿毛	青毛	栗毛	鹿毛	鹿毛	芦毛	黒鹿	黒鹿	鹿毛	栗毛
斤量 増減 性齢	56 +1 牝4	52 ±0 牝3	54 -3 牡4	54 -3 騸5	53 -2 牝4	53 -4 牡6	53 -1 牡3	55 -2 牡4	55 -2 牡5	53 -4 牡5	53 -4 牡5	54 -3 牡4
騎手	替四位	替坂井	黛	勝浦	替左海誠	替井上	古川	岩田康	藤岡佑	替菱田	替国分恭	藤岡康
厩舎	(北)藤原辰	栗中内田	(北)中野栄	(南)萱野	栗藤岡健	(北)蛯名	栗南井	栗角田	(南)池上弘	(南)松永康	栗森田	栗平田
賞金	950	900	700	950	950	700	900	950	950	790	700	530
総賞金	5830	2005	1660	4630	2315	4348	1397	3922	4590	2008	2155	1375
馬主	秋谷壽之	金子真人ＨＤ	山本慎一	河村祥史	幅田昌伸	荻伏服部牧場	里見治	窪田芳郎	ディアレストC	菅實	上茶谷一	鈴木隆司
生産者	ひ グランド牧場	安 ノーザンF	千 社台F	浦 富岡博一	浦 辻牧場	浦 荻伏服部牧場	ひ フジワラF	安 ノーザンF	新 武田牧場	ひ 友田牧場	浦 ヒダカF	千 社台F
印1	◎	○					▲	△	注			△
印2	○	注		△			◎	▲			△	
印3	◎	注		△			○	▲	△		△	
印4	○	◎		△			△	▲	注			△
印5	注	△		▲		△	△	○	◎			
印6	○	◎ 西		B△	西		▲ 西	注 西	B△	B	西	△ 西
持ち時計	新1378① 札1526⑩		京1507⑪				函1517⑧	京1[illegible]⑫ 京1[illegible]❽		新1390⑮		
上がり	天33.3① ﾓﾀﾞ35.2⑨	ﾓﾀﾞ36.2①	天35.7⑪ 天ダ36.7❻	ニダ36.4③	ﾓﾀﾞ37.2①	ﾓﾀﾞ35.5⑤	天37.4⑧ 天ダ36.2①	芸3[illegible]② ﾓﾀﾞ3[illegible]❷	[illegible]③	天34.2⑮ 天ダ35.6❼	天[illegible]❹	ﾓﾀﾞ36.8❺
前3走	1東 2月12日 ⑥バレンタ3 オープン 8ｹﾞ16頭 西ダ1241 54横山典 M⑨⑤② 498 人気7 漸進伸 3/4身 358中366 ブラゾンドゥリ 1240 0.1	1京 1月8日 ③寿1 牝未勝 4ｹﾞ16頭 天ダ1562 54川田 M⑤⑤③ 462 人気❶ 好位抜出 1/2身 380中384 ピンクスター 1563 0.1	2東 5月6日 ⑤四才上5 500万 4ｹﾞ10頭 ニダ2146 57松岡 M⑧⑨⑩ 490 人気❶ 出遅る 6身 405外370 ノワールギャル 2136 1.0	2中 3月12日 ⑥四才上5 500万 15ｹﾞ16頭 天ダ1555 57ルメール S⑤③③ 498B 公❶ 伸一息 3¾ 387中384 アンプラグド 1549 0.6	1福 4月22日 ⑤菅13 1000万 8ｹﾞ15頭 ﾓﾀﾞ1495 53津村 M③③⑥ 470 人気6 太目残 大差 361中421 シンゼンドリー 1459 3.6	1福 4月9日 ②浜6 1000万 8ｹﾞ15頭 ﾓﾀﾞ1468 57井上 M⑫⑫⑩ 452 人気9 後方差詰 4¼ 378外381 エバーキュート 1461 0.7	3阪 6月25日 ❽三才上7 500万 13ｹﾞ16頭 天ダ1519 54福永 M⑮⑬⑬ 496 人気❸ 大出遅れ 9身 380外377 ベルランヴェー 1505 1.4	1函 6月17日 ①三才上2 500万 1ｹﾞ13頭 ﾓﾀﾞ1458 57岩田康 M①①① 512 人気❷ 逃粘る クビ 361内386 カレンジラソー 1458 0.0	1福 4月22日 ⑤菅3 1000万 2ｹﾞ15頭 ﾓﾀﾞ1461 55戸崎圭 M③③② 478B 公❸ 好位粘る 1¼ 362中387 シンゼンドリー 1459 0.2	2中 3月20日 ⑧四才上8 1000万 1ｹﾞ16頭 天ダ1546 57柴田善 S⑭⑫⑩ 472 人気10 後方差詰 5身 396外381 エネスク 1538 0.8	2中京 3月11日 ①漕8 1000万 15ｹﾞ16頭 天ダ1541 53松山 M⑥④⑤ 458 人気13 好位一杯 3¾ 381中390 プリンシアコメ 1534 0.7	2中京 3月11日 ①四才上8 500万 3ｹﾞ12頭 天ダ1556 57松山 S⑩⑩⑩ 496 人気5 後方差詰 14½ 395中382 ヒルノデンハー 1531 2.5
前2走	2中京 3月20日 ④覧12 オープン 11ｹﾞ13頭 西ダ1248 54横山典 M⑥③③ 502 人気❸ 好位一杯 10¼ 348外382 コウエイエンプ 1231 1.7	2阪 4月15日 ⑦寿7 500万 11ｹﾞ12頭 天ダ1526 54川田 S⑤⑤⑤ 468 人気❸ 中位まま 8¾ 377中372 クイーンマンボ 1512 1.4	1新 5月21日 ⑧四才上10 500万 15ｹﾞ15頭 天ダ1547 55坂井 S⑧⑧⑧ 498 人気5 出遅る 10¾ 386中384 ジュガンティー 1529 1.8	1函 7月2日 ⑥三才上2 500万 8ｹﾞ14頭 ﾓﾀﾞ1461 57勝浦 M⑥③③ 494B 公❸ 漸進伸 ハナ 372中377 ドラゴンシュバ 1461 0.0	1函 6月25日 ④三才上1 牝500 4ｹﾞ14頭 ﾓﾀﾞ1472 55藤岡佑 S⑦⑧⑥ 472 人気4 中位差切 3/4身 384中372 アルセナーレ 1473 0.1	3東 6月4日 ②湘9 1000万 15ｹﾞ16頭 天ダ1390 57石橋脩 S⑪⑨⑩ 458 人気15 中位まま 8¾ 373中368 シュナウザー 1374 1.6	2函 7月16日 ❹三才上7 500万 11ｹﾞ12頭 ﾓﾀﾞ1437 54古川 S⑪⑧⑦ 498 人気❷ 出遅る 8½ 378外366 トウケイワラウ 1423 1.4	1函 7月2日 ⑥三才上1 500万 2ｹﾞ14頭 ﾓﾀﾞ1461 57岩田康 M①①① 512 人気❶ 逃切る ハナ 362内382 ノースランドボ 1461 0.0	1新 5月7日 ④害4 1000万 6ｹﾞ15頭 天ダ1547 57丸山 S④③③ 482B 公❷ 好位粘る 5身 381内394 イーストオブザ 1538 0.9	1福 4月9日 ②浜11 1000万 13ｹﾞ15頭 ﾓﾀﾞ1478 57木幡巧 M⑭⑮⑮ 468 人気13 後方まま 10身 382外387 エバーキュート 1461 1.7	3京 4月29日 ③四才上8 1000万 10ｹﾞ16頭 天ダ1532 57松山 S⑮⑮⑭ 452 人気15 後方差詰 6身 382中373 ロイヤルパンプ 1522 1.0	1函 6月17日 ①三才上1 500万 4ｹﾞ13頭 ﾓﾀﾞ1458 57藤岡康 M⑦⑦③ 490 人気9 中位差切 クビ 370中382 ドラゴンシュバ 1458 0.0
前走	1札 7月30日 ②ポプラ2 牝1000 1ｹﾞ13頭 ﾓﾀﾞ1454 55横山典 S②②② 508 人気❶ 先行伸 クビ 371中362 レインボーソン 1454 0.0	1札 7月29日 ①三才上1 500万 8ｹﾞ11頭 ﾓﾀﾞ1449 52福永 S②②① 476 人気❸ 楽抜出 3½ 378中362 ドゥラリュール 1455 0.6	門別 6月21日 ④アルビレ1 交流A2 4ｹﾞ7頭 天ダ1590 56黛 S②①① 500 人気❶ 早目先頭 4身 中403 キャプテンロブ 1599 0.9	2函 7月23日 ⑥三才上1 500万 10ｹﾞ12頭 ﾓﾀﾞ1449 57勝浦 M⑨⑦⑥ 496B 公❷ 中位差切 1/2身 372外378 モルゲンロート 1450 0.1	2函 7月16日 ❹濃10 1000万 7ｹﾞ13頭 ﾓﾀﾞ1461 55藤岡佑 M⑦⑩⑩ 474 人気4 中位一杯 14身 372中387 ベイシャゴンジ 1438 2.3	2福 7月23日 ⑧撃12 1000万 12ｹﾞ15頭 ﾓﾀﾞ1474 57武士沢 S⑬⑬⑮ 452 人気11 後方まま 9身 383外378 エイシンピジョ 1459 1.5	1札 7月30日 ②三才上1 500万 4ｹﾞ12頭 ﾓﾀﾞ1449 54古川 M⑩⑥⑤ 490 人気❷ 漸抜出 4身 376中372 トミケンボハテ 1456 0.7	2函 7月22日 ❺駒場2 1000万 9ｹﾞ11頭 ﾓﾀﾞ1429 57岩田康 S③③③ 508 人気❷ 好位伸 2身 363中366 ハヤブサナンデ 1426 0.3	2函 7月22日 ❺駒場3 1000万 10ｹﾞ11頭 ﾓﾀﾞ1431 57藤岡佑 S⑥④④ 482B 公4 中位伸 3¼ 366中366 ハヤブサナンデ 1426 0.5	2東 5月27日 ⓫四才上7 1000万 8ｹﾞ16頭 天ダ1375 57柴田善 M⑬⑬⑬ 466 人気13 後方直ま 8½ 376外356 コパノアラジン 1361 1.4	3ヵ月余 放牧 乗込み3週間 仕上り○ 連対体重 452～468 3ヵ月以上休 ①②③外 1 0 0 2	2函 7月16日 ❹濃9 1000万 6ｹﾞ13頭 ﾓﾀﾞ1460 57藤岡康 M①①② 486 人気6 逃一杯 13¼ 362内397 ベイシャゴンジ 1438 2.2

１着⑦ドラゴンシュバリエ　（１番人気）
２着⑥ディアドナテロ　（４番人気）
３着④スマイルフォース　（10番人気）

単⑦ 270円
複⑦ 160円　⑥ 240円　④ 1090円
馬連⑥－⑦ 1090円
馬単⑦→⑥ 1870円
３連複④⑥⑦ 22130円
３連単⑦→⑥→④ 88340円

オッズに惑わされて、３連単を選択するファンがいるが、リスクとリターンを考えれば、３連単が最良の選択となるレースはほとんどないはずだ。

いずれにせよ、各馬の能力差をベースにワイド、馬連、３連複、馬単をチョイスするのが六合目時点での私の券種選択である。

具体的には指数の開き、指数が出た馬の頭数、予想される人気などの要素を加味して券種を決めている。実際、どんな券種選択をしているのか、お知りになりたい方はネット競馬の私の過去の予想をご覧いただきたい。

ところで、私の予想で利益を上げる馬券のツワモノたちの券種は、ほぼ３連単がベースである。また、私の指数順位ではなく、指数の出た馬の中から人気薄をピックアップし、それをうまく取り入れることによっ

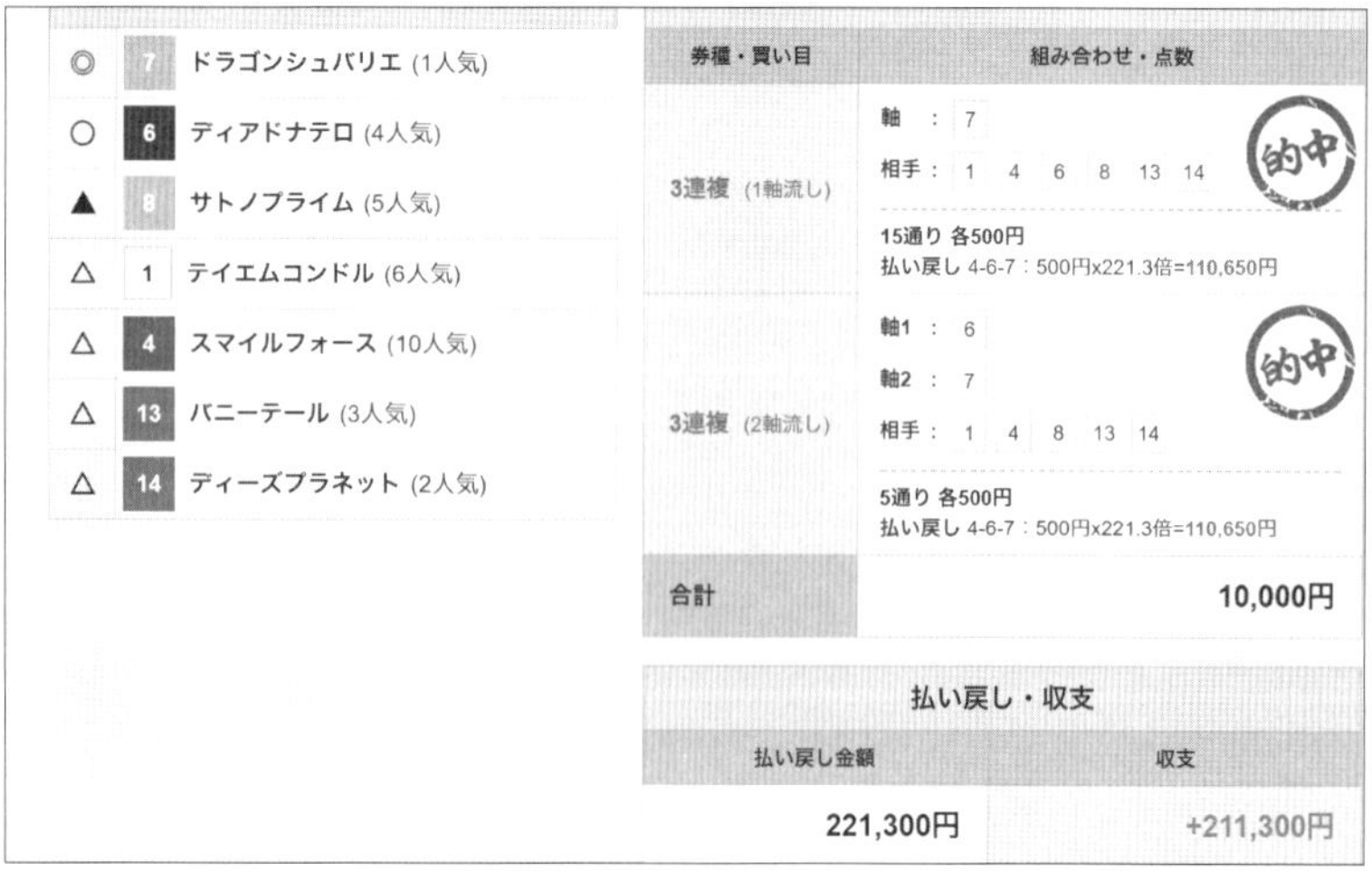

３連複１頭軸、２頭軸の２通りの的中で 22 万円超の払い戻し。ネット競馬での札幌 12 Ｒの的中画像。

て収益を上げているのも共通している。

例えば私の◎が2番人気、○が3番人気、▲が10番人気ならば、彼らは投資家の目で躊躇なく▲を中心に馬券を組み立てる。これが、私にはできない。自分の予想を裏切ることになるからだ。

まず◎抜きの馬券が買えない。▲を1着の欄に置くのも抵抗がある。結果、人気薄の▲は来たのだが、肝心の◎が飛んで外れる。一方、お客さんは大儲けといった現象が起きる。

投資家・吉冨隆安の足を予想家・吉冨隆安が引っ張る。これが、予想を生業としている者の弱点だ。ならば、弱点を克服するために、◎の精度をさらに上げるしかない。ひたすら予想精度を上げた先に光が差す。これが、予想家の宿命だと思っている。

第5章

高級車レクサス購入、馬券貯金3000万円……

吉冨予想を活用する投資の達人

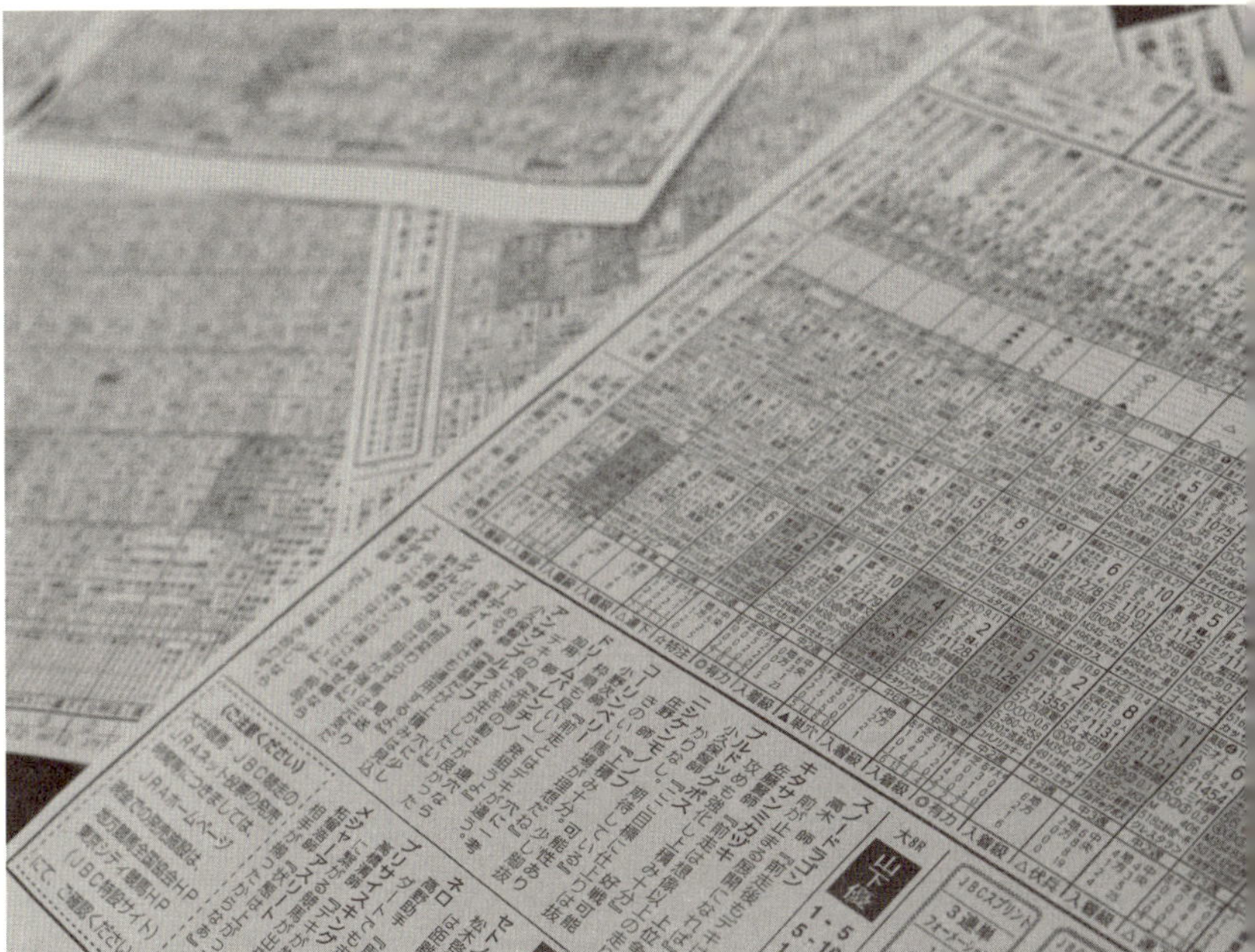

（本章の取材構成・武内一平）

馬券で毎年1000万円は積み上げるK氏

吉冨さんの常連客の中には、馬券投資家が少なからずいる。K氏はその中でも文字通り達人と呼ぶにふさわしい馬券投資家だ。

K氏は60代前半。競馬に目覚めたのは大学生の頃で、グリーングラス、テンポイント、トウショウボーイの3強時代の幕開けとなった菊花賞。天馬トウショウボーイが敗れて、伏兵グリーングラスが勝ち、2着テンポイントで枠連（当時は単複枠連しかなかった）80倍の大荒れになったあのレースを獲り、競馬にハマり込んだ。

以来、馬券でやられ続け、気がつけば累積負け額は4000～5000万円に膨れ上がっていたとか。ここまでは馬券に魅入られた者なら、ありがちのストーリーだ。

しかし、ここからの彼の話が凄い。予想家・吉冨隆安と大井で出会って、彼の馬券人生は一気に好転する。さらに3連単の導入とともに年間利益は増え続け、今では毎年1000万円を超える上がりが。

――これがすでに10数年間続いているというから驚く。

超高級車レクサスも、大井の馬券収入で買った。そのお値段は実に約1700万円（税込）だそう。高級ブランドに身を包むK氏、あれもこれも〝大井製〟だ。さらには、3000万円もの競馬資金の蓄えも……。

いやいや本当に驚嘆すべきは、その投資スタイルだ。K氏は大金を賭けて馬券年収1000万円を達成しているわけではない。我々庶民と賭け額はあまり変わらない。大井のメインを中心に1日3レースほどを3連単のみで勝負。1点あたりの投資額も数百円単位だ。

それでいて1開催あたり100万、200万円と利益を積み上げることも。少点数で10万、20万円の馬券をいともたやすく射止めているからこそ、こんな芸当が可能なのだ。

じゃあ、K氏は予想の達人なのか。いや違う。ベースはすべて吉冨予想。彼が馬券投資家としての凄腕を発揮するのは、レース選択と目の組み方である。

年が明けた2018年1月7日。吉冨氏と達人K氏にそれぞれの立場から、馬券投資について思う存分語ってもらった。

達人は「皐月賞もダービーも買いません」

吉冨　ずいぶん長いつき合いになったね。僕の予想をなぜ買ってくれるようになったの。

達人　吉冨さんを知ってから、もう30年くらい経つけれど、あの頃はパドックから一番遠い4コーナーのスタンドの近くに予想台があったでしょう。すごく不便で人が集まりそうにないのに、いつも黒山の人だかり。興味持っちゃいますよね。

吉冨　当時は独立したばかりの頃（平成元年）。当時の組合（場立ち予想の自主組合）のボスに煙たがれてあの場所に移された。いってみれば左遷だね。

Kちゃんと話をするようになったきっかけは確か、僕が馬券を大量買いしているのを見られたのが始まりだったよね。

川崎の予想を大井でやっていた頃、台に立つ前に1日分をまとめ買いしていた。その日は、だいたい70万円くらいの予算だったかなあ。

ところが、券売機にマークシートをごそっと突っ込むと、おカネが全然足りない。おかしいなあ、計算間違いかと思いながらも、カネを足して買った馬券を見ると、1点当たりの金額が一ケタ多い馬券がある。

あまりに一杯マークしたものだから、1枚だけ1万円で買うつもりが10万円になっていた。ここは厚く買おうなんてやっているうちに、塗り間違いがあったんだ。

さすがに焦った。1点10万円の馬券がまず来そうにない。他も大穴の目ばかり。10万馬券を1万円とかね。そりゃあ来ればデカいけど、そこまで幸運は期待できないよね。売り場と中を仕切るプラスチックの板をバンバン叩いておばちゃんに、交換してくれと要求したけれど、できないとあっさり断られてガックリ。もちろん、馬券は外れてパー。そのとき、彼に一部始終を後ろで見られていた。覚えている?

達人 ホラッて、間違って買った馬券を私に見せたじゃない。こんなに買って、なんという人だと思った。その後何度か、馬券買いを頼まれたけど、3連複を10万、15万と買う。オッズが下がって儲けが出ないいんじゃないかと心配した。

実際、地方競馬はマーケットが小さすぎて、高額勝負には不向き。私も苦い経験がある。ワイドが始まった頃、浦和競馬の最終に友人と2人で15万円突っ込んだ。

その日、吉冨さんの予想の調子がよくて、メインまでに40万円くらい儲けて余裕があった。じゃあ最終は、ワイド1点で締めようと思って、オッズを見ると7倍つく。これなら勝負する価値があると、合計15万円入れたんですよ。

そしたら、オッズがたちまち2倍を切った。しかも外れ。以来、地方ではワイドは絶対買わないようにしている。中央競馬では4、5倍のワイドを10万円といった勝負は何度か経験がありますが……。

大井では3連単のみ。少額でもリターンが大きな馬券しか買わないようしている。馬単も、少し入れただけでオッズが動くから買えませんね。

吉冨 中央の馬券は今はどうなの？　勝負しているの？

達人 ほとんど買いませんね。自分のわかるレースしかやらない。昔は、電話投票に加入していて常時買っていたけど、ずっと前にやめた。

大井で儲けているのでタマ（金）が一杯ある。電話投票があると、つい買いたくなって余計なレースにも手を出してしまうんですよ。ネット投票とか、電話投票とか、あれダメだねえ。今は狙ったレースがあるときだけ、WINSに出かけて買っている。

中央の場合、吉冨さんの予想を使っていません。自分がこれだと思ったレースだけを買っている。

例えば今年の京都金杯（18年1月6日）。

このレース、どう考えてもGIのマイルチャンピオンS組が中心だよね。中でも武豊に乗り替わったブラックムーンが絶対の本命になる。前走はスタートがうまくないM・デムーロで出遅れ。今回はスタートのうまい武豊で、今度は突き抜けると読めるから。

ケツから行く馬は、出遅れて後ろから追い込むのと、パンと出て下げて後方から行くのでは全然意味が違うんですよ。今回は、スムーズに走れて脚が溜まるので弾けるはず。しかも前に行く馬が多いので、ある程度流れるのはわかっている。

人気のレッドアンシェルは主戦の福永が関東遠征、幸騎手に乗り替わっているとこ

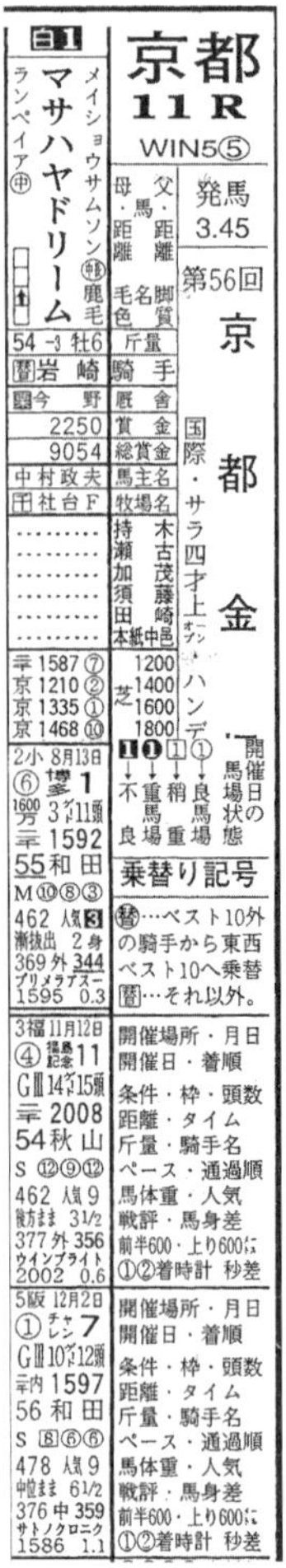

(優馬)

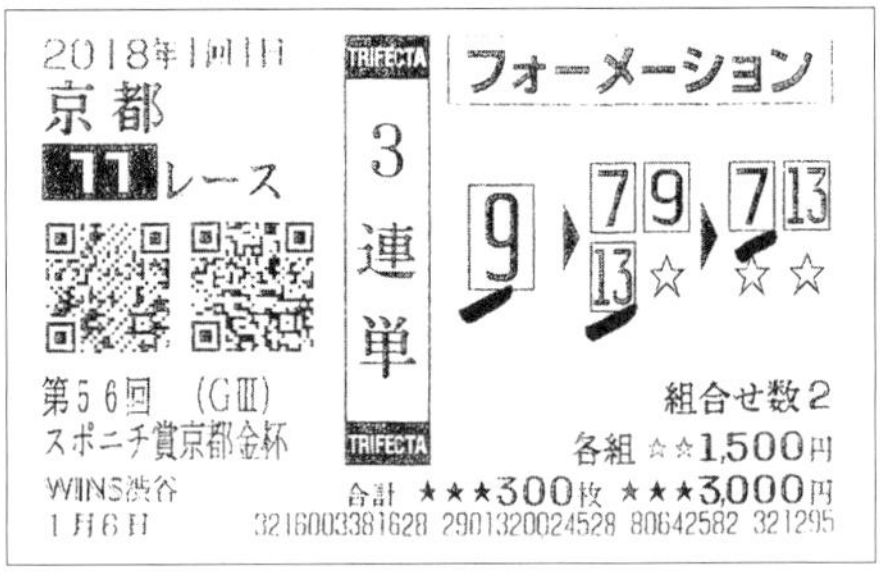

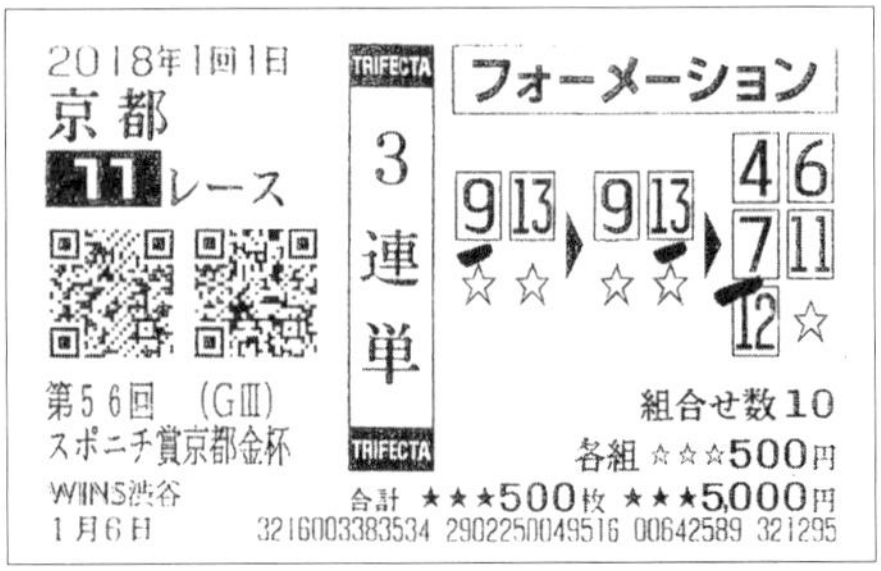

2018年京都金杯の達人馬券。２枚的中で22万9600円の払い戻し。３連単を絞った点数で獲るのが馬券投資のコツか。

2018年1月6日京都11R京都金杯（GⅢ、芝1600m良）

13 桃8	12	11 橙7	10	9 緑6	8	7 黄5	6	5 青4	4	赤3	黒2
キングカメハメハ	ステイゴールド	リーチザクラウン	キングカメハメハ	アドマイヤムーン	アドマイヤムーン	マンハッタンカフェ	ダイワメジャー	ローエングリン	マンハッタンカフェ	ステイゴールド	タピット
クルーガー	ウインガニオン	キョウヘイ	スズカデヴィアス	ブラックムーン	ストーミーシー	レッドアンシェル	ダノンメジャー	カラクレナイ	アメリカズカップ	マイネルアウラート	(外)ラビットラン
アディクティド	チャンネルワン	ショウナンアネーロ	スズカローラン	ロイヤルアタック	リーベストラウム	スタイルリスティック	ヴィヤダーナ	バーニングレッド	ベガスナイト	マイネシャンゼリゼ	アミーリア
黒鹿	黒鹿	鹿毛	黒鹿	鹿毛	栗毛	青鹿	栗毛	栗毛	黒鹿	黒鹿	栗毛
57.5+0.5 牡6	57.5+0.5 牡6	55 -1 牡4	56.5-0.5 牡7	57 ±0 牡6	54 -3 牡5	56 ±0 牡4	56.5-0.5 牡6	54 ±0 牝4	56 ±0 牡4	57 ±0 牡7	54 ±0 牝4
替浜中	津村	高倉	替藤岡佑	替武豊	大野	替幸	北村友	替池添	松山	替丹内	替藤岡康
栗高野	栗西園	栗宮本	栗橋田	栗西浦	南斎藤誠	栗庄野	栗橋口慎	栗松下	栗音無	南高橋裕	栗角居
2675	7600	2300	3725	4500	2250	3150	4825	3500	4300	5850	3500
13,530	16,235	6450	15,430	15,265	10,356	8120	14,872	8210	8500	18,190	8880
キャロットF	(株)ウイン	瀬谷隆雄	永井啓弐	Him Rock R	ミルF	東京HR	ダノックス	吉田照哉	谷掛龍夫	ラフィアン	吉田和子
安 ノーザンF	新 コスモヴューF	ひ 本桐牧場	浦 辻牧場	日 タバタF	浦 ミルF	安 ノーザンF	安 ノーザンF	千 社台F	千 社台F	新 ビッグレッドF	アメリカ
注	△	△		◎		○	△	△			▲
▲		△	◎	△		○	注			△	△
△	◎	△	注	△	△	○					▲
◎	注	△				○	△	△	△		▲
○	▲	△				△	注		△		◎
○	△	△	△	▲	東	◎	△			東	注
芝…③ …41④ 京12…① 阪…268①	芝2014③ 新1200① 新1324② 小1476⑫	小1090① 芝1224④ 阪1332③ 芝2018❺	芝1586④ 芝2114⑥ 阪1353⑤ 芝2230④	阪1…9① 阪1…3①	中1090② 東1206① 東1333⑨ 福1476⑩	京…① 東…④ …⑪	芝2013⑦ 京1228❺ 阪1325⑥ 阪1454⑧	阪1210① 東1342⑰ 阪1465⑭	芝2005⑱ 芝2285⑰ 阪1337⑩ 阪1485①	芝1289⑤ 東1208① 新1329⑯ 東1482③	芝2009❹ 芝1343① 阪1455①
3京 4月23日 ② マイラー 10 GⅡ 9ト11頭 芝外 1331 57 松山 S ③④④ 528 人気8 好位一息 5 3/4 356 中 339 イスラボニータ 1322 0.9	3中京 7月23日 ⑧ 中京記念 1 GⅢ 3ト16頭 芝 1332 57 津村 M ②②② 494 人気5 先行抜出 2 1/2 354 内 348 グランシルク 1336 0.4	4京 10月29日 ❾ カシオペ オープン 9ト12頭 芝外 取消 54 高倉 右前挫跖のため アメリカズカッ 1534	4東 10月15日 ❺ オクトー 3 オープン 1ト12頭 芝 2013 57 北村宏 S ⑤⑤③ 508 人気4 中位伸 2 1/2 375 内 352 マウントロブソ 2009 0.4	4東 10月21日 ❻ 富士 8 GⅢ 3ト15頭 芝 1359 56 戸崎圭 S ⑭⑭⑮ 490 人気9 後方直大 6 1/2 366 内 352 エアスピネル 1348 1.1	4中 9月30日 ⑧ 5 1600万 10ト14頭 芝外 1351 57 大野 S ⑪⑪⑨ 528 人気5 後方追上 2 1/4 383 外 332 ジュールポレー 1348 0.3	2東 5月7日 ⑥ NHKマイル 4 GⅠ 15ト18頭 芝 1329 57 福永 S ⑮⑩⑩ 442 人気7 中位差詰 4 1/4 355 外 342 アエロリット 1323 0.6	2小 8月27日 ⑩ 小倉日経 1 オープン 7ト12頭 芝 1461 57 北村友 M ②②① 490 人気2 先行抜出 2 1/2 364 中 351 ケントオー 1465 0.4	2東 5月7日 ⑥ NHKマイル 17 GⅠ 4ト18頭 芝 1342 55 M.デムーロ S ⑦⑩⑩ 484 人気1 中位一杯 11 3/4 353 中 355 アエロリット 1323 1.9	4阪 10月1日 ⑨ ポートア 10 オープン 6ト13頭 芝外 1337 55 松若 S ⑦⑥⑦ 448 人気7 中位一杯 4 3/4 357 外 344 ムーンクレスト 1330 0.7	4中 9月10日 ② 京成AH 15 GⅢ 16ト15頭 芝外 1337 57 柴田大 S ③③③ 464 人気12 好位バテ 12 1/2 350 中 364 グランシルク 1316 2.1	4阪 9月17日 ④ ローズS 1 牝GⅡ 14ト18頭 芝外 1455 54 和田 M ⑯⑬⑬ 444 人気8 直線一気 1 1/4 364 外 335 カワキタエンカ 1457 0.2
4東 10月21日 ❻ 富士 3 GⅢ 13ト15頭 芝 1352 57 内田博 S ⑭⑭⑬ 530 人気11 後方伸 2 1/2 366 中 346 エアスピネル 1348 0.4	2新 8月13日 ⑥ 関屋記念 2 GⅢ 15ト16頭 芝外 1324 57 津村 S ②②② 494 人気4 先行伸 1 1/4 356 内 339 マルターズアポ 1322 0.2	5京 11月18日 ❺ アンドロ 5 オープン 10ト15頭 芝内 2018 54 高倉 M ⑮⑭⑮ 442 人気5 後方差詰 2 1/2 384 中 350 ブラックバゴ 2014 0.4	3福 11月12日 ④ 福島記念 2 GⅢ 13ト15頭 芝 2002 56 シュタルケ S ⑦⑥⑧ 508 人気3 中位伸 クビ 370 中 351 ウインブライト 2002 0.0	5京 11月19日 6 マイルCS 6 GⅠ 1ト18頭 芝外 1341 57 アッゼニ S ⑯⑱⑱ 502 人気17 後方差詰 1 1/2 366 外 338 ペルシアンナイ 1338 0.3	4東 10月29日 ❾ 紅葉 2 1600万 2ト12頭 芝 1426 56 大野 M ⑨⑧⑧ 536 人気3 中位伸 5身 376 中 384 オートクレール 1417 0.9	4東 10月21日 ❻ 富士 4 GⅢ 2ト15頭 芝 1354 54 福永 S ①②② 444 人気8 先行粘る 3 3/4 356 内 355 エアスピネル 1348 0.6	4京 10月28日 ❽ スワンS 5 GⅡ 15ト18頭 芝外 1228 56 武豊 S ②②② 502 人気5 先行一息 2 1/2 351 中 360 サングレーザー 1224 0.4	4阪 9月17日 ④ ローズS 14 牝GⅡ 15ト18頭 芝外 1465 54 川田 M ④④3 496 人気9 好位一杯 5 3/4 354 中 353 ラビットラン 1455 1.0	4京 10月29日 ❾ カシオペ 1 オープン 13ト12頭 芝外 1534 55 松山 M ①②③ 452 人気5 先行抜出 3 1/2 372 外 386 グァンチャーレ 1540 0.6	4東 10月21日 ❻ 富士 11 GⅢ 7ト15頭 芝 1362 56 柴田大 S ①①② 468 人気10 逃一杯 8 1/2 356 中 364 エアスピネル 1348 1.4	4京 10月15日 ❺ 秋華 4 牝GⅠ 2ト18頭 芝内 2009 55 和田 H ⑧⑥⑥ 448 人気6 中位差詰 4 1/4 364 中 369 ディアドラ 2002 0.7
5京 11月19日 6 マイルCS 7 GⅠ 10ト18頭 芝外 1341 57 シュタルケ S ⑬⑫⑬ 538 人気8 後方差詰 1 1/2 360 外 344 ペルシアンナイ 1338 0.3	5京 11月19日 6 マイルCS 17 GⅠ 16ト18頭 芝外 1354 57 津村 S ⑤⑥6 498 人気11 中位一杯 9 1/2 353 中 363 ペルシアンナイ 1338 1.6	5阪 12月9日 ③ リゲルS 4 オープン 4ト13頭 芝外 1335 55 高倉 S ⑩⑪⑪ 444 人気7 内つき伸 2身 362 内 337 レッドアンシェ 1332 0.3	4中京 12月9日 ③ 中日新聞 9 GⅢ 2ト18頭 芝 1599 565藤岡康 S ⑪⑩⑪ 522 人気6 中位差詰 3 3/4 373 中 340 メートルダール 1593 0.6	5阪 12月9日 ③ リゲルS 5 オープン 13ト13頭 芝外 1336 58 M.デムーロ S ⑬⑬⑬ 506 人気2 流れ不利 2 1/2 372 中 333 レッドアンシェ 1332 0.4	5東 11月12日 ④ 1 1600万 8ト18頭 芝 1206 57 大野 S ⑩⑩⑨ 532 人気6 G前差す クビ 356 中 337 スターオブペル 1206 0.0	5阪 12月9日 ③ リゲルS 1 オープン 1ト13頭 芝外 1332 55 福永 S ③③④ 456 人気4 好位抜出 1 1/2 355 中 338 サトノアーサー 1334 0.2	5京 11月19日 6 マイルCS 13 GⅠ 6ト18頭 芝外 1347 57 北村友 S ③②② 498 人気16 先行一杯 5 1/4 349 中 360 ペルシアンナイ 1338 0.9	4京 10月28日 ❽ スワンS 16 GⅡ 18ト18頭 芝外 1234 52 M.デムーロ S ⑩⑨⑨ 496 人気4 中位一杯 6 1/4 358 外 361 サングレーザー 1224 1.0	5京 11月19日 6 マイルCS 16 GⅠ 2ト18頭 芝外 1350 56 松山 S ⑤⑦⑥ 456 人気13 中位一杯 7身 354 内 358 ペルシアンナイ 1338 1.2	5東 11月25日 ⑦ キャピタ 5 オープン 1ト18頭 芝 1331 56 津村 S ②⑦⑦ 474 人気12 中位差詰 3 1/4 356 内 341 ダイワキャグニ 1326 0.5	5中 12月16日 ⑤ ターコイ 4 牝GⅢ 12ト16頭 芝外 1343 55 C.デムーロ S ⑨⑨⑤ 446 人気1 中位伸も 1/2身 366 中 342 ミスパンテール 1342 0.1

1着⑨ブラックムーン　（4番人気）
2着⑬クルーガー　（3番人気）
3着⑦レッドアンシェル　（1番人気）

単⑨ 640円
複⑨ 190円　⑬ 180円　⑦ 130円
馬連⑨－⑬ 2000円
馬単⑨→⑬ 3610円
3連複⑦⑨⑬ 1720円
3連単⑨→⑬→⑦ 11480円

ろを見ると、1着はないだろうし。2番人気のラビットランなんて前走、外国人騎手で動いただけ。なので、みんなブラックムーンが本命じゃないのかなあ、と思うくらい自信があった。

ブラックムーンが1着を獲ると考えると、あとは簡単。マイルCSで接戦を演じたクルーガー、前走ブラックムーンを破ったリゲルSの勝ち馬レッドアンシェルの2頭が相手本線になる。

だからまずシンプルにブラックムーン1着の馬単を3000円ずつ。加えて2頭を2、3着に置いた3連単2点を1500円。そして押さえとしてブラックムーン、クルーガーを1、2着に、3着にはマイルCS組、リゲルS組を置いた3連単馬券を各500円追加したというわけ。何も難しいことないでしょう。これで3連単は万馬券なんだから、オイシイ配当（1万1480円）ですよねえ。

中山金杯も買ったけれど、こちらは3着馬を軽視してドボン。馬単ベースなら当たっていたんですけどね。

吉冨　技術があって、少点数に絞って3連単が獲れるから中央でも儲けられるんだなあ。

達人　私は「我慢」だと思っている。中央でも地方でも買っちゃいけないレースがある。そういうレースは買いたくなっても手を出しちゃあいけない。

例えば2歳戦とか3歳限定戦。ああいうのは、吉冨さんの指数が出ないでしょ。やれクラシックだのってお祭り騒ぎをしても、菊花賞なんか全馬未経験の距離を走るんだし、馬券を買う人の気持ちがわからない。

私は皐月賞もダービーも、大井の2歳、3歳重賞も買わない。予想しちゃうと、買いたくなるから馬柱も見ません。

吉冨　クラシックは自分で買っているというより、ＪＲＡに買わされているファンが多いんだよね。ずいぶん前の話だけど、スペシャルウィークが勝ったダービー（１９９８年）で、「セイウンスカイは飛ぶ、勝つのはスペシャルウィークだ！」って豪語し、ボールドエンペラーとの馬連万馬券を当てた。あれは、皐月賞のセイウンスカイは内ピッタリ、スペシャルは外を回ったから。ペースも遅かったので、ダービーは逆転するという確かな根拠があったから。

根拠があってもなかなか当たらないのが競馬。クラシックだからという理由だけで、普段より金額を上げるなんて馬鹿なことしてちゃあ、競馬は勝てないね。でも、普通のファンは我慢ができない。

達人　最近は大井しかやらないという感じですね。吉冨さんの予想は、本当は川崎のほうがいい。大井は波があるけど、川崎はコンスタントに当たる。昔、吉冨さんが川崎でも立っていた頃は追いかけて行っていた。

吉冨　大井は施行距離が多岐に渡るが、川崎は距離が比較的均一。１４００ｍがメインの番組構成になっているから、僕の理論で比較しやすいという利点があるからね。

大井の収支は1開催5日間単位で考える

吉冨　それにしてもＫちゃんが凄いなと思うのは、自分のスタイルを決して崩さない点だよね。１レースの結果に一喜一憂しないし。

達人　収支は1開催5日間単位で考えていますから。吉富さんの予想結果は必ずチェックしていて、ダメだなと思うと大井に行かないこともあるし、もうそろそろと思えば、外れが続いていても出動する。吉富さんの予想の波も気にしている。

吉富　印象に強いのは、昨年（17年）の10月かな。大井の初日から4日目までまったく当たらなかった。5日目には、みんな「今日もダメだろな」と思ったんだろうね。毎日顔を見せる常連客も寄りつかなった。そのときKちゃんだけが来て、メインと最終を獲って大逆転だったよね。

達人　ああ、アレね。確か、今日持ってきた馬券のコピーの中にあったな。これこれ、10月6日のメイン。吉富さんの◎と○2頭の1、2着付けで買ったら、人気のないほう（10番人気）が1着にきて、3連単は6万8000円近くついた。600円分的中したから、それだけで40万円以上ですよ。最終も当てて、あの開催が一気にプラスになった。

吉富　几帳面だなあ。ちゃんと馬券を記録

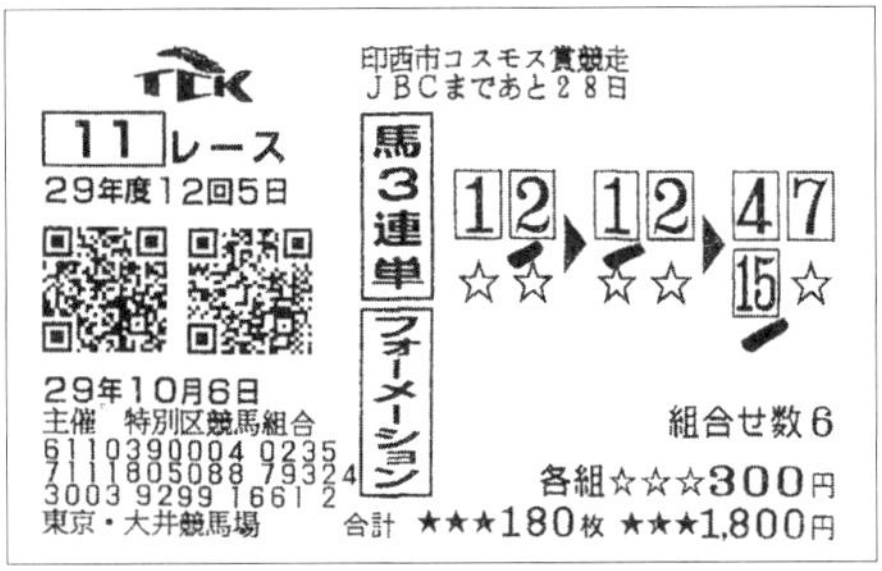

2017年10月6日大井11Rの達人馬券。3連単②（10番人気）→①→⑮67950円を600円的中。払い戻しは40万7700円也。

として残しているなんて。そういうところも、自分のスタイルを貫いて勝つという姿勢につながっているんじゃないかな。

Kちゃんは10R、11R、12Rがメインだよね。僕は後ろのレースから調べて予想しているので、後半のほうが的中率が高い。後ろにたんまり時間をかけたために、時間がなくなって、前半は漏れが出ることもあるからね。

他の多くのお客さんは自分の都合で、空いた時間に大井に来るけれど、Kちゃんは狙ったレースのときにやって来る。時間が比較的自由になる自営業というのも強みだねえ。

達人　昨年暮れの最後の大井開催も不調でしたよね。でも、僕はプラスで終わった。吉冨さんの予想が当たった東京大賞典で手堅く儲けて、最終日にさらに利益を積み上げた。

東京大賞典の吉冨さんの◎はサウンドトゥルー。ここからどう絞って買うかだけだった。勝負になりそうなのは中央の3頭。インカンテーションじゃあ足りないし、アポロケンタッキーは取り消し後の1戦で調子に疑問があった。

だからサウンドの相手はケイティブレイブとコパノリッキーしかいない。サウンドのアタマと2着付けの3連単4点を各5000円ずつ買ったんです。そしたらズバリ。4400円ほどついて、20万円以上になった。

（12月）31日も大井に行った。吉冨さんの予想はこの日は湿りっぱなしだったけど、私は最終で決めた。

吉富さんの指数はもちろん出ていた⑨ブルドッグボスが不動の軸。中央のカペラSで3着の馬で転厩緒戦。オープンのここじゃあ、1枚上。吉富さんはもう1頭の中央からの転入馬の⑫ロワジャルダンが絶対強いという。

問題は3着にどの馬を置くか。吉富さんの口上では、「⑥が④より絶対強い。④には絶対負けない」。なら話は簡単。⑨と⑫の1、2着裏表に3着に⑥をつけた2点（⑨→⑫→⑥、⑫→⑨→⑥）でいいや、となって1万円ずつ投資した。

大本命で、3連単でも1000円台の馬券。本来はそういう本命サイドは買わないんですが、このときは最後の最後だったんで、プラスで帰りたかったこともあって、低い配当でも勝負した。

結果は⑨→⑫→⑥で13倍。13万円になって、最後の大井も凌いだ。

吉富　あの日は、それまでも儲けていたよね。もう少し多めに勝負する気にはならなかったの？

達人　明日100万円どうしてもいるというなら別ですが、資金に余裕があっても、いつも通りの予算で打つと決めているんで……。

大井 12 おおとりオープン（3歳上・オープン・別定）
2強
発走＝17時50分
ダート・内 1600メートル
レコード＝1・37・2（06年アジュディミツオー 57内田博）

枠馬番	白 1 1
父 / 馬名 / 母（母の父） 性齢 脚質	エイシンサンディ 牡6 / レガルスイ / ピンクキューティ（サクラチトセオー）
人気指数	17
今西	…
江原	△
本紙渡辺	…
重量騎手	57石崎駿
厩舎	船橋矢野義
生月日毛色総賞金	2.28芦6,471
馬主	Nicks
生産者	静内山田牧場
1400ダ時計	浦重1.26.3
1600ダ時計	船重1.39.7
距離成績	9522

川崎8.24 4 重 SサマーC SⅢ40.0 左1.42.9 56石崎駿1人 13ト9ヲ 510 2 2 2 08 ブルーチッパ
浦和9.15 3 重 オーバルSP GⅢ38.6 舌1.26.3 54石崎駿7人 12ト12ヲ 508 2 2 2 05 レーザーバレ
船橋3.14 稍 オープン特 4歳上 左 取消 58石崎駿 11ト5ヲ 一 熱発 14休オメガス
大井11.15 13 良 マイルGP SⅡ41.1 左内1.43.5 57石崎駿7人 16ト1ヲ 515 1 1 1 28 セイスコーピ

ダ重成績	浦和	船橋	川崎	大井
6	3	4	2	3
2	0	1	4	2
2	1	1	0	1
1	1	1	1	2

賞金 1着 590万円 2着 236万円 3着 147.5万円 4着 88.5万円 5着 59万円

本紙予想 馬単
⑫↔⑨
⑫↔⑥
⑫—④
⑫—⑦
⑫—⑬

（日刊スポーツ）

2017年12月31日大井12Rおおとりオープン（ダート1600m良）

13 桃8	12	11 橙7	10	9 緑6	8	7 黄5	6	5 青4	4	3 赤3	2 黒2
メイショウオウドウ	キングカメハメハ	ダイワメジャー	タイキシャトル	ダイワメジャー	パイロ	スパイキュール	コンデュイット	トワイニング	アドマイヤオーラ	ネオユニヴァース	ハイアーゲーム
ドレッドノート 騸9	ロワジャルダン 牡6	ジョーオリオン 牡8	ガーニーフラップ 牡4	ブルドッグボス 牡5	ノーキディング 牡6	ミヤジマッキー 牡7	ソッサスブレイ 牡3	キープインタッチ 牡7	コンドルダンス 牡5	ヴァーゲンザイル 騸9	コスモカウピリ 牡6
ボンヌマール（スターボロウ）	アグネスショコラ（サンデーサイレンス）	フミノアンダレス（ジェイドロバリー）	ハンナリト（ネオユニヴァース）	リファールカンヌ（デインヒル）	ジョーテンオン（サンデーサイレンス）	ミヤジプロスパー（マルゼンスキー）	ベリーフ（スペシャルウィーク）	フェミニンタッチ（サンデーサイレンス）	ラードロチェキラ（キングヘイロー）	クイーンネット（フーサンテースト）	シックスポケット（カリスマティック）
25	94	9	5	93	5	29	55	7	49	5	9
△	▲	…	…	◎	…	△	☆	…	○	…	…
…	○	…	…	◎	…	…	▲	…	☆	…	…
△	◎	…	…	○	…	△	▲	…	☆	…	…
57中野省	57真島大	57森泰斗	55的場文	57左海誠	57繁田健	57滝川寿	57柏木健	57服部茂	57矢野貴	57秋元耕	55赤岡修
大井橋本和	大井荒山勝	浦和小久保智	船橋稲益貴	浦和小久保智	船橋矢野義	大井三坂盛	船橋山本学	大井鈴木啓	大井栗田裕	浦和冨田敏	大井宗形竹
3.9栗8,989	3.24鹿18,434	3.14栗8,994	5.30鹿3,127	4.20鹿22,830	5.1鹿5,442	4.8鹿8,457	4.17栗3,190	5.3鹿11,253	4.5青鹿5,851	3.13黒鹿11,967	3.20鹿5,004
日進牧場	社台RH	上田けい子	上村洋司	H [illegible] R	石瀬丈太郎	曽我　司	手[illegible]雄	村野康司	市川　智	冨田藤男	ビッグレッド
日進牧場	社[illegible]F	斉藤英牧場	川　越　F	飯川[illegible]一	ハッピーネモF	村中牧場	コ[illegible]ー	社　台　F	川上悦夫	社　台　F	大典牧場
阪神1.23.0 大不1.41.4	東京[illegible]22.8 [illegible].3	中京1.25.2 東京1.39.6	千1.01.5 川良1.41.9	東京1[illegible]2.6	壬1.36.4 大不1.40.4	東京1.23.2 東京1.35.7	[illegible]8 船良[illegible]1	千芝1.12.7 東京1.36.1	大良1.26.6 大良1.40.1	浦良1.29.1 大不1.42.8	大重1.27.4 東京1.37.1
1114	0002	1118	3106	0000	4819	0228	1003	0003	3425	0003	0025
大井5.10 8 良オープン特 4歳上37.8 西外1.27.8 57中野省6人 10ト3ヲ 481 9 8 6 16 5休アンサン	3京5.20 13 良平安 GⅢ40.6 夭1.58.9 56浜中俊7人 16ト10ヲ 498 7 3 3 32 4休グレイト	川崎7.5 1 重ティリー文月 準重41.1 西1.31.1 57笹川翼8人 12ト9ヲ 469 5 5 2 01 インフォーマ	船橋3.14 8 稍オープン特 4歳上40.8 兵1.44.9 56中野省8人 11ト1ヲ 480 8 9 10 13 オメガスカイ	浦和9.20 3 稍オーバルSP GⅢ37.1 西1.25.8 55左海誠3人 12ト5ヲ 523 3 2 3 07 サイタスリー	大井7.26 6 良サンタアニタ SⅢ42.0 兵内1.42.8 57矢野貴12人 15ト12ヲ 514 2 2 2 18 ゴーディー	大井8.30 6 良アフター5スター SⅢ37.3 壬外1.12.8 57滝川寿9人 15ト15ヲ 514 9 9 12 キタサンミカ	大井6.27 4 重優駿スプリント SⅡ37.2 壬外1.13.3 57柏木健4人 14ト14ヲ 451 12 11 03 バンドオンザ	大井9.13 8 重戸塚記念 SⅡ41.0 西外2.39.1 56矢野貴11人 15ト7ヲ 509 5 5 5 27 サブノクロヒ	大井7.26 2 良サンタアニタ SⅢ38.9 兵内1.41.8 57柏木健7人 15ト3ヲ 482 14 13 12 08 ゴーディー	船橋9.27 7 稍日本テレビ盃 GⅡ38.9 夭2.00.1 56秋元耕10人 11ト4ヲ 444 11 10 10 72 アポロケンタ	川崎9.6 13 重A2下特 一般42.6 壬1.39.2 57笹川翼9人 13ト13ヲ 510 7 6 11 39 エスケイアリ
大井10.3 10 稍'17ムーンライト 準重40.7 兵内1.43.5 57石崎駿11人 15ト12ヲ 491 13 11 11 24 トロヴァオ	4東10.9 8 良グリーンC オープン35.5 西1.22.8 58大野拓6人 16ト15ヲ 498 9 8 06 サンライズノ	大井7.26 13 良サンタアニタ SⅢ42.9 兵内1.44.1 57笹川翼10人 15ト7ヲ 475 4 5 5 31 ゴーディー	船橋4.11 10 不オープン特 3歳上40.2 兵1.45.3 55中野省9人 14ト1ヲ 482 11 11 11 30 アサヤケ	大井10.4 2 良東京盃 GⅡ36.8 壬外1.12.2 56左海誠3人 16ト14ヲ 516 5 4 01 キタサンミカ	船橋9.26 8 稍オープン特 3歳上43.9 兵1.45.5 57繁田健6人 9ト6ヲ 520 1 1 3 42 グランディオ	大井10.3 4 稍'17ムーンライト 準重40.2 兵内1.42.3 57滝川寿10人 15ト11ヲ 515 8 8 6 12 トロヴァオ	大井8.11 3 重黒潮盃 SⅡ39.9 夭外1.56.1 58柏木健7人 16ト15ヲ 453 12 11 8 13 3休ブラウン	大井10.3 5 稍'17ムーンライト 準重39.0 兵内1.42.4 57笹川翼13人 15ト5ヲ 511 14 14 14 13 トロヴァオⒷ	川崎8.23 8 良スパーキングサマーC SⅢ38.9 兵1.42.9 56柏木健4人 12ト10ヲ 480 11 8 9 16 ケイアイレオ	浦和10.18 10 重埼玉新聞栄冠賞 SⅢ41.3 夭2.07.8 58秋元耕11人 11ト9ヲ 445 11 11 11 59 カンムル	大井10.6 10 重A2下特 一般38.5 西外1.27.4 57笹川翼15人 15ト14ヲ 513 13 13 11 16 ブレーヴマン
大井11.15 8 良マイルGP SⅡ39.1 兵内1.42.5 57中野省13人 16ト14ヲ 496 13 13 10 18 セイスコーピ	5東11.11 11 良武蔵野 GⅢ35.9 兵1.36.7 56大野拓14人 16ト3ヲ 496 9 14 12 インカンテー	大井8.30 8 良アフター5スター SⅢ37.2 壬外1.13.2 57笹川翼12人 15ト2ヲ 473 11 11 16 キタサンミカ	川崎5.16 13 稍報知オールスターC 準重41.2 兵1.45.5 56中野省8人 13ト5ヲ 473 10 9 9 25 6休ノーキデ	大井11.3 3 重JBCスプリント GⅠ36.2 壬外1.11.4 57内田博3人 16ト11ヲ 509 11 8 00 ニシケンモノ	川崎10.12 7 良オープン特 3歳上41.3 三2.12.4 57和田譲7人 10ト1ヲ 515 3 5 4 25 タマモネイヴ	大井11.15 9 良マイルGP SⅡ40.2 兵内1.42.6 57滝川寿9人 16ト2ヲ 513 2 1 1 19 セイスコーピ	大井11.15 5 良マイルGP SⅡ38.5 兵内1.41.5 53山崎誠8人 16ト16ヲ 455 10 11 10 08 セイスコーピ	大井11.15 10 良マイルGP SⅡ38.8 兵内1.42.6 57吉原寛10人 16ト3ヲ 519 14 15 15 19 セイスコーピ	大井10.3 6 稍'17ムーンライト 準重39.6 兵内1.42.5 57森泰斗5人 15ト15ヲ 481 12 13 13 14 トロヴァオ	船橋12.5 10 良オープン特 3歳上38.0 兵1.43.7 57秋元耕14人 14ト13ヲ 437 14 14 14 30 クラージュド	大井11.2 5 稍A2特 一般40.2 兵内1.42.3 57笹川翼10人 16ト7ヲ 509 10 5 7 08 サブノジュニ
大井11.29 6 稍勝島王冠 SⅢ39.2 夭外1.55.8 57中野省13人 16ト11ヲ 487 14 14 13 13 ディアドムス	中央 6 2 4 13	盛岡10.21 4 重OROターフ M2 34.8 千芝 58.4 57左海誠7人 11ト2ヲ 486 6 5 06 コウセン	船橋12.8 13 良A2下特 一般43.1 毛1.52.0 57滝川寿12人 14ト12ヲ 488 2 2 4 27 ゴーオン	5中12.10 3 良カペラ GⅢ36.9 壬1.11.3 57内田博2人 16ト8ヲ 512 5 8 03 ディオスコリ	船橋12.5 13 良オープン特 3歳上43.3 兵1.44.4 57繁田健13人 14ト10ヲ 520 3 3 4 37 クラージュドⒷ	大井11.28 4 稍オープン特 3歳上37.3 壬外1.13.9 57滝川寿7人 11ト11ヲ 511 10 10 19 アピア	船橋12.5 4 良オープン特 3歳上39.1 兵1.41.1 55柏木健4人 14ト3ヲ 456 10 9 8 04 クラージュド	大井11.29 12 稍勝島王冠 SⅢ40.3 夭外1.56.6 57服部茂16人 16ト4ヲ 518 11 13 14 21 ディアドムス	大井11.15 7 良マイルGP SⅡ39.0 兵内1.42.2 57柏木健4人 16ト11ヲ 484 15 14 13 15 セイスコーピ	浦和12.20 10 稍ゴールドC SⅡ37.7 西1.30.3 58秋元耕12人 12ト1ヲ 444 12 12 12 25 ソルテ	大井12.1 8 稍A2特 一般38.3 西外1.28.1 57笹川翼15人 16ト2ヲ 512 13 12 12 09 キャンドルグ
20004 20002 20001 20009	20000 10000 00000 10000	20010 20020 11011 83648	30420 10201 00000 40731	10000 00001 11101 20001	20240 70371 00210 32585	10001 20003 30002 1000014	30400 00000 20001 60204	10000 00000 00000 40107	20302 10106 20104 413113	00000 00000 00000 137639	10000 20000 30011 90045

1着⑨ブルドッグボス（１番人気）

2着⑫ロワジャルダン（２番人気）

3着⑥ソッサスブレイ（３番人気）

単⑨ 180円

複⑨ 100円　⑫ 110円　⑥ 160円

馬連⑨－⑫ 260円

馬単⑨→⑫ 480円

３連複⑥⑨⑫ 480円

３連単⑨→⑫→⑥ 1340円

※３連単を１万円的中しているが、低オッズだったのでコピーは残していない。

額をエスカレートさせておカネをつくろうとすると、自分の都合のよいほうに解釈して、目が曇る。その結果、当たらないなんてことになってしまう。

吉富　耳が痛いなあ。仕事以外で儲けたいと思って予想すると、人気のない馬に惚れ込んじゃうんだよね。指数1位じゃないけど、これは来そう、きっと来る穴馬だってドンドン肩入れしていく。最後は絶対来る、と思い入れはマックス。そしたら4着。カーっとくる。自分の理論が破綻しているじゃないかって。

それで次のレースにドスンとカネをつぎ込んで大負けというパターンがよくある。仕事とは無関係に馬券を打つと感情に流されるんだよね。

仕事だと舞台に立って予想するので、どうしても当てなきゃいけない。儲けるより当てるが先。余計な雑念も入らず、指数に殉じる予想ができる。そうじゃないと僕は「4着名人」。

Kちゃんは、3レースだけといっても予算もエスカレートさせないし、本当に手堅い。

必敗のパターンとデカく儲けるコツ

達人　現在、馬券の資金としては約3000万円ほどある。馬券の上がりでレクサスを買ったりしたけど、それでもこれくらいの余裕はあります。このカネはカミさんにも内緒の、純粋に馬券につぎ込めるおカネです。

でも、だからといって大きな勝負を挑むつもりはない。1レースあたり最大で3万円、普通は2万円くらいかな。

昔、資金をエスカレートさせて失敗した苦い経験があるから、予算はきっちり守っているんです。馬連が導入された頃だったと記憶しているけど、まあ、当時は苦労した。枠連や単複よりははるかにマシになったけれど、配当がつきませんからね。

負けが込んでくると、一発逆転が難しい。勢い、賭け金を増額して挽回しようとする。4万、5万円と賭けて取り戻そうとするんだけど、これがうまくいかないと、また次のレースも4万、5万円と賭けなきゃならなくなる。アッという間に大負けです。

儲かったら、増額して大勝ちを狙うというのもダメ。何度も失敗している。常に当たるわけじゃないから。たとえうまくいっても、またやりたくなって、結局は勝ち分を吐き出すことになっちゃいます。吉冨さん自身がよくご存知でしょう。

吉冨　僕は「打つ病」だからね。ガンガン行きたくなる。

達人　気が大きくなって打ったら、儲けなんてすぐ吹っ飛んでしまいますよ。昔、安田記念で380万円儲けたことがあった。次の週に50万持っていって勝負したらサッパリ当たらない。クソッて思って次は100万円……。たった1ヵ月で380万円の儲けが溶けちゃった。

取り戻そうとすると、（配当が）つかないところが来るという感覚になりがち。つかないから、5万、10万じゃ済まないとなって、逆に傷口が深くなっていく。10年も20年もこんなことやっていたんですよ。私がいくらバカでも学習能力はあるからね。

　100円単位でしか買わない人を馬鹿にする風潮があるけれど、例えば1レース3連単15点で各200円とすると3000円必要でしょう。4レース、5レースやれば1万円以上の予算が必要。大井の開催、毎日来るとしたら、5万円以上賭けることになる。

　年収400万円くらいの人なら、これだけ賭けるのも厳しいですよね。普通の人の年収を考えれば、少額で儲けられるやり方じゃないと、長続きしませんよ。

　私がコンスタントに利益が上げられるようになったのは、3連単が導入されて以降ですね。3連単はローリスク・ハイリターンの馬券。昨年10月の大井の例じゃないけれど、一発で逆転が効く。いい換えれば、**ハイリターンじゃない3連単なんか買っちゃいけない**。

　吉冨さんが「これは安いけど、堅い」っていうレースがありますよね。1番人気と2番人気で鉄板だって。他も人気上位馬。こういうのはハナからパス。吉冨さんにも「この馬から行くんじゃ20倍、30倍しかつかないよ」っていう。

　配当が低いからといって、絶対当たるわけじゃない。リスクは指数の出ている穴馬からいくのと、たいして変わりない。だから、見（ケン）です。

吉冨　そもそも人気馬って、危険な馬が多いからね。大井でも中央でも、前走勝った馬はやっぱり人気になる。

　ところが、勝ったというより「勝たされた馬」が一杯いる。展開・流れも向いた、調子もピーク、鞍上も強化、不利もなかった。まあ、全部理想的な形でレースが進んで勝てた。

しかし、クラスが上がってそれと同じ条件をクリアできる可能性は限りなく低い。調子も落ちているだろうし、ペースが違うので同じ位置取りができない。例えば、逃げて好時計で勝っていても逃げられない。2番手にもつけられず、5番手くらいで馬がもう嫌気をさして走らないなんていうことになる。

私なら、吉冨予想でこう買う

達人　前走、無印で勝った馬が、時計が速かったというだけで、次にグリグリが並ぶ。吉冨さん、よく怒っているよね。印つけているヤツはレース見てるのか、記者は将棋指して遊んでいるじゃないかって。

大きく儲けるには結局、オッズと点数ですね。 100点まで手を広げて7万馬券を当てたって、資金は7倍にしかならない。中にはトリガミの目も混じっているでしょうし、下手をすると損をする。そんな馬券の買い方をする人は、絶対儲けられない。

吉冨　でも、なんでもいいから当てたいっていうファンもいる……。

達人　そんな人は馬券はおやめになったほうがいい。馬券を買わなくたって、中央競馬はレースを見ているだけで面白いんだから。

だいたい全部当てるのは無理。私だって5割当たっていない。3回に1回当たれば十分。それでもプラスになるオッズしか買っていないので。2万円で50万円儲けたとすると、25回連続で外れてもチャラ。

吉富さんが、そこまで外し続けるということもないし、1万、2万の馬券は何度もひっかかる。月間のトータルでは必ずプラスになります。また、そういう買い方じゃないと。

引退してしまったのでもう過去の話になりますが、例えば中央のファンがキタサンブラックから馬券を買う。私からすると気が知れない。なぜなら、キタサンからの馬券は期待値が低すぎるから。

キタサンのラップを調べてみたらわかりますよ。ともかくよどみがない。11秒台、悪くても12秒台前半のラップを刻みながら逃げる。

この速いペースを追いかける後ろの馬も、道中脚を使わされる。それでいて差してくる馬といったら、力のある馬に限られる。すなわち、紛れで人気薄が馬券圏内に残る可能性がほとんどない。2、3着も人気馬になりやすいんです。

実際、キタサンが出たレースは配当が低いのが多い。たまたま引退の有馬記念では8番人気馬がインでハマったけど、あれでも馬単は3800円くらいしかつかなかった。

キタサンのレースは、リスクは同じなのに配当は低いレースの典型ですよ。ああいうのは買っちゃいけない。

私は、目も最小限に絞り込むし、オッズも考慮する。**吉富予想の魅力は、新聞じゃあ無印の馬が、**

上位にランクインするレースがあるという点。そういうときに狙うのが正しい予想の使い方ですよ。

かといって、点数を多くしない。目の組み合わせ方はあらかた決めている。

吉冨さんの指数で1～6位馬がいたとすると、1位馬を1着に置き、2着は2位、3位馬、2～6位馬が3着の馬券をまず1枚。2枚目は、2着に4～6位馬3頭を置き、2、3位馬は3着置き。そして3枚目は1着2位、3位馬、2着1位馬、3着2位～6位馬。このフォーメーション3通りなら22点で済みます。

実際には、22点全部買うことはほとんどない。1位、2位馬の裏表で済ませる場合もあるし、1位馬の2着付けは買わないレースもある。

買い目には8万、10万、50万円といった高額配当はあっても、数千円の目は混じらないようにしています。そういう安い目が入るようなら、そもそも馬券を買う価値のないレースですよ。トリガミ辞せずで、5頭ボックスの3連単を買う人なんて信じられない。

1点あたりの金額は重ね買いをし

本文中（P190）にもある3連単10万馬券を1点500円で狙い撃ちした的中例。2017年7月13日大井12Rは④→⑫→②106780円（払い戻し53万3900円）、8月31日大井12Rは③→①→⑦100270円（払い戻し50万1350円）。ご覧のように、いずれも少点数での的中だ。

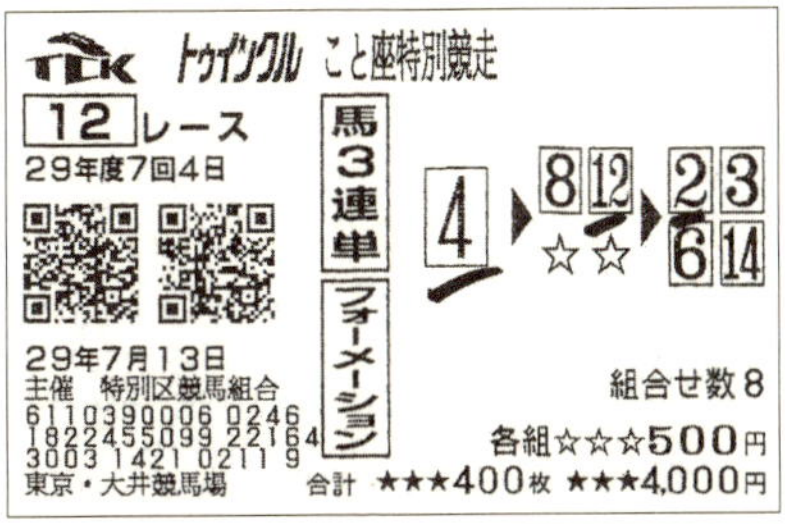

たとしても、せいぜい５００円、８００円といった単位。三ケタの金額を突っ込むことがあるとしたら、よほど目が絞れるときです。

１点あたり１０００円、２０００円にするのは簡単ですが、それでは予算がオーバーする。予算がオーバーするとロクなことはないですよね。一時的にオイシイ思いをしても、さっきいったように、賭け金がどんどん増えていって最後はパンクでしょう。

１点５００円でも、10万馬券なら50万円の払い戻しがある。そういう払い戻しが受けられるようなレースをやればいい。難しくないですよ。実際、ほら、7月13日、8月31日の最終でも50万円コースだった。年に何回かは帯封もありますよ。

吉冨さんの挙げた無印馬を無視したら、大チャンスを逃すよ

吉冨　Kちゃんは自分の的中率に見合った配当じゃないと勝負しない。これが正しいレース選択なんだろうね。僕の予想をベースするにせよ、しないにせよ、最後は自分の決断だからね。これがちゃんとできないと儲けられない。

達人　お客さんの中には、「これ本当に堅いんですか」って聞く人がいる。吉冨さんが「堅い」というと、「じゃあ、どうやって買えばいいんですか」と買い方まで指南を受けようとする。吉冨さんだって自信なくても「来る」としかいいようがないでしょう。

吉冨　若いお客さんに、そういう人多いね。「買い方」っていわれてもねえ。おじさんのほうが聞きたいくらいだよ。

達人　大井は吉冨さん頼り。吉冨さんが予想をやめたら、私も競馬をやめようとさえ思っている。吉冨さんの予想がないと、儲ける自信はないから。

そうはいっても、全面的に依存しているわけじゃない。自分なりに買うレースは選択している。

まずは吉冨さんの予想を信じて、素直に乗っかって獲ったやつから。私の最高傑作の馬券でもある。16年10月28日の大井9Rです。あのとき、吉冨さんが3番、的場のアナザーウインドが絶対だと絶叫していたので、信じて1着固定。相手も指数が出ている5頭でボックスにし、20点各300円買った。

そしたら、アナザーは見事1着、この馬は1番人気だったけれど、2着、3着が二ケタ人気の穴馬で、3連単の配当は40万円ちょい。帯封（約120万円）になった。

4、5年前の暮れ、絶好調のときがありましたよね（4R～最終までで外れは1レースのみ）。東

2016年10月28日大井9Rは③アナザーウインド（1番人気）→⑮パツキン（10番人気）→⑤アンジェリコ（16番人気）402690円で決着。最低人気の⑤を拾っている吉冨予想も凄いが、それを素直に買って300円的中（払い戻し120万8070円）の達人も凄いの一語。

京大賞典もズバリ、もう今年はこれで打ち納めだと思ったけれど、30日か、31日か大井にもう1回行った。休みになって家にいると、カミさんから大掃除手伝ってよといわれるんで、ちょっと用があるからって逃げて……。

その日、着いたばかりで、次のレースを見ると、9Rか、10Rだったかな、これは荒れるって吉冨さんがいっているので、買ったら30数万馬券。300円獲って帯封ですよ。「じゃあ、吉冨さん、よいお年を」って、さっさと引き上げた。

吉冨 儲けても、外しても、これでもう終わりと思うと、未練を残さずにさっと引き上げる。これもKちゃんならではだね。淡々と打てるのは凄い。負けていれば最終まで馬券を打ちたくなるものだし、儲けていれば、もう一丁となるのが普通なのに。

達人 吉冨さんの予想がいいのは、さっきもいったように、人気に関係なく指数でハッキリ着差が出るところ。

吉冨さんが絶対荒れるっていったときは、指数の出ていない人気馬が飛んだり、あるいは、私の獲った40万馬券のように2、3着に二ケタ人気の馬が入る。他の予想じゃあ、無印2頭とも入れているなんて、まずないよね。

あとは、吉冨さんの理論を信じて買えるかどうか。無印だから、買わないなんてやっていると、せっかくの大チャンスを逃すことになる。逆にそういう勝負レースが終わったら、さっさと退散すべしですよ。

吉冨　抜けた人気の2連勝馬なのに「絶対いらない。間違っても1着はない」なんて強弁できるのは、僕の予想が数値に基づいた能力の予想だから。完璧に数学的に処理して出た能力なので、足りないものは足りないっていえる。勢いがあって3着くらいには来るかもしれないけど、アタマはないって。

他の予想家の多くが、僕ほど強くいえないのは、今度はこの馬が来そうといった曖昧な予想の域を出ていないからじゃないかな。あれも怖い、これも怖いという予想のレベルで止まっている人が多いんだと思う。ただ、豪語して、そうならないと悲惨だけど……。

達人　計算による主観を入れない予想なので、どんな穴が出てもグラつかない。

吉冨さんが凄いのは、大勢の聴衆を前に声を張り上げる。次の日も次の日も、私のような常連客とは顔を合わせなければならないのに、台をバンバンと叩きながら、「この目は絶対ない！」って。

さっき馬券を見せた10月6日の②→①→⑮で6万7０００円台の配当になったレース。今でも覚えていますよ。勝った10番人気の②ブレーヴマン。吉冨さんが「外枠の人気馬は来ても3着、この馬だ」と叫んでいた。見てみると浦和の小久保厩舎の馬で前走川崎では左海騎手だったけれど、主戦の町田騎手に乗り替わり。確かに、来る確率は高いと思った。

「ハッキリと指数が出ているのは、これとこれだ。それ以外はいらない」と吉冨さんが断言しているときは的中率が高いけど、モゴモゴと、この人気馬も3着には……といったように歯切れの悪い表現のときは危ない。声のトーンや大きさで、ここは自信がある・ないがけっこうわかる。吉冨さんがモゴモゴのときは、もちろんパス。

今は川崎はやっていないけれど、吉富さんの予想はチェックしている。ずっと当たっていないと、次の大井も立ち直るのは難しいかも、しばらく様子見するかといった具合。吉富さんの調子を見極めるために……。人のおカネで馬券を買うわけじゃない。自分のおカネですよ。自分なりのルールをつくって買わないと。

吉富予想に丸乗りするときと、しないとき

吉富　封筒に入った200万円くらいの払い戻しを持っていたことが、何度かあったじゃない？　あのときの馬券はないの？

達人　全部が全部コピーを取っているわけじゃないので……。1万円、2万円の配当の馬券なら取らないときもあるし、コピーしてくれる場所が遠いときは、面倒だからやめておこうとなっちゃうし。基本的にこれは快心かなと思った馬券はコピーに残すけれど。

一番最近だと、昨年の12月1日大井の最終Rかな。1番人気の⑧ヒロイックサーガが絶対だと吉富さんがいうので、これはもう1着固定しかない。2番手に挙げていた3番人気の②ウッドランズを中心に3連単を3通り買ったところ、3着には11番人気の馬（⑤プラチナバディ）が入って6万円近い配当に。

500円ずつ、合計1500円分が的中で約90万円の払い戻しになった。11番人気の馬なんて自分

の予想じゃあ、入れられませんからね。
昨年6月の帝王賞も吉冨さんに乗っかって獲ったレース。6番人気の「ケイティブレイブが絶対」というので驚いた。いわれてみると、確かに福永騎手のあの馬がよく思えたので、信用してそこから買ったら、大出遅れ。

2017年12月1日大井12Rは3連単⑧→②→⑤59570円をご覧のように3枚的中（各500円）。総払い戻しは89万3550円也。達人ならではの恐るべき重ね買いだ。

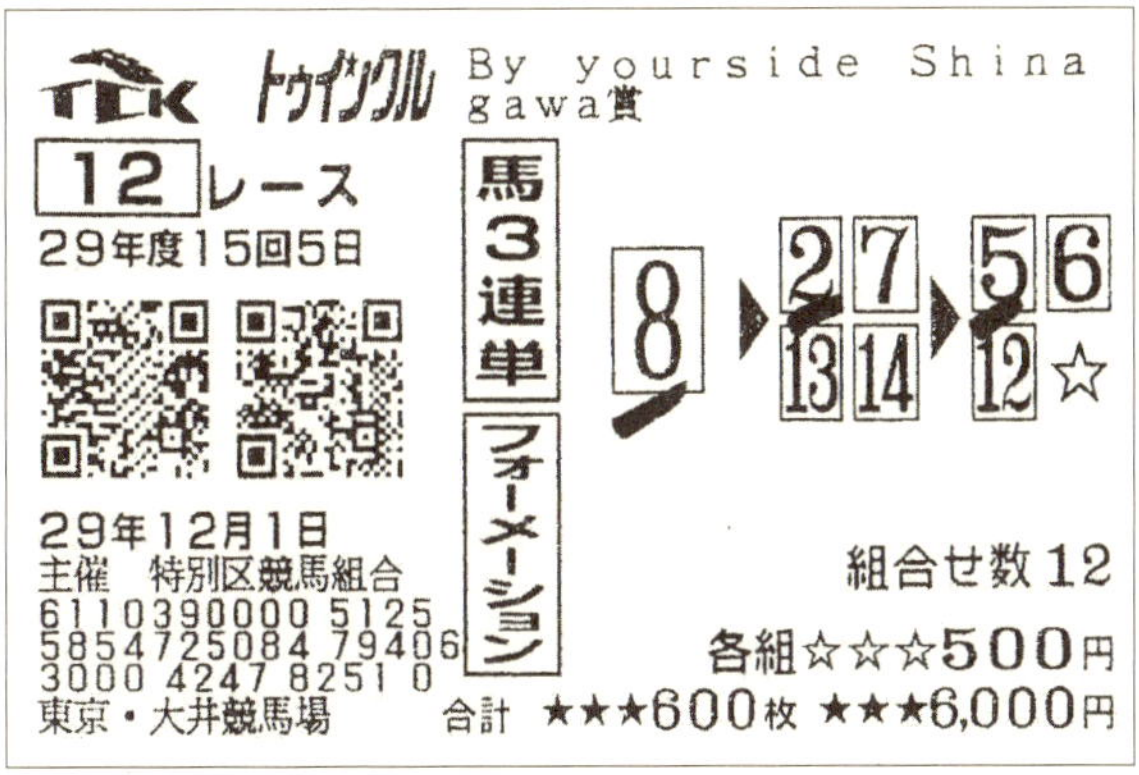

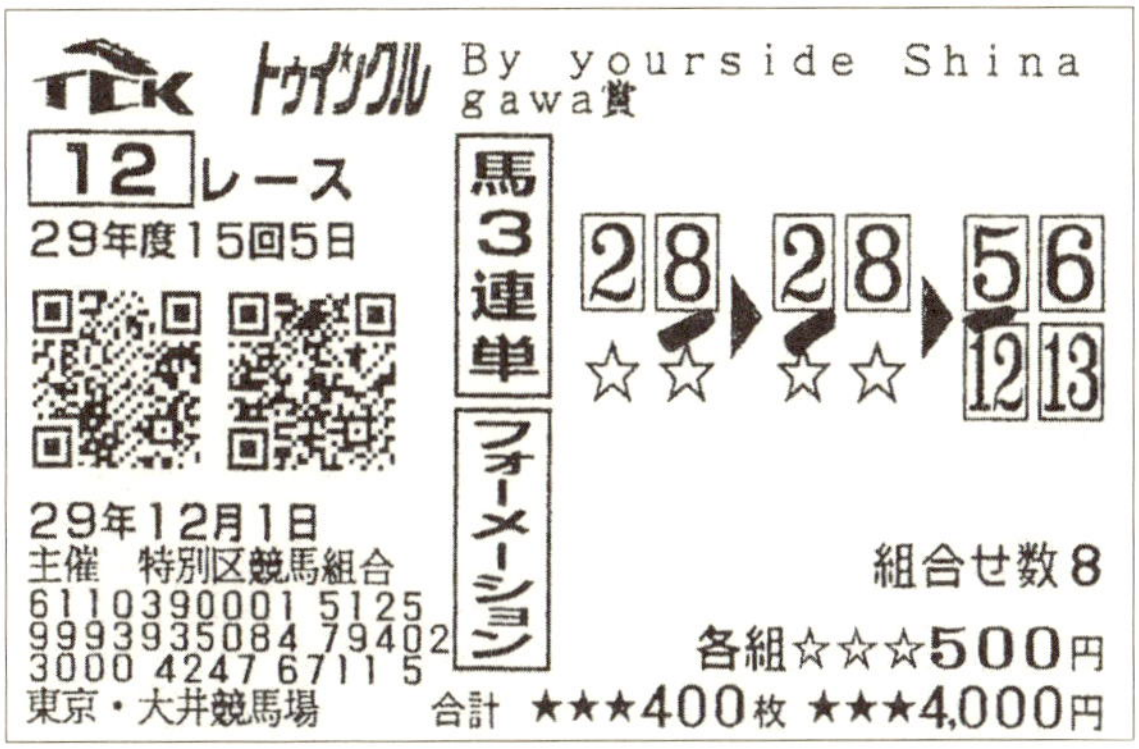

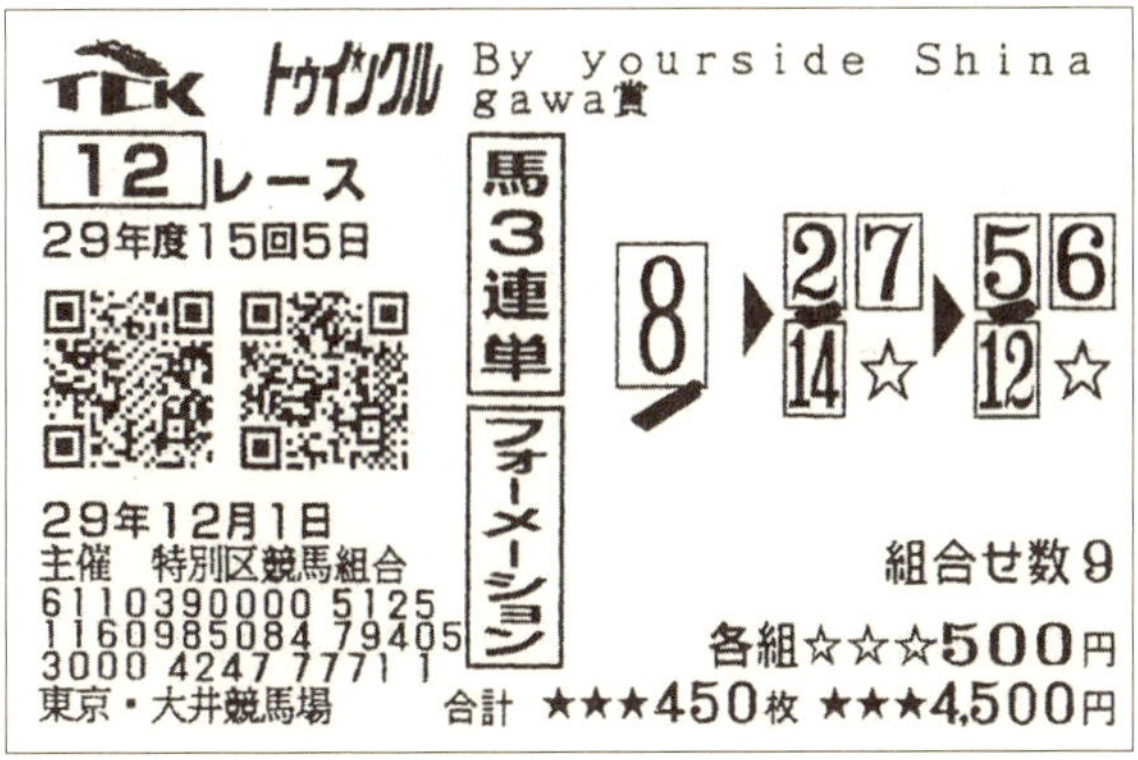

ト1600m稍重）

	①	②	③	④	⑤	⑥	⑦	⑧	⑨
枠	白1	白1	黒2	黒2	赤3	赤3	青4	青4	5
父	ノボジャック	フリオーソ	カネヒキリ	マツリダゴッホ	ヨハネスブルグ	ウインラディウス	キャプテントゥーレ	パイロ	パーソナルラッシュ
馬名	ミラノボヴィッチ	ウッドランズ	シゲルジダイマツリ	コスモカット	プラチナバディ	エイコースナイパー	ナックトゥーレ	ヒロイックサーガ	ノーフォロワー
母（母父）	ヴァーダントヒル（サンデー	アイキャン（タイキシャトル	モリトヴィーナス（リンドシ	ナイスカット（エルハーブ）	シルクメガヒット（サンデー	モモスター（ヤマニンスキー	サキノローレル（サクラロー	デアリングヴァース（オーブ	モエレサンタマリア（ゴール
産地	新ひだか	新ひだか	新ひだか	新冠	新ひだか	新冠	新ひだか	新冠	新冠
斤量・騎手	54達城龍	56西啓太	56西村栄	56坂井英	56本田重	56楢崎功	56上田健	56矢野貴	56山崎誠
騎乗実績	0 0 1 6	1 1 0 1	初騎乗	2 1 0 3	0 2 0 7	0 0 1 2	1 0 0 0	0 0 0 1	2 0 0 3
性齢 色 脚	牝9栗逃	牡3栗先	牡5栗追	牡4鹿先	牡6鹿先	牡6黒先	牡3栗差	騸4黒差	牡4鹿逃
人気	0	24	0	0	2	4	12	30	2
菊池	…	○	…	…	…	△	△	△	…
本紙大貫	…	▲	…	…	…	…	○	◎	…
厩舎	大井久保与	大井[illegible]中人	大井堀江仁	大井宗形竹	大井[illegible]野豊	大井阪本一	大井香取和	大井[illegible]杉昌	大井森下淳
全成績	21 9 7 84	2 [illegible] 11	8 5 4 19	10 3 3 13	13 [illegible] 45	4 9 12 44	2 3 7 11	7 2 [illegible] 19	3 1 3 14
	川崎ナ 8.24 銀河特B1⑫ 千六左1457 53瀧川寿3.6 ⑫ト9ヲ10余488 11 11 11 40.3 デルマハンニャ	大井[illegible] 8.12 盆[illegible]③ 千六右1429 55笹川翼0.0 ⑭ト15ヲ7余446 2 2 2 40.5 ジェロニモ	川崎ナ 4.3 ワールB2⑥ 千五左1386 57山崎誠0.3 ⑭ト5ヲ2余497 5 7 6 40.6 ポインテッドラン	大井ナ 6.30 ムーンA2⑦ 千八右1556 55赤岡修1.4 ⑯ト5ヲ7余491 7 8 8 40.6 ハードクラップ	大[illegible].11 S[illegible]1⑥ 千七右1495 55坂井英0.8 ⑬ト4ヲ7余476 10 11 9 38.2 マイネルジャスト	大井ナ 8.29 初嵐賞B2⑦ 千六右1424 57本田重1.0 ⑯ト11ヲ7余487 15 14 14 38.1 ザンブローネ	大井ナ 8.12 涼風特C1② 千四右1279 55和田譲1.0 ⑭ト1ヲ7余428 4 4 3 39.3 パイナワレア	大井[illegible] 8.13 C1[illegible]八⑧ 千六右1450 55藤本現1.5 ⑨ト2ヲ3余486 6 8 8 41.0 ミッドアルティザ	大井ナ 5.9 あおばB2⑭ 千二右1151 56藤井勘1.5 ⑯ト3ヲ8余476 5 4 39.6 シャラク
	大井ナ 8.29 初嵐賞B2⑩ 千六右1428 55瀧川寿1.4 ⑯ト2ヲ10余486 3 5 6 40.3 ザンブローネ	大井ナ 9.15 ペルセB3⑤ 千六右1426 55笹川翼0.5 ⑯ト7ヲ4余447 2 2 2 41.3 ドリームフォー	船橋ナ 4.13 サンケB2⑥ 千六左1448 57山崎誠0.7 ⑭ト9ヲ4余493 7 7 6 41.7 カールトンガーデ	大井ナ 7.13 スターB2⑬ 千八右1565 57赤岡修1.7 ⑯ト6ヲ8余487 6 3 5 41.5 オーズ	大井ナ 8.29 初嵐賞B2⑤ 千六右1424 57藤田菜1.0 ⑯ト1ヲ6余479 7 8 8 39.5 ザンブローネ	大井ナ 9.13 US長B2⑨ 千八右1573 57本田重1.5 ⑭ト14ヲ13余485 13 13 13 40.6 カパトット	大井ナ 9.13 弓張りB3③ 千六右1437 55和田譲0.2 ⑮ト10ヲ7余439 12 8 8 39.9 エバーチェンジン	大井ナ 8.28 C1五六① 千六右1419 55藤本現1.2 ⑧ト4ヲ3余487 1 1 1 37.5 スクリューネイバ	浦和 5.31 薫風特B2① 千四左1288 56山崎誠0.4 ⑫ト9ヲ9余473 1 1 1 38.8 ロマンコスモ
	大井ナ10.4 オフ大B2⑪ 千六右1450 54達城龍2.3 ⑭ト6ヲ12余489 9 13 13 41.0 セイファルコン	大井ナ10.5 オフ大B3② 千六右1434 56笹川翼0.3 ⑭ト12ヲ3余448 1 1 1 39.1 ジェロニモ	川崎ナ 5.17 MスタB2⑧ 千六左1450 57山崎誠2.4 ⑭ト5ヲ10余494 11 11 9 40.4 トキノセレブ	大井ナ10.2 トゥイB1⑭ 千六右1449 55坂井英2.5 ⑯ト15ヲ13余483 7 11 13 42.2 ポッドジョイ	大井ナ 9.13 US長B2⑦ 千八右1567 57吉原寛0.9 ⑭ト3ヲ11余476 1 1 1 41.5 カパトット	大井ナ10.4 オフ大B2⑤ 千六右1436 56本田重0.9 ⑭ト9ヲ11余489 11 11 10 39.3 セイファルコン	大井ナ10.5 オフ汐B3③ 千四右1283 56和田譲0.0 ⑬ト10ヲ3余445 7 8 7 38.3 エスプリブラウン	大井ナ 9.15 C1一二三① 千四右1280 55藤本現0.2 ⑭ト11ヲ3余483 4 2 2 38.9 ワイエスメイト	船橋ナ 6.23 千葉ジB1⑤ 千六左1447 55赤岡修1.6 ⑪ト5ヲ6余473 1 1 2 41.9 スティレット
	大井ナ10.30 いたばB1⑫ 千八右2005 53達城龍4.2 ⑫ト12ヲ11余487 2 5 8 43.0 サンドプラチナ	浦和 10.19 陽月特B2② 千五左1366 55笹川翼0.4 ⑪ト8ヲ5余453 3 2 2 39.6 インマイヒーロー	川崎ナ 6.16 湘南発B2⑫ 千五左1376 56笹川翼3.1 ⑭ト10ヲ8余497 14 14 14 40.4 デルマハンニャ	大井ナ10.30 いたばB1⑥ 千八右1579 55坂井英1.6 ⑫ト11ヲ9余484 1 1 1 41.0 サンドプラチナ	大井ナ10.4 オフ大B2⑫ 千六右1450 56岩田康2.3 ⑭ト12ヲ5余482 10 9 10 41.0 セイファルコン	大井ナ10.31 水彩都B2④ 千六右1425 56楢崎功0.6 ⑯ト1ヲ14余484 11 9 7 39.8 ドリームフォー	大井ナ10.30 文の京B3② 千四右1286 56和田譲0.2 ⑯ト1ヲ2余444 7 8 9 39.4 ヒロイックサーガ	大井ナ10.30 文の京B3① 千四右1284 56御神訓0.2 ⑯ト9ヲ1余491 5 5 4 39.7 ナックトゥーレ	浦和 7.18 武甲山B2① 千四左1284 57山崎誠0.0 ⑫ト7ヲ1余472 1 1 1 38.7 トーセンペンタゴ
	大井ナ11.17 アルデB2⑯ 二千右2160 53櫻井光6.0 ⑯ト13ヲ16余481 1 10 16 45.0 ステイサウンド	大井ナ11.17 アルデB2⑪ 二千右2116 57笹川翼1.6 ⑯ト3ヲ6余451 2 2 2 41.9 ステイサウンド	川崎ナ 9.9 全国鮫B2⑭ 千五左1400 57瀧川寿4.7 ⑭ト11ヲ9余506 14 14 14 41.5 アップドラフト	大井ナ11.17 アルデB2⑭ 二千右2127 57坂井英2.7 ⑯ト14ヲ12余489 5 4 6 42.7 ステイサウンド	大井ナ10.30 いたばB1⑤ 千八右1578 55本田重1.5 ⑫ト8ヲ8余481 5 4 4 40.6 サンドプラチナ	大井ナ11.13 プロキB1⑥ 千六右1439 55楢崎功0.7 ⑩ト6ヲ5余488 4 6 7 38.8 ビリーバローズ	大井ナ11.17 アザレB2① 千四右1279 55上田健0.0 ⑯ト9ヲ4余442 11 10 9 37.9 ゴーゴーカズキ	大井ナ11.15 グリーB2③ 千四右1278 56御神訓0.2 ⑯ト7ヲ2余496 5 5 5 38.2 ジェロニモ	川崎ナ 8.2 AスタB2⑦ 千六左1470 57山崎誠1.1 ⑬ト7ヲ3余474 4カ月休養 鑑0 0 1 1
当地成績	3 4 4 40	2 3 1 10	0 0 0 1	4 3 3 8	6 4 2 30	3 7 11 41	2 3 7 11	6 1 2 9	0 0 3 9

大井 12 発走 20.50

しながわの魅力を発信！ By yourside Shinagawa賞（サラB2・二組）

距離 1600 右内回り

1着賞金 320万円

1着⑧ヒロイックサーガ　（1番人気）

2着②ウッドランズ　（3番人気）

3着⑤プラチナバディ　（11番人気）

単⑧ 320円

複⑧ 160円　② 250円　⑤ 670円

馬連②－⑧ 1610円

馬単⑧→② 2760円

3連複②⑤⑧ 17760円

3連単⑧→②→⑤ 59570円

なんだ、終わっちゃった。これじゃあ、いくら吉富さんでも仕方がないなと……思っていたら向正面から追い上げ、3、4角外を回って直線差し切った。しかも、上がりが36秒台。私の知る限り、大井の深い砂で36秒台の脚を使う馬はまずいない。

破格に上がりが速かった14年の東京ダービーのハッピースプリントでも37秒ピッタリだった。やっぱり吉富さんは凄いなあと再認識しましたよ。

2017年12月1日大井12R Byyourside（ダー

16 桃8	15	14 橙7	13	12 緑6	11	10 黄
ユメノヒト	マイネルグルマン	ガーデンズキュー	サプールコンゴ	タケノビワ	リバーサイドパーク	エリュシオン
サウスヴィグラス	スニッツェル	ワイルドラッシュ	キンシャサノキセキ	ブライアンズタイム	アドマイヤムーン	ゴールドアリュール
ベルナデッタ（アフリート）	プラチナペール（アグネスタ	リヴァリーガーデン（サンデ	スイートクラフティ（クラフ	シルキーリリー（ティンバー	ゴールドプライシズライジン	オリヒメチャーム（ジャング
新ひだか	洞爺湖	安平	日高	浦河	新ひだか	浦河
54服部茂	56中野省	54笹川翼	56今野忠	54柏木健	54森泰斗	56繁田健
0 0 0 1	0 3 0 4	2 2 3 4	3 1 1 14	7 4 1 7	0 0 0 3	初騎乗
牝5栗先	牡5鹿先	牝5鹿差	牡4黒差	牝5黒差	牝4鹿追	牡4鹿先
0	0	38	8	2	12	10
… … …	… … …	… ◎ …	… ▲ …	… △ …	… … …	… … …
… … …	… … …	… △ …	… △ …	… … …	… △ …	… △ …
大井橋本馬	大井久保信	大井荒山勝	大井渡部則	大井松浦裕	大井堀千亜	大井月岡健
4 6 4 25	2 5 0 28	4 4 6 13	10 3 4 23	7 4 1 7	3 3 5 16	4 7 5 11
大井ナ 7.28	大井ナ 5.11	大井 1.26	大井ナ 8.31	大井 3.6	大井ナ 8.30	大井ナ 7.30
サマーB3④	さつきB2②	ジャニB2⑦	ファンB3⑧	白梅賞B3 2	新涼賞B3⑥	シーブB3③
千五右1364	千六右1426	千八右1575	千七右1490	千二右1132	千四右1281	千六右1441
55和田譲0.4	56中野省0.5	55笹川翼0.8	56笹川翼1.2	54柏木健0.4	54赤岡修0.7	56坂井英0.2
⑮ト6ヲ8余446	⑩ト8ヲ9余512	⑯ト1ヲ3余484	⑯ト5ヲ11余453	⑯ト13ヲ4余537	⑮ト6ヲ2余458	⑯ト8ヲ1余462
2 2 2 40.2	7 7 7 39.4	5 6 4 39.5	9 9 9 38.9	4 3 37.8	11 7 6 38.5	5 3 3 40.8
フォーティクイン	マイネルジャスト	5カ月休養	ペリーフェイマス	プリサイスキング	グットドディユ	ポッドジョイ
大井ナ 8.30	大井 5.24	大井ナ 6.30	大井ナ 9.15	大井ナ 5.8	大井ナ 9.11	大井ナ 8.12
新涼賞B3⑨	B2四②	南風賞B2 3	ペルセB3④	デネボB2①	サファB3②	盆踊りB3 2
千四右1287	千四右1280	千六右1425	千六右1426	千四右1270	千四右1278	千六右1429
54吉原寛1.3	56中野省0.1	54笹川翼0.7	56今野忠0.5	53柏木健0.7	54真島大0.0	56坂井英0.0
⑮ト7ヲ5余458	⑩ト2ヲ5余513	⑮ト14ヲ7余498	⑯ト4ヲ11余453	⑬ト7ヲ1余537	⑫ト6ヲ5余457	⑭ト1ヲ1余458
9 11 12 38.8	2 5 4 38.2	11 7 6 39.9	12 12 11 39.3	2 2 2 38.3	8 7 6 38.5	5 4 3 40.3
グットドディユ	マイネルファラオ	ワタリセイユウ	ドリームフォー	スイシン	パイナワレア	ジェロニモ
大井ナ 9.13	大井ナ 6.9	大井ナ 8.10	大井ナ 10.5	大井ナ 5.23	大井ナ 10.4	大井ナ 9.14
カシオB3❶	夏木立B2	アルビB2 2	オフ大B3④	エキサB2④	オフ京B2⑥	秋分賞B2 7
千四右1279	千四右取消	千四右1268	千六右1443	千四右1286	千四右1284	千四右1283
54岡部誠0.3	56中野省	54笹川翼0.6	56今野忠1.2	55柏木健0.4	54森泰斗0.4	56坂井英1.3
⑭ト7ヲ7余455	14ヲ —	⑫ト7ヲ3余498	⑭ト13ヲ7余459	⑯ト11ヲ1余540	⑯ト10ヲ3余463	⑫ト2ヲ4余462
1 2 1 39.0		3 5 3 38.5	5 5 5 39.9	4 2 2 39.9	6 6 6 38.7	4 5 6 39.3
タケノスウォード		ゴンタ	ジェロニモ	ツオイガナ	リコーベルリネッ	キャンドルグラス
川崎ナ 11.10	大井ナ 6.30	大井ナ 8.31	大井ナ 11.3	大井ナ 6.30	大井ナ 11.2	大井ナ 10.4
宮ケ瀬B2⑩	南風賞B2 14	シンデA2⑤	じぶんB3④	南風賞B2 6	にぎわB2 4	オフ大B2②
千六左1454	千六右1455	千四右1274	千七右1495	千六右1428	千二右1134	千六右1433
55瀧川寿1.1	56中野省3.7	53笹川翼1.2	56今野忠0.8	54柏木健1.0	54森泰斗0.5	56坂井英0.6
⑭ト3ヲ8余451	⑮ト1ヲ6余519	⑩ト4ヲ4余494	⑯ト9ヲ4余460	⑮ト8ヲ3余541	⑯ト13ヲ9余460	⑭ト10ヲ3余470
3 4 3 40.8	3 5 6 43.2	5 6 6 38.0	10 10 10 40.2	6 2 2 40.7	15 12 37.1	4 3 2 39.7
ニシノマリーナ	4カ月休養	アイスカチャン	ラクワキアーラ	4カ月休養	ムサシトレジャー	セイファルコン
大井ナ 11.17	大井ナ 11.15	大井ナ 10.31	大井ナ 11.16	大井ナ 11.14	大井ナ 11.14	大井ナ 10.31
アザレB2⑯	グリーB2⑬	水彩都B2⑤	錦秋賞B3①	US霜B2 15	US霜B2 5	水彩都B2⑮
千四右1297	千四右1294	千六右1425	千六右1439	千二右1154	千二右1136	千六右1458
55瀧川寿1.8	56坂井英1.8	54クアト0.6	56今野忠0.2	55柏木健2.0	55森泰斗0.2	56坂井英3.9
⑯ト3ヲ7余444	⑯ト8ヲ13余525	⑯ト10ヲ5余506	⑮ト10ヲ4余456	⑯ト6ヲ7余529	⑯ト2ヲ2余459	⑯ト11ヲ7余472
4 7 7 40.1	13 13 13 38.1	5 5 5 40.2	7 7 6 40.7	14 14 39.2	10 9 37.8	8 10 13 43.4
ナックトゥーレ	ジェロニモ	ドリームフォー	ジンロックカフェ	デブリン	デブリン	ドリームフォー
3 5 3 20	0 4 0 12	4 4 5 13	4 2 2 18	7 4 1 7	0 1 0 4	2 5 3 6

（サンケイスポーツ）

とはいっても、いつもいつも吉冨さんに丸乗りしているわけじゃない。吉冨さんの予想を全部買っていたら、やっぱり負けますから。

自分なりに判断して勝負しているし、吉冨さんの指数が出ていない馬を買うときもある。

JBCクラシックを勝ったサウンドトゥルーは、吉冨予想では5番手だったけど、私はもっと重く見ていた。私なりの理論があったからです。

中央と地方じゃあ、同じGⅠといってもまったく違う。中央の場合、力の拮抗している馬ばかり、前に行った馬も止まらない。対して大井のGⅠは〝二部制〟。中央の一線級に加えて、まったく歯が立たないであろう地方馬が混じっているので、実質的に中央の少頭数レースだ。

サウンドトゥルーは後ろからしか行けない馬。馬群がバラけないと伸びません。中央のGⅠではこれが弱点になっている。例えばチャンピオンズCは、その弱点がモロに出たレースですよ。

レースリプレイを何度見ても、内で詰まって出られない、やっと前が開いても、時すでに遅し。前もそう簡単に止まりませんから、追い込み切れずに終わってしまった。

その点、二部制の大井のGⅠなら頭数も少ないし、ついていくのさえ難しい馬もいるので、初めから馬群はバラける。前のグループの後ろにつけていって、タイミングを見計らって追い出せば、楽に差し切れるのです。サウンドトゥルーが大井で強いのは、理由があってのことなんですよ。

吉冨　僕の印が抜けて、Kちゃんが獲った100万馬券あったじゃない。勝島王冠だったかな。

達人　アレねえ。覚えていますよ、とてもガッカリしたから。2010年（12月1日）の勝島王冠。

私が買ったときの配当は470万円。これを200円持っていたから。どんなに下がっていても350万はある。よし、700万円だと喜んだら、170万まで下がっていた。340万円の払い戻し。これが今でも払い戻し額の最高記録だけど、喜び半減だよね。

吉冨　それでも獲ったからいいじゃない。こっちは3着のサイレントスタメン（13番人気）が抜けて……。

達人　確か吉冨さんの本命は的場文騎手のボンネビルレコードで、相手が真島騎手のスーパーパワーでしたよね。ボンネビルは1番人気だけど、勝ったスーパーは10番人気。吉冨さんの予想を見たときから、これは大きい馬券になると思った。3着に入ったサイレントスタメンを入れたのは、もちろん、理由があってのこと。

サイレントスタメンって川崎のクラウンカップ、東京ダービーと連勝した後は、向いている大井の外回りをほとんど使わずに大敗を続けていた。やっと大井の外回り1800mを使ってきたのが勝島王冠だったんですよ。東京ダービーは一生一度の大駆けだと思っていたので、勝つまでは無理。でも3着なら追い込みが決まってあるかなと考えて、押さえたんですよね。

吉冨　あの頃だったよね。預金の残高が一気に増えているのを見せてもらったのは。

達人　あの年の12月は本当に絶好調でしたね。東京大賞典が終わっても大井に通って、30数万円馬券を300円獲ったのもあの年。12月の大井2開催で900万円の上がりがあった。年間1000万はあっても、2開催でこれくらいいったのは、あのときくらいかな。

吉冨予想では抜けていても、買うべき馬とは……

達人　吉冨さんの予想だけではなく、それ以外の予想も使っていました。

トータライザーって専門紙がありましたよね。現在は新聞はなくなって、サイトでのみ情報を提供しているんですが、トータライザー紙の中に「穴目八目」っていうコーナーがあって、穴がよく当たる。まったくの人気薄から3点くらいで。でもパーフェクトってわけじゃないから、必勝法にはならない。私なりにアレンジして取り入れていました。

例えば、中山のダート１２００ｍの外枠に入った先行馬が穴馬として指名されていたら、必ず買う。このコース、芝からのスタートで芝の部分を長く走れる外枠が有利。これはよく知られてますよね。実際、穴がよく獲れた。その馬に吉冨さんの指数が出ていたら、もう絶対、非常に高い確率で馬券圏内に来る。

吉冨さんの指数が出ていなくても、南関の競馬専門紙「日刊競馬」の調教欄で採点の高い、ナンバー1調教馬を3着に置くこともある。1、2着は吉冨さんの馬で決まっても、3着が抜けることもけっこうあるから。調子のいい馬を入れておけばカバーできるんです。こういった具合に、吉冨さんの指数と他の予想を組み合わせるというのも、ひとつのやり方ですよ。

それから吉冨さんに乗っかっていいパターンもつかんでいる。吉冨さんの理論って、同じレースでの実走での順位付けとレースの優劣が基本になっているでしょう。

後者の**レースの優劣がハッキリついているときが勝負**ですね。「こっちのレースのほうが上だ、5着でもこっちのほうが強い」とか、強調していると買い。こういうケースは、人気がないことが多いうえに、同じレースで走っていた例えば10着の馬も連れてくるので、大穴が期待できる。余計に買えるんですよ。

レベルの高いレースって結局、ラップだと思う。速い流れは、どの馬も苦しい。きつい競馬を経験した馬は、その後も走るんじゃないかと。

例えば、ラブリーデイの勝った鳴尾記念（15年6月6日）。10秒台、11秒台のラップが半分を占めている。遅くても12秒前半なので、ずっとペースは厳しかった。このレース、ラブリーデイがその後、大活躍しただけじゃなく、2〜5着馬もすべて重賞で上位に来た。

2着のマジェスティハーツは次走関屋記念2着、3着のアズマシャトルは次々走小倉記念勝ち、4着のエアソミュールは次々走毎日王冠勝ち、5着グランデッツァは次走七夕賞勝ち。掲示板に載った馬たちは、すぐに重賞で暴れまくった。凄いでしょう。

吉冨　それこそ実走着差だね。きつい流れの中で、どういう動きをしていたか、数式で算出して優劣をつけている。僕の実走着差理論が間違っていない証拠でもあるよね。

達人　吉冨さんがレースの優劣をつけなきゃダメって口をすっぱくしていうでしょう。アレ、確かですね。次に走らなくても、レベルの高いレースを走った馬は必ず結果を出してくる。

穴を出した馬の5走くらい前の馬柱を振り返ると、この馬、吉冨さんがいっていたレベルの高いレースに出ていた馬だったってことがよくある。だからレベルの高いレースの出走馬はすぐに結果が出なくても、追いかけるようにして3連単には入れるんですよ。

最近の大井でいうと昨年7月のサンケイスポーツ賞ってレース。的場騎手騎乗の馬が2着降着になって、シルキークィーンって馬が繰り上がって勝った。

このレースの7着、メジャーリーガーが次に出走してきたとき、吉冨さんは9番人気なのに◎にしていた。前走がレベルが高いレースだったから強いって。でも結果は7着。その次も10番人気で4着。ただ前に行って粘っていて、着差も0・9秒しかなかったから、次も狙えると思った。

次の10月4日のレースは鞍上が真島から御神本騎手に乗り替わり。ここで買わなくてどうすると思って、吉冨さんの予想を見ると指数が出ていない。

吉冨　前2走で消えちゃったんだよね。レースの優劣は馬場差が1秒もあるとけっこう違ってくる。1秒で5~6馬身の計算になるから。ところが、現状では南関も中央も完璧には馬場差をつかみ切れていないんだよ。

中央は新馬や未勝利を除く、条件戦。例えば500万下のダートって条件は、1日3つあればいいほう。距離が違うので、平均は取れないし、この3つが全部スローペースなら、時計は遅くなって馬場差を正確に反映したものにならないし。

その点、ダートだけの南関は連続5日間開催だし、馬場差が掌握しやすいんだけど、信頼に足るデータがないのと、主催者がたびたび馬場をいじる。例えば、内に砂を入れたために、内外ではダートの深さが違ってくるとか、馬場が均一ではないときもあるんだ。

馬場の掌握が悪いと、レースの優劣を間違う。馬場差が正確につかみ切れていない開催を挟むと、前は指数上位だった馬が消えちゃうんだよね。

達人 でも、私は追いかけるつもりだったから、メジャーリーガーを軸にしたら2着。5番人気と、予想したより人気があったけれど、1、3着も人気薄が入って3連単23万馬券。300円獲った。追いかけ続けたら、こんなオイシイ配当が転がり込んでくるんですよ。

だから、ラブリーデイもずっと買い続けた。そしたら、宝塚記念、京都大賞典、天皇賞秋と3連勝でしょう。ジャパンCでも3着に来た。さすがにその後はお釣りがなくなったけれど、たっぷり儲けさせてもらった。

中央でもう1頭追いかけた馬を挙げればコパノリッキー。3歳のとき、兵庫チャンピオンシップで1着になった。そのとき、吉冨さんの予想では指数上位。このレースで活躍した中央馬は、出世するという傾向もあって、翌年（14年）のフェブラリーSで期待したんだ。そしたら16番人気で1着。大儲けさせてくれた。

吉冨 あのレースで走らなかったら、大井に転厩する予定だったらしいよ。

達人 そうなんだ。その後のコパノリッキーの活躍ぶりは皆さんご存知の通り。15、16、17年とずっとお世話になっている。

吉冨 僕が一度本命に推した馬は、その後、僕が評価を落としてもプッシュして一発を狙えって、必勝法を実行している人は多いみたい。

僕の計算ミスもあって、確かに前に本命にした馬は人気がなくなって走ることがけっこうある。上書きが必ずしも正しくない。これが今の課題のひとつだね。

達人　吉冨さんがいいのは、正直にダメなときはダメだといってくれるところ。エクスキューズとして、「今日はよくない、馬場差の換算間違っている」とか……。

私が後半のレースしかしないのは、馬場差の計算が狂っているかどうか、前半のレースの結果で、ある程度推測がつくからというのもある。もちろん、吉冨さんからエクスキューズの言葉が出たら、勝負は見送り。その日は打つのをやめる。

穴を教えてくれる、信頼できる予想家に頼るべし

達人　血統だ、調教だなんて、いろんなことを人はいうけど、結局、競馬は記憶のゲームですよ。**レベルの高いレースをどれだけ覚えているか**に尽きる。

吉冨さんもレースリプレイを見たかって、いつもいってますよね。私も何回もレースリプレイを見る、中央、大井を問わずね。

吉冨　本当は、近7走、全部の出走馬のレースリプレイを見て予想するのが理想だけど、それは物理的に無理だからね。予想するレースを絞って、できるだけ見るというやり方しかできない。ＪＲＡが

出馬表を水曜くらいに出してくれれば、もっと完璧な予想ができるのに。

達人　大井では完璧な予想っていえる日が何回かあるじゃない。あのガナールが2着に来て、お客さんのひとりが２０００万円の配当を受けた東京ダービー（10年）の日とか。

吉冨　ああ、マグロの入れ食い状態だった、あの日ね。日本のどんな競馬予想家もできない芸当ができる日が年に何回かある。あの日も、後半8発立て続けに当てた。東京ダービーの3連単10万円は本線で、他にも14万馬券、3万、4万、1万とね。12Rもトドメの約3万９０００円馬券。軸1頭で、馬連なら5頭までしか出していない。少点数で3連複ベースでも万馬券をバンバン当てた。

達人　本当にあの日は凄かったね。２０００万円とはいかなかったけれど、メインまでに90万円くらい稼いで、もうお腹一杯。欲をかかず最終はパスして帰った。

吉冨　あの東京ダービーで２０００万円を獲って写メを見せに来たお客さん。競馬のことはあまり詳しくなかったようだよ（前述）。

達人　まあ、いろいろ自分の理論めいたこともいったけど、あまり競馬に詳しくなっちゃいけないとも思っているんだよね。競馬って、知れば知るほど本命党に傾いていくから。

例えば、吉冨さんの指数で無印馬がいても、このジョッキーでこんだけの着差でずっと負けてるんだからって、無条件に買えなくなる。どんどん常識的な見解に近づいていって、本命サイドの馬券しか買えなくなるんです。

だから、生半可に競馬を勉強しないほうがいい。穴を教えてくれる信頼できる予想家に頼ったほう

がいい。

自分で予想したら、二ケタ人気の馬2頭を一緒に入れて買うなんてことはできないですよ。吉富さんが指数を出しているから、信じて買うしかない。だからデッカい配当が獲れる。

吉富 予想屋とお客の関係は、経営者と資本家の関係だからね。Kちゃんは分業体制をうまく使いこなしている投資家だよね。悔しいけれど、経営者＝予想家である僕は、Kちゃんみたいにオッズを考えながら、絞って効率的に獲るなんてことはできない。

レースリプレイを見て、計算づくで予想しているから、A馬はB馬に実走では3馬身勝っているといったイメージが、予想の過程でこびりついている。だからA馬1着、B馬2着は買えても、裏は買えない。

さらに例えば鞍上が大幅に強化され条件が好転したC馬がいても、A馬やB馬より評価を挙げて、C馬アタマの馬券を買うなんてことは頑なに拒む自分が、僕の中にいる。

Kちゃんのように、投資家の目で臨機応変に目を組み替えるなんてできないんだよね、予想を受け持っている僕は。

達人 吉富さんがかわいそうなのは、3R以降、全部予想しないとダメでしょう。時間もかかるし、抜けも出てくる。僕はその中から3つピックアップして、つきそうな穴馬がいるレースを狙うだけでいいのだから。

吉富 少額で大きなリターンを実現し続けているKちゃんは、まさに一級の投資家だね。株なんか話にならないほど、馬券は最高の投資対象。僕の主張を実践してくれているのは、ありがたいよ。

僕もやがてKちゃんを超える馬券投資家になりたいと思っている。

中央競馬は巨大な富が埋蔵されているマーケットだと捉えているんだ。勝ち馬が昇級して抜けていく中央は、南関と比べたら格段に能力差が大きいので与しやすい。

20年くらい前かな、1着と5着の平均タイムを大井と中央で比較してみたんだ。そしたら、着差が中央のほうが南関の倍あった。つまり、中央は上位の馬たちもバラけて入っている、南関は接戦が多いというわけ。

だから、僕の予想の精度がもっと上がれば、百発百中とはいわないけれど、ガンガン当たるはずだし、マーケットが大きいぶん、馬券に大きな額を突っ込んでも、オッズに響かないからね。コンスタントに相当の利益が出るようになると信じているんだ。

番外編 吉冨馬券観戦記

武内一平

吉冨さんと初めてお会いしたのは、筆者の記憶が正しければ、1990年代の終わりである。もう20年の歳月が流れた。当時、大井の天才予想家に馬券の極意を聞き、馬券勝負に挑んでもらおうという企画があり、そのライターとして起用されたのが筆者だった。

以来、幾度か吉冨さんの真剣勝負を現場で体験してレポートした。正直、華々しく勝った記憶はない。ただ一度、浦和競馬場で50倍ほどの馬単を獲り帯封にしたのはよかったが、帰りに寄った居酒屋で、帯封の入ったバッグを吉冨さんが忘れそうになったことは妙に覚えている。

今回、吉冨さんの著書で、10年ぶりどころか15年ぶりくらいに実戦記を描くことになった。そして勝負は一度きりにしてほしいとお願いした。

吉冨さんの著書だから、本来なら「勝った、勝った、また勝った」的な礼賛の実戦記を描くべきなのだろう。一度でうまくいかなければ、何度でもやれば大当たりする日も来る。その日だけを剽窃《ひょうせつ》して、あたかも馬券の達人のごとく粉飾できないこともない。

だが、そんな絵空事を描くのは、吉冨さんの最も嫌うところだろうし、何よりも吉冨さんに失礼ではないかと思った。1回こっきり、結果がどうであろうと、ありのままに書いてこその実戦記である。

賭ける金額も抑え気味にしていただいた。10数年前、吉冨さんは自らの存在を証明せんがためか、20万、30万と大金を張っていた。なんだか、切なかった。当たる、当たらないではなく。

YouTubeでは、チャンネル登録を増やし、莫大な収入を得んがために、1000万円、2000万円という気の遠くなるような札束を1レースにつぎ込む輩がいる。外れようが、当たろうが、話題になりさえすればいい。魂がまるでこもっていない馬券……。

吉冨さんをあまり知らない若者たちが、そういういかがわしい連中たちと混同する余地をすべて排除したかった。

前置きはこれくらいにして、2017年11月10日東京競馬場——昼過ぎに到着した吉冨さんは、「10年ぶりだなあ、府中に来るのも」。普段、ホームグランドとしているのは、某所のWINSである。しかも、WINSに滞留するのではなく、勝負レースの馬券をまとめ買いしたら、さっさとWINSを離れるのが最近の吉冨流らしい。

今回は普段とは環境が異なる。勝負事は、些細な環境の違いが結果に影響を及ぼしかねない繊細な一面がある。所在なさげに勝負レースを待つ吉冨さんを見ていると、そんな不安が脳裏をよぎった。

●5番人気の◎が連対、それなのに……

吉富さんが動いたのは、京都９Ｒ花背特別（１０００万下、ダート１４００ｍ）。人気薄がズラリ並ぶ、なかなか濃い予想だ。

◎は③サヴィ（5番人気）、○⑨タガノグルナ（9番人気）、▲⑦ピースマーク（7番人気）、以下⑧ブラックジョー（11番人気）、⑫ファームフェイス（2番人気）、⑭アドマイヤシェル（12番人気）。

購入した馬券は、③軸のワイド各４００円、馬連各１０００円の合計２万５０００円だ。この人気なので、当たればデカいのだが……筆者にはひとつ気になる点が。

このレース、陣営の思惑が大きく作用しそうだからだ。というのも、２頭出しのオンパレード。馬主では、シルクR、モハメド殿下、タガノが、厩舎では松下、杉山厩舎が２頭出し。

筆者は、『２頭出しの正しい選び方』なる馬券本を上梓している。あえて２頭出しのスペシャリストの立場からいわせてもらえば、こういうレースは、陣営の思惑が結果に即つながる。一方、吉富さんの予想は能力比較である。レースの性格が合わないのでは、と思った次第だ。

1400m稍重）

京都 9	白1 ①	白1 ②	2 ③
発馬 2.35	シンボリクリスエス	アグネスデジタル	ストリートセンス
花背特別	ヒドゥンブレイド	ミトノゴールド	サヴィ
混 三才上 1000万下・定量	クロースシークレット　黒鹿	ホシノキンカ　栗毛	ヴィヴァヴォーチェ　黒鹿
	57 牡7	57 牡5	56 牡3
	替シュタルケ	国分優	替アッゼニ
	栗小崎	栗湯窪	栗中内田
	700	950	900
	4136	4640	1320
	(有)シルクR	ロイヤルパーク	シェイク・モハメド
	安 ノーザンF	千代田牧場	日 ダーレージャパンF
持木秀康	……	……	△
瀬古満明	……	……	△
加茂聡	……	……	注
須藤大和	△	……	△
田崎泰	……	△	……
本紙中邑	B	B	△
芝1200〜1400	1387⑬ 阪 1264⑤	函 1112③ 1321⑭	2
芝上り ダート上り	34.9⑤ ダ 35.6⑬	36.0⑥ ダ 35.6①	
1-5 ☆ 1-6 59.9 1-7 ☆ 1-8 ☆ 2-2 23.3 2-3 5.9 2-4 30.3 2-5 23.2 2-6 12.2 2-7 30.9 2-8 22.5	2東 5月27日 ⑪ 四才上 9 1000万 12ダ 16頭 ダ 1376 55 荻野極 M ⑬⑧⑧ 492 人気7 出遅る 9 1/4 373 中 364 コパノアラジン 1361 1.5	3京 4月22日 ① 四才上 11 1000万 8ダ 16頭 ダ 1251 57 太宰 H ⑬⑫⑫ 490 B 人気7 後方まま 6 3/4 353 中 377 トウショウカウ 1240 1.1	3京 5月14日 ⑧ 三才 1 500万 9ダ 13頭 ダ 1238 56 藤岡佑 M ⑬⑬⑪ 462 人気7 直線一気 2身 361 内 358 トウカイシュテ 1241 0.3
3-3 7.5 3-4 17.6 3-5 13.5 3-6 7.1 3-7 17.9 3-8 13.1 4-4 ☆ 4-5 68.9 4-6 36.4 4-7 91.4 4-8 66.7 5-5 ☆ 5-6 27.9 5-7 70.2 5-8 51.2	3中京 7月23日 ⑧ 尾張 9 1000万 1ダ 15頭 ダ 1124 57 ホワイト H ⑬⑬⑮ 498 人気11 後方直犬 6 1/2 357 中 367 エルフィンコー 1113 1.1	3阪 6月4日 ② 洲本 14 1000万 1ダ 16頭 ダ 1256 57 国分優 M ⑩⑬⑫ 490 B 人気11 後方まま 10 1/4 360 外 375 ワンダーリーデ 1239 1.7	3東 6月18日 ⑥ ユニコーン 13 GⅢ 5ダ 16頭 ダ 1381 56 藤岡佑 H ④⑥④ 462 人気6 中位一杯 12 3/4 353 内 381 サンライズノヴ 1359 2.2
6-6 ☆ 6-7 37.1 6-8 27.0 7-7 ☆ 7-8 67.9 8-8 ☆ 軸馬 6 単穴 5 連 10 12 15	4京 10月14日 ④ 三才上 9 1000万 10ダ 11頭 ダ 1248 56 荻野極 M ⑦⑦⑦ 486 B 人気11 中位一杯 4 3/4 356 外 372 ドライヴナイト 1241 0.7	5ヵ月余 放牧 乗込み5週間 仕上り○ 連対体重 480〜490 3ヵ月以上休 ①②③外 0 0 1 4	2新 8月19日 ⑦ 驀進 9 1000万 14ダ 15頭 ダ 1117 54 戸崎圭 M ⑦⑨⑨ 462 人気3 中位まま 6 3/4 348 中 369 ディオスコリダ 1105 1.2

（馬柱いずれも優馬）

2017年11月11日京都９Ｒ花背特別（３歳上1000万下、ダート

枠・馬番	16 桃8	15	14 橙7	13	12 緑6	11	10 黄5	9	8 青4	7	6 赤3	5	4 黒
父	ハーツクライ(中長)	マンハッタンカフェ(長)	フジキセキ(マ中)	クロフネ(マ中)	タートルボウル(マ)	スズカマンボ(中長)	シニスターミニスター(短中)	ルーラーシップ(中長)	ディープスカイ(中)	ヨハネスブルグ(マ)	エンパイアメーカー(中)	パイロ(マ中)	ストリートセンス(中)
馬名	ワキノハガクレ	シーリーヴェール	アドマイヤシェル	ロッテンマイヤー	ファームフェイス	スズカウラノス	(地)メイショウボンロク	タガノグルナ	ブラックジョー	ピースマーク	タガノカトレア	インフェルノ	トウカイシュテルン
母	ホーリーグレイル(中)	シーリーコート(マ)	ウィッチズハット(マ)	アーデルハイト(中)	リーブオブフェイス(中)	ウエスティンタイム(マ)	ディープセーマ(マ)	ラヴソレイユ(マ)	ラブレター(短)	エリモハルカ(短)	タガノチャーリーズ(短)	モケット(マ)	トウカイセレブ(中)
毛色	黒鹿	青鹿	栗毛	鹿毛	鹿毛	鹿毛	栗毛	鹿毛	青鹿	鹿毛	鹿毛	栗毛	鹿毛
斤量・性齢	57 牡5	57 牡6	57 牡7	55 牝4	54 牝3	57 牡8	57 牡6	56 牡3	57 騸4	57 牡6	54 牝3	57 騸5	54 牝3
騎手	替小牧	M.デムーロ	松山	替川田	替藤岡佑	替松若	替太宰	替古川	浜中	替幸	替岩田康	池添	替和田
調教師	栗松下	栗杉山	栗中尾秀	栗池添学	栗笹田	栗杉山	栗松下	栗大根田	栗安達	栗沖	栗岡田	栗池添兼	栗松元茂
賞金	950	700	950	700	900	950	580	900	750	950	900	950	900
総賞金	4635	3945	3607	3380	2630	7946	2342	1600	3342	2390	1770	2340	2155
馬主	脇山良之	社台RH	近藤利一	(有)シルクR	G1レーシング	永井啓弍	松本好雄	八木良司	山内邦一	小林竜太郎	八木良司	シェイク・モハメド	内村正則
生産者	新 平山牧場	安 追分F	安 ノーザンF	安 ノーザンF	安 追分F	ひ グランド牧場	浦 高昭牧場	新 新冠タガノF	浦 笠松牧場	え エクセルM	新 新冠タガノF	日 ダーレー・ジャパンF	新 長浜牧場
予想	△ △ … … … …	◎ … △ … △ ▲	△ … △ … △ △	… … △ … … …	○ ◎ … ○ ▲ ○	… … … … … …	… △ △ △ … △	… … … ◎ △ △	… △ △ … △ …	△ △ … △ … B	▲ ○ ○ ▲ 注 ◎	注 ▲ ▲ △ ◎ 注	△ 注 ◎ 注 ○ △
持ち時計	芙1389⑫ 阪1238⑬	犬1484⑪		芙1334③ 犬1485⑩	芙1364② 阪1227⑤	犬1490⑩ 幸2004⑧	小1109⑫	11… 124…	札1132⑯ 犬1504⑩		阪122…⑭		阪1109⑫ 犬1526⑩
上がり	芙35.7⑫ 芸ダ35.6②	犬34.6④ 芸ダ35.0④	芸ダ35.8⑭	幸33.7①	芸34.7⑤ 芸ダ36.0❷	幸33.9⑤ 犬ダ35.9⑦	芸35.9⑫ 芸ダ35.7④	35.8… 3…	犬36.6⑩ 芸ダ35.5⑤	芸ダ35…	芸26…	芸ダ3…3①	芸35.2⑫ 芸ダ36.6❷
着順								13		4	3	1	
前走3	3東 6月25日 ⑧ 濃 4 1000万 8ダ16頭 芸ダ1246 57 石川 M③⑥④ 420 人気10 好位粘る 3 1/4 359 内 369 サトノファンタ 1241 0.5	2福 7月1日 ① 猪苗 5 1000万 5ダ15頭 毛ダ1462 57 菱田 S③⑤⑤ 484 人気6 好位一息 5身 368 内 378 トゥルーウイン 1454 0.8	4東 16年10月 ❷ 三才上 14 1000万 10ダ16頭 芸ダ1242 57 松田 S⑮⑭⑭ 522 人気10 出遅る 10 1/2 366 中 358 ベストマッチョ 1224 1.8	2東 16年5月 ⑩ オークス 13 牝GI 17 18頭 芸2263 55 T.ベリー M④④③ 478 人気7 好位一杯 7 3/4 356 中 355 シンハライト 2250 1.3	3京 4月23日 ② 三才 1 牝500 5ダ16頭 芸ダ1242 54 M.デムーロ H⑪⑫⑩ 464 人気1 後方一気 2身 355 中 369 アンジュデジー 1245 0.3	2福 7月23日 ⑧ 撃 8 1000万 5ダ15頭 毛ダ1471 57 丸田 S⑪⑫⑭ 456 人気13 外々回る 7 1/4 379 外 377 エイシンビジョ 1459 1.2	3阪 6月4日 ② 淅 2 1000万 14ダ16頭 芸ダ1239 57 太宰 M⑦⑧⑦ 488 人気13 中位伸 クビ 356 中 363 ワンダーリーデ 1239 0.0	2小 8月19日 ⑦ TV Q杯 7 1000万 9ダ16頭 毛ダ1455 53 鮫島良 M①①① 474 人気2 逃一杯 3 1/2 360 内 388 タガノヴェロー 1449 0.6	2札 9月2日 ⑤ 札幌スポ 16 1000万 1ダ16頭 三1132 57 岩田康 M⑧⑧⑭ 478 人気12 中位一杯 大差 350 中 382 アットザシーサ 1091 4.1	2阪 4月9日 ❻ 至 2 1000万 5ダ16頭 芸ダ1227 55 幸 M①①① 494 B 人気4 逃粘る 1 1/4 345 内 367 タイセイエクレ 1225 0.2	3東 6月18日 ⑥ ユニコーン 5 GIII 11ダ16頭 大ダ1371 54 菱田 H④③② 432 人気11 好位一息 7 1/4 346 中 373 サンライズノヴ 1359 1.2	3京 5月27日 ⑪ 四才上 1 500万 11ダ15頭 芸ダ1239 57 池添 M①①① 496 人気2 逃楽勝 5身 347 内 373 クライシス 1248 0.9	3京 5月14日 ❽ 三才 2 500万 4ダ13頭 芸ダ1241 54 福永 M⑨⑩⑥ 468 人気4 一旦先頭 2身 356 中 366 サヴィ 1238 0.3
前走2	2新 7月30日 ② 甍 8 1000万 5ダ15頭 三ダ1118 57 吉田豊 H⑫⑫⑫ 430 人気5 後方差詰 6身 355 中 363 ストロングトリ 1108 1.0	2小 8月19日 ⑦ TV Q杯 6 1000万 16ダ16頭 毛ダ1454 55 M.デムーロ M⑥③④ 478 人気3 好位一杯 3身 369 外 385 タガノヴェロー 1449 0.5	4阪 9月24日 ⑦ 三才上 9 1000万 8ダ16頭 芸ダ1242 57 松山 M⑦③③ 528 人気15 出遅る 4 1/4 345 中 375 ファッショニス 1234 0.8	1札 16年7月 ② クイーンS 10 牝GIII 8 13頭 芙1485 51 池添 S④④④ 482 人気3 好位一杯 5身 373 中 346 マコトブリジャ 1477 0.8	4阪 9月24日 ⑦ 三才上 4 1000万 5ダ16頭 芸ダ1236 53 武豊 M⑨⑩⑨ 460 人気5 中位伸 1 1/4 352 中 363 ファッショニス 1234 0.2	2小 9月3日 ⑫ 西スポ杯 8 1000万 9ダ11頭 毛ダ1468 57 北村友 S⑧⑪⑪ 454 人気11 後方直叉 4 3/4 380 外 375 カネコメオスタ 1461 0.7	3東 6月25日 ⑧ 濃 3 1000万 16ダ16頭 芸ダ1245 57 吉田豊 M⑬⑫⑨ 494 人気6 後方伸 2 1/2 366 外 362 サトノファンタ 1241 0.4	4阪 9月9日 ① 豊 4 1000万 6ダ10頭 幸ダ2051 53 菱田 M①①① 476 人気4 逃一息 1 3/4 355 内 383 ペガサスシャー 2048 0.3	4京 10月9日 ③ 円山 5 1000万 8ダ16頭 三ダ1123 57 浜中 S⑭⑫⑦ 468 人気13 S後詰る 4 1/2 368 外 355 ゼンノサーベイ 1115 0.8	3中京 7月2日 ② 鳳 6 1000万 5ダ16頭 芸ダ1239 57 幸 H①①① 502 B 人気4 逃一杯 5 1/4 337 内 387 ケイマ 1231 0.8	2新 8月6日 ④ レパード 10 GIII 4ダ15頭 大ダ1541 54 菱田 M②②② 432 人気7 先行一杯 7 1/4 363 中 394 ローズプリンス 1529 1.2	3東 6月11日 ④ 釜 6 1000万 9ダ16頭 芸ダ1253 57 池添 M③②③ 492 人気1 先行一息 4身 353 中 378 ダノンフェイス 1246 0.7	3阪 6月10日 ③ 三才上 2 牝500 7ダ16頭 芸ダ1249 52 福永 H⑬⑭⑬ 470 人気2 後方伸 ハナ 354 外 373 スズカプリズム 1249 0.0
前走	4中 10月1日 ⑨ 三才上 13 1000万 11ダ16頭 三ダ1121 57 吉田豊 M⑨⑨⑩ 422 人気10 中位一杯 7 3/4 353 中 368 アシャカダイキ 1108 1.3	4東 10月8日 ② 三才上 4 1000万 1ダ16頭 芸ダ1233 57 M.デムーロ M⑬⑭⑭ 480 人気3 後方追上 3 3/4 368 内 350 ラユロット 1227 0.6	4京 10月14日 ④ 三才上 5 1000万 4ダ11頭 芸ダ1246 57 松山 M②②② 528 人気9 先行一息 3 1/4 350 中 375 ドライヴナイト 1241 0.5	15ヵ月余 屈腱炎放牧 乗込み3週間 仕上り○ 連対体重 466〜470 3ヵ月以上休 ①②③外 1000	4東 10月21日 ❻ 三才上 2 1000万 3ダ16頭 三ダ1171 53 武豊 M③②② 464 人気2 先行伸 3/4身 352 中 360 タイセイブレシ 1170 0.1	4阪 9月18日 ⑤ 皆 11 1000万 1ダ12頭 大ダ1542 57 中谷 S⑨⑩⑩ 454 人気12 中位一杯 15 1/4 385 内 386 クリノリトミシ 1517 2.5	4ヵ月半 放牧 乗込み2週間 仕上り○ 連対体重 484〜490 3ヵ月以上休 ①②③外 0004	4京 10月15日 ❺ 鬱 13 1000万 9ダ16頭 大ダ1538 54 菱田 H②②④ 482 人気3 先行一杯 14 1/2 355 内 414 ヒロブレイブ 1513 2.5	4京 10月22日 ❼ 大山 8 1000万 4ダ13頭 三ダ1115 57 浜中 M⑪⑨⑨ 470 人気10 後方差詰 5 1/2 354 中 361 オウケンビリー 1106 0.9	4京 10月14日 ④ 三才上 6 1000万 12ダ11頭 芸ダ1246 57 太宰 M①①① 508 B 人気3 逃一杯 3 1/2 348 内 377 ドライヴナイト 1241 0.5	3ヵ月余 放牧 乗込み3週間 仕上り○ 連対体重 420〜426 3ヵ月以上休 ①②③外 1000	4京 10月28日 ❽ 三才上 3 1000万 5ダ16頭 芸ダ1246 57 池添 M④②② 498 人気1 好位伸 2 3/4 352 中 374 オールボッシブ 1241 0.5	4京 10月15日 ⑤ 三才上 1 500万 3ダ13頭 芸ダ1249 53 福永 H⑨⑧⑦ 472 人気7 G前差す ハナ 350 中 377 アドマイヤムテ 1249 0.0

1着⑤インフェルノ　（１番人気）

2着③サヴィ　（５番人気）

3着⑥タガノカトレア　（３番人気）

・・・・・・・・・・・・・・・・

4着⑦ピースマーク　（７番人気）

単⑤ 290円

複⑤ 150円　③ 310円　⑥ 210円

馬連③ー⑤ 2070円

馬単⑤→③ 3240円

３連複③⑤⑥ 3030円

３連単⑤→③→⑥ 15810円

とはいえ、期待できる買い目。◎③サヴィと○⑨タガノグルナは2頭出しでは好成績を残しているモハメド殿下とタガノの馬。能力上位ならなおのこと、ハマっておかしくない。

ただ、それでも気になるのは、殿下のタガノのもう1頭。池添父子(厩舎・騎手)の⑤インフェルノ(1番人気)と⑥タガノカトレア（3番人気）だ。殿下の2頭出しでは、人気のあるほうが来ることが多いし、2頭とも馬券になることもよくある。さらにタガノの2頭出しも人気サイドの馬のほうが確率が高いのだ。

はてさて結果は？ ゴール前突っ込んできたのは、吉冨さんの本命③サヴィ、3着馬はタガノの服飾なので、一瞬デキた！ と思ったのだが……。1着は悪い予感が的中、殿下のもう1頭の⑤インフェルノ。3着はタガノはタガノでも、ノーマークのカトレアのほう。せっかくサヴィが2着に来ても、馬券はすべてパーである。

それだけなら、相手が違ったとあきらめもつこうが、1馬身ちょいの差で4着に続いたのは、吉冨さんの3番手、7番人気の⑦ピースマーク。もし、この馬が3着に届いていれば、ワイドは的中していた。

その配当は最低でも30倍、4000円分の的中となるので、払い戻し総額は12万円あまり。最初の一撃で、ほぼ勝ちを確定できていたのだ。あまりにも悔しい外れ。後のレースにこの敗北が響かなければいいが……。

●マイナス馬体重……◎馬の不安がモロに的中

2戦目は福島のメイン、福島放送賞（1000万下、ダート1700m）だ。

吉冨さんの指数1番手は④タマモアタック（2番人気）、2番手は②ショートストーリー（4番人気）、以下⑥ピントゥリッキオ（9番人気）、⑨ティープラズマ（8番人気）、⑫コティニャック（3番人気）。1番人気のアスターゴールドは無印。8、9番人気も買い目に入っており、高配当も期待できそう。

モニターでパドックをチェックして帰ってきた吉冨さんが、「うーん、タマモアタック、ちょっと細かったかなあ」。馬体重もマイナス8キロ。西から輸送してくる間に、減ったもよう。輸送の影響も考えられる体重減だ。

ならば、対抗のショートストーリーに軸を変更しても……というと「いや、やっぱりタマモから買った。予想は予想だから、軸を変えちゃうのはなあ」と4枚の馬券を差し出す。

1枚目は、④タマモ軸の馬連4点、対抗②に厚めの1万1000円の投入。2枚目はワイド。こちらも対抗に厚めで1万8000円。

加えて3連複も。④1頭軸相手4頭の6点と、②④2頭軸の3点、各1000円ずつで9000円。1レース目に比べ、さらにプッシュし4万円近い額を入れている。

確かにタマモアタックは堅そうな馬ではあるけれど、馬体重に不安があるのだから、もう少し賭け金を抑えてもよかったのでは、というのが正直な感想だ。だってそうでなければ、パドックをチェックした意味がないような気がするのだけれど……。

不安は的中した。タマモは力を出し切れず、10着に沈んでしまった。勝ったのは○だったショートストーリー。2着はコティニャック、3着は買い目から外した1番人気馬のアスターゴールドという結果に。軸さえ変更していれば、馬連やワイドは獲れたのに……。

でもできないんだろうな、予想を売っている身としては。怪しいと思っても、自分の予想に殉ずるしかない。これが吉冨さんのいう、「予想家の弱み」なんだろう。

●重賞の武蔵野Sは◎モーニンがやらず？

第3戦目の勝負となった東京メイン、武蔵野S（GⅢ、ダート1600m）。

吉冨さんの本命は⑭モーニンだ。1週間前に大井で行なわれたJBCクラシック。このレース、吉冨予想が炸裂したのだが、◎に推した1着ケイティブレイブ、注で2着になったサウンドトゥルーも9月27日船橋で行なわれた日本テレビ盃の上位組。ならば、同じレースで0・2秒差4着に入ったモーニンが、GⅢのここで通用しないわけがないという見立てである。

ただ、この予想、ちょっと気になることが。それは騎手の配置だ。モーニンはムーア、ルメールと外国人騎手が乗っていた馬。前走の日本テレビ盃は、戸崎騎手への乗り替わりだった。そして今走は横山典騎手。これがどうもしっくりこない。

モーニンは逃げ馬、横山典騎手には逃げのイメージがない。さらに、前走手綱を取っていた戸崎騎手は、お手馬のサンライズノヴァに鞍替え。ムーア騎手はゴールデンバローズ、ルメール騎手はベストウォーリア……。

横山典騎手は、この秋から栗東に居座り、関西厩舎に積極的に営業をかけており、石坂厩舎のモーニンに騎乗するのは、営業が奏功したと考えられなくもないが、それでも、この騎手の配置はどうも引っかかるのだ。

吉冨さんの実走着差理論では、騎手の要素は入っていない。だからそんな思惑も考慮して予想を、というのも筋違いなのだが。

果たしてモーニンは逃げず中段より後ろ。この時点でもはや赤信号が灯った。逃げたのは同じ厩舎のルメール騎乗のベストウォーリア。どう考えてもモーニンは初めからやる気なしである。結果は9着惨敗。またしても、吉富さんの片目は開かなかった。

ちなみにこのレースの勝負馬券は、馬連6点で計2万4000円。軽めの勝負で傷は浅かったが……。

●人気サイドでも予想バッチリで一矢報いた！

追い込まれて迎えた4番目の勝負レースは東京12R（1000万下、ダート1300m）だ。吉富さんの指数トップは⑤ストリクス。ムーア騎手の騎乗もあって、人気を集めている。

「前走は極悪馬場だった10月14日の東京ダート。出遅れてロスの多い競馬になってしまったけど、上がり2位の末脚でスローを追い込んできた。8着といっても着差はわずか0・6秒差。再昇級3戦目でもあり格負けもない。ここは不動の軸」だそう。

対抗は、⑨スピーディクール。こちらも2番人気で予想は完全な人気サイド。券種の選択が難しそうな予想となっている。吉富さんもわかっているのだろう。ここは、3連複で馬券は2枚だ。

1枚は本命⑤1頭軸の相手6頭ボックス15点を各1000円。もう1枚は本命対抗の⑤⑨2頭軸の相手5頭各1000円。締めて2万円の投資である。

レースがスタート。ストリクスは5、6番手からだが、もう1頭のスピーディクールは最後方といってもいい位置取り。鞍上が横山典騎手だけにこのまま、何もせずに終わってしまうかもと心配していると、直線グングン伸びて、先に抜け出したストリクスをゆうゆう交わして勝ってしまった。○→◎と逆転したが、まさに吉富予想を絵に描いたような結末。

3着にも5番手に挙げていたエイシンカーニバルが粘ってパーフェクト的中。1、2、5番人気の組み合わせゆえ、配当は23・6倍とショボいが、2000円分の的中なので、払い戻しは4万7000円あまり。まだまだ焼け石に水とはいえ、初当たりは大きい。見守っていた我々スタッフもひとまずホッと一息だ。

　さぞや、吉富さんも胸を撫で下ろしているのだろうと思いきや、「ここだったか」と複雑な表情。聞けば、最後の勝負、京都の12Rとこの東京12R、どのくらいの比率で資金配分するか迷ったそうだ。発走時刻はわずか10分差。東京12Rの結果がわかった後では、京都12Rの締め切りは間に合わないの

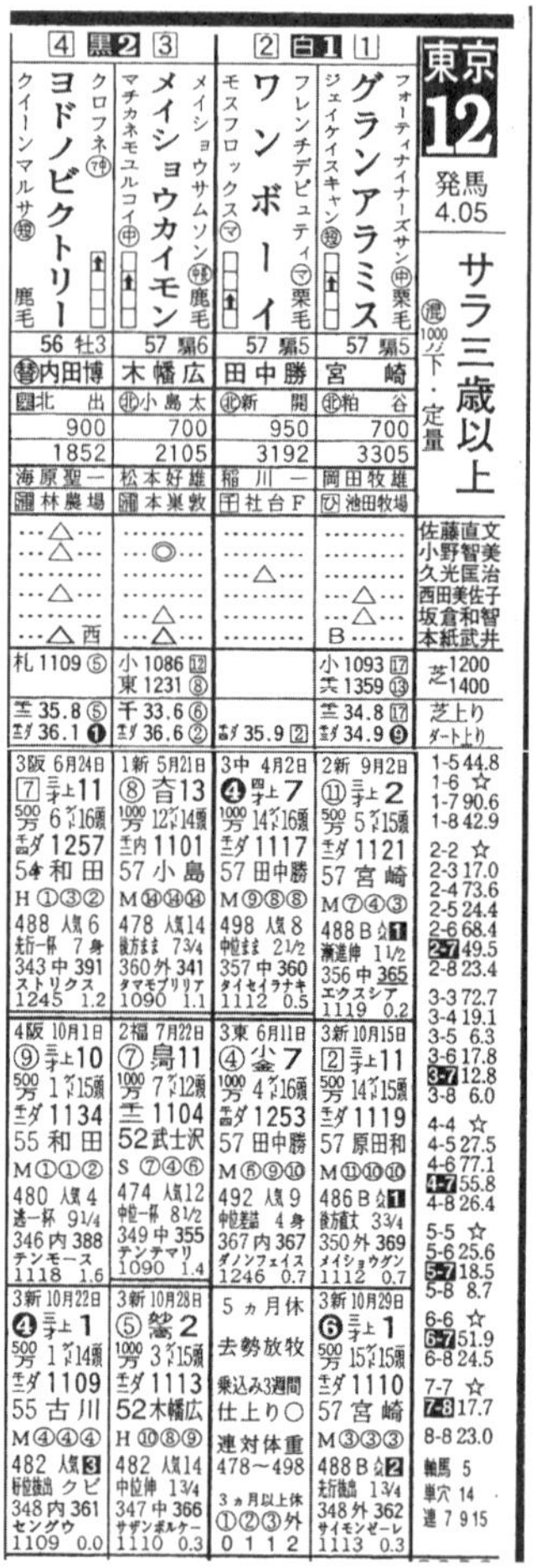

東京12 発馬4.05 サラ三歳以上 混 1000万下・定量	白1 [1]	白1 [2]	黒2 [3]	黒2 [4]
父	フォーティナイナーズサン	フレンチデピュティ	メイショウサムソン	クロフネ
馬名	グランアラミス	ワンボーイ	メイショウカイモン	ヨドノビクトリー
母（母の父）	ジェイケイスキャン（短）	モスフロックス（マ）	マチカネモエルコイ（中）	クイーンマルサ（短）
毛色	栗毛	栗毛	鹿毛	鹿毛
斤量・性齢	57 騸5	57 騸5	57 騸6	56 牡3
騎手	宮崎	田中勝	木幡広	替内田博
厩舎	北粕谷	北新開	北小島太	國北出
賞金	700	950	700	900
総賞金	3305	3192	2105	1852
馬主	岡田牧雄	稲川一	松本好雄	海原聖一
生産者	日池田牧場	千社台F	浦本巣敦	浦林農場
佐藤直文	………	………	………	…△…
小野智美	………	………	…◎…	…△…
久光匡治	………	…△…	………	………
西田美佐子	…△…	………	………	…△…
坂倉和智	…△…	………	…△…	………
本紙武井	B……	………	…△…	…△西
芝1200 / 1400	小1093 17 / 美1359 13		小1086 12 / 東1231 8	札1109 5
芝上り / ダート上り	三 34.8 17 / 三ダ 34.9 9	四ダ 35.9 2	千 33.6 6 / 三ダ 36.6 2	三 35.8 5 / 三ダ 36.1 1
前走3	2新 9月2日 ⑪三才上2 500万 5ゲ15頭 三ダ1121 57宮崎 M⑦④③ 488B 公1 漸進伸 1 1/2 356中365 エクスシア 1119 0.2	3中 4月2日 ❹四才上7 1000万 14ゲ16頭 三ダ1117 57田中勝 M⑨⑧⑧ 498 人気8 中位まま 2 1/2 357中360 タイセイラナキ 1112 0.5	1新 5月21日 ⑧杏13 1000万 12ゲ14頭 三内1101 57小島 M⑭⑭⑭ 478 人気14 後方まま 7 3/4 360外341 タマモブリリア 1090 1.1	3阪 6月24日 [7]三才上11 500万 6ゲ16頭 四ダ1257 54和田 H①③② 488 人気6 先行一杯 7身 343中391 ストリクス 1245 1.2
前走2	3新 10月15日 [2]三才上11 500万 14ゲ15頭 三ダ1119 57原田和 M⑪⑩⑩ 486B 公1 後方直丈 3 3/4 350外369 メイショウグン 1112 0.7	3東 6月11日 ④尖7 1000万 4ゲ16頭 四ダ1253 57田中勝 M⑥⑨⑩ 492 人気9 中位差詰 4身 367内367 ダノンフェイス 1246 0.7	2福 7月22日 ⑦鳥11 1000万 7ゲ12頭 三 1104 52武士沢 S⑦④⑥ 474 人気12 中位一杯 8 1/2 349中355 テンテマリ 1090 1.4	4阪 10月1日 ⑨三才上10 500万 1ゲ15頭 三ダ1134 55和田 M①①② 480 人気4 逃一杯 9 1/4 346内388 テンモース 1118 1.6
前走	3新 10月29日 ❻三才上1 500万 15ゲ15頭 三ダ1110 57宮崎 M③③③ 488B 公2 先行抜出 1 3/4 348外362 サイモンゼーレ 1113 0.3	5ヵ月休 去勢放牧 乗込み3週間 仕上り○ 連対体重 478〜498 3ヵ月以上休 ①②③外 0 1 1 2	3新 10月28日 ⑤鷲2 1000万 3ゲ15頭 三ダ1113 52木幡広 H⑩⑧⑨ 482 人気14 中位伸 1 3/4 347中366 サザンボルケーノ 1110 0.3	3新 10月22日 ❹三才上1 500万 1ゲ14頭 三ダ1109 55古川 M④④④ 482 人気3 好位抜出 クビ 348内361 セングウ 1109 0.0

1-5 44.8
1-6 ☆
1-7 90.6
1-8 42.9
2-2 ☆
2-3 17.0
2-4 73.6
2-5 24.4
2-6 68.4
2-7 49.5
2-8 23.4
3-3 72.7
3-4 19.1
3-5 6.3
3-6 17.8
3-7 12.8
3-8 6.0
4-4 ☆
4-5 27.5
4-6 77.1
4-7 55.8
4-8 26.4
5-5 ☆
5-6 25.6
5-7 18.5
5-8 8.7
6-6 ☆
6-7 51.9
6-8 24.5
7-7 ☆
7-8 17.7
8-8 23.0
軸馬 5
単穴 14
連 7 9 15

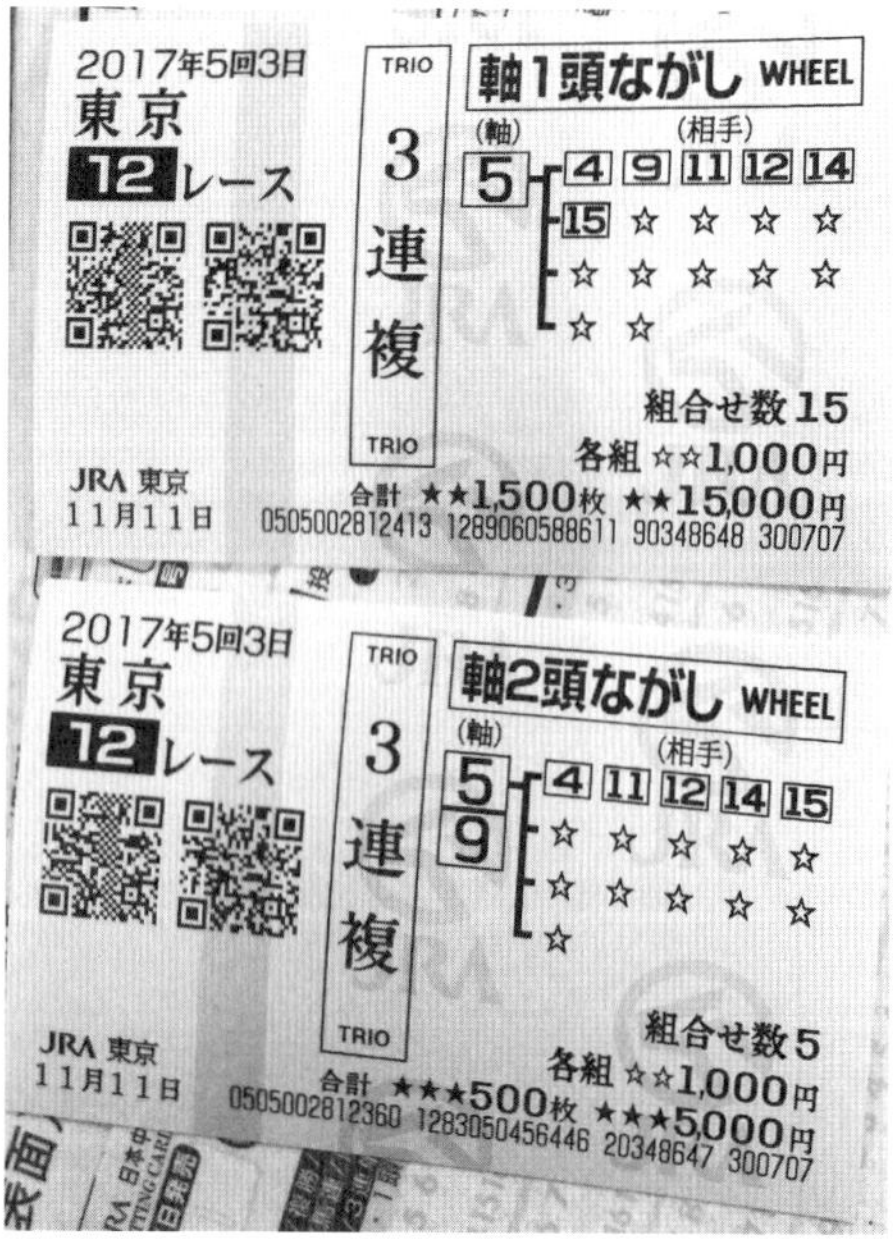

3連複⑤⑨⑪ 2360円をトータル2000円的中で、払い戻しは4万7200円。

2017年11月11日東京12R（３歳上1000万下、ダート1300m良）

馬番	16	15	14	13	12	11	10	9	8	7	6	5
枠	桃8	桃8	橙7	橙7	緑6	緑6	黄5	黄5	青4	青4	赤3	赤3
父	パイロ	ローエングリン	ファルブラヴ	メイショウサムソン	キンシャサノキセキ	サウスヴィグラス	スズカマンボ	サウスヴィグラス	シニスターミニスター	ゼンノロブロイ	サウスヴィグラス	キングカメハメハ
馬名	シゲルゴホウサイ	グッドヒューマー	エメラルエナジー	コンドルヒデオ	ユキノカトレア	エイシンカーニバル	バイレ	スピーディクール	エクスシア	ジュンザワールド	㊞サウスキング	ストリクス
母	シゲルラブスカイ	ベネラ	セトウチソーラー	ディアコトミ	ユキノチャンプ	エーシンアマゾーン	ヒカルトクタイセイ	ローズアライヴァル	ハネダテンシ	マザーウェル	シルクテンダー	フレンチアウル
毛色	鹿毛	栗毛	栗毛	鹿毛	鹿毛	栗毛	芦毛	栗毛	鹿毛	鹿毛	黒鹿	鹿毛
斤量・性齢	55 牝5	56 牡3	57 牡5	57 牡5	55 牝5	57 牡5	55 牝5	56 牡3	52 牝6	57 牡4	54 牡6	57 騸4
騎手	大野	戸崎圭	吉田豊	C.デムーロ	田辺	ルメール	柴田大	横山典	▲野中	北村宏	▲武藤	ムーア
厩舎	森田	高橋裕	相沢	牧浦	坂口則	今野	田中清	石栗	大江原	勢司	久保田	安田隆
賞金	950	900	950	950	950	700	700	900	700	950	950	950
総賞金	5675	3320	2874	3662	3810	3335	1590	2420	4036	3915	2925	3512
馬主	森中蕃	ディアレストC	高橋勉	庄司修二	北所直人	(株)栄進堂	フジワラF	ライオンRH	岡田牧雄	河合純二	南波壽	シェイク・モハメド
生産者	新 中央牧場	新 武田牧場	浦 鎌田吉田牧場	浦 小島牧場	日 川端正博	浦 栄進牧場	ぴ フジワラF	日 Shall Farm	新 須崎牧場	安 ノーザンF	新 武田修一	日 ダーレージャパンF
印	注 △ ▲ ▲ △ △西	▲ 注 △ 注 ○ ▲	注 ◎ B注	△ 西	△ 西	△ △ △ △ △ △西	△ B	○ ▲ ◎ ◎ 注 ○	△ △	△ △ △ △	B	◎ ○ ○ ○ ▲ ◎西
持ち時計	小1111⑯			芙1383⑬	札1084② 岽1211④	3	芙1358⑦ 新1227⑬	1	小1085⑥	福1089② 芙1360⑥	新1099⑯	2
上がり	壬35.6⑩ 千ダ35.2❷	盂ダ35.9❶	盂ダ36.6④	芙34.6⑬ 壬ダ35.2[2]	芙33.4⑧ 千ダ36.1①	盂ダ 7	芙34.6⑤ 盂ダ37.8[1]	壬ダ 6[1]	壬33.9⑩ 壬ダ35.7[4]	壬34.4② 壬ダ35.5[6]	壬35.8⑯ 千五ダ36.4❶	盂ダ 8

前3走	16	15	14	13	12	11	10	9	8	7	6	5
3走前	2小 8月13日 ⑥ 西部日刊 11 1000万 14ダ14頭 千ダ59.7 55 太宰 H⑥⑥⑦ 450 人気6 中位一杯 7身 345外366 ノボリクリーン 585 1.2	3中 4月2日 ❹ 伏竜 5 オープン 3ダ8頭 千八ダ1546 56 戸崎圭 S⑤⑤⑥ 466 人気4 中位まま 1¾ 386外388 リゾネーター 1526 2.0	2東 5月20日 ⑨ 四才上 1 500万 6ダ16頭 盂ダ1250 54 野中 H④④③ 496 B 仝4 好位差切 ½身 349中377 アオイサンシャ 1251 0.1	3中 3月26日 [2] 四才上 3 1000万 14ダ16頭 壬ダ1117 57 柴山雄 M④③③ 514 人気10 好位伸 2身 347中370 プレシャスエー 1114 0.3	1札 8月12日 ❺ 三才上 10 500万 1ダ16頭 壬 1117 55 ルメール M④④④ 484 人気1 好位一杯 5身 351内366 ベリースコール 1109 0.8	1阪 3月12日 ⑥ 四才上 5 1000万 9ダ16頭 壬ダ1118 57 浜中 M⑪⑧⑦ 470 人気3 伸一息 5身 355中363 オウケンビリー 1110 0.8	1中 1月5日 ① 四才上 1 500万 4ダ16頭 壬ダ1126 53 木幡巧 H②②② 480 人気8 先行抜出 ¾身 339中387 プレヴェスト 1127 0.1	2新 8月12日 [5] 三才上 2 500万 9ダ15頭 壬ダ1123 54 横山典 H⑫⑫⑫ 476 人気2 G前競い 1¼ 359中364 アシャカセルク 1121 0.2	2新 8月12日 [5] 三才上 5 500万 8ダ15頭 壬ダ1129 52 野中 H⑨⑩⑧ 438 人気7 中位差詰 5身 351外378 アシャカセルク 1121 0.8	2福 7月9日 ④ 猪苗代 2 500万 2ダ14頭 壬 1089 57 北村宏 H⑥⑦⑦ 528 人気3 中位伸 1¼ 345中344 ブラックバード 1087 0.2	1福 4月15日 ③ ラジ福島 14 1000万 11ダ16頭 千五ダ1108 57 伊藤工 M⑥④⑦ 478 B 仝12 好位一杯 9¼ 358中381 サーティグラン 1093 1.5	3阪 6月24日 [7] 三才上 1 500万 13ダ16頭 盂ダ1245 57 福永 H⑪⑪⑧ 496 人気2 漸抜出 1¾ 352外372 クライシス 1248 0.3
2走前	4阪 9月10日 ② 新涼 14 1000万 3ダ14頭 盂ダ1248 55 秋山 M⑫③③ 450 人気11 好位一杯 10¼ 351中379 ディーズプラネ 1231 1.7	3京 4月30日 ④ 端午 4 オープン 2ダ16頭 盂ダ1259 56 勝浦 M⑪⑩[9] 474 人気5 直線不利 1¾ 366中367 マイネルパール 1256 0.3	3東 6月11日 ④ 青梅 4 1000万 14ダ16頭 盂ダ1249 57 吉田豊 M⑧⑦⑦ 498 B 仝16 中位差詰 2身 362中366 ダノンフェイス 1246 0.3	1福 4月15日 ③ ラジ福島 6 1000万 12ダ16頭 千五ダ1100 57 岩崎 M⑤②③ 520 人気4 先行一杯 4¼ 355中376 サーティグラン 1093 0.7	2札 9月3日 ⑥ 三才上 1 500万 11ダ12頭 千ダ59.5 55 古川 H③②② 486 人気2 先行抜出 1¼ 348中361 タイセイラビッ 597 0.2	3中京 7月23日 ⑧ 濃尾 15 1000万 12ダ15頭 壬ダ1136 57 武豊 H⑧⑦⑦ 470 人気6 中位一杯 14身 349中387 エルフィンコー 1113 2.3	1中 1月21日 ⑥ 四才上 15 1000万 8ダ16頭 壬ダ1133 55 大野 H③③④ 480 人気14 先行一杯 13¼ 338中395 ドラゴンゲート 1112 2.1	4中 9月9日 ① 三才上 4 500万 6ダ14頭 壬ダ1118 55 横山典 H⑬⑬⑬ 472 人気2 後方追上 1¾ 357中361 コパノマイケル 1115 0.3	2新 8月27日 ⑩ 三才上 5 牝500 13ダ15頭 壬ダ1130 52 木幡育 M⑩⑨⑨ 436 人気7 中位差詰 8½ 358外372 ヘルディン 1117 1.3	2福 7月23日 ⑧ 三才上 4 500万 3ダ16頭 壬 1101 57 北村宏 S⑧⑦⑥ 530 人気1 中位差詰 4¼ 356中345 サレンティーナ 1094 0.7	2福 7月16日 ⑥ 鶴ケ城 9 1000万 3ダ16頭 千五ダ1101 57 伊藤工 M⑤④④ 476 B 仝12 好位一杯 3½ 361中371 ウインオスカー 1095 0.6	4阪 9月10日 ② 新涼 2 1000万 10ダ14頭 盂ダ1233 57 福永 M⑦⑦⑥ 490 人気4 中位伸 1¼ 355中359 ディーズプラネ 1231 0.2
前走	4東 10月21日 ❻ 三才上 3 1000万 9ダ16頭 壬ダ1173 55 北村宏 M①①① 444 人気11 逃粘る 2身 350内364 タイセイプレシ 1170 0.3	6ヵ月余 ヒザ骨折放牧 乗込み4週間 仕上り○ 連対体重 456〜466 3ヵ月以上休 ①②③外 1 0 0 0	5ヵ月休 放牧 乗込み3週間 仕上り○ 連対体重 478〜500 3ヵ月以上休 ①②③外 1 1 0 2	7ヵ月休 放牧 乗込み4週間 仕上り○ 連対体重 486〜508 3ヵ月以上休 ①②③外 0 0 0 2	4中 10月1日 ⑨ 三才上 9 1000万 5ダ16頭 壬ダ1120 55 丸山 M②②② 482 人気12 先行一杯 7¼ 348中372 アシャカダイキ 1108 1.2	4東 10月14日 ❹ 三才上 7 1000万 1ダ14頭 盂ダ1236 57 武豊 S③④④ 466 人気8 好位一杯 3½ 359内355 リンガスウーノ 1230 0.6	9ヵ月半 骨隆起手術放牧 乗込み5週間 仕上り△ 連対体重 472〜480 3ヵ月以上休 ①②③外 0 0 0 4	4東 10月8日 [2] 三才上 1 500万 4ダ16頭 壬ダ1167 55 横山典 S⑭⑫⑪ 480 人気1 直線一気 3身 364外346 カワキタピリカ 1172 0.5	2新 9月2日 ⑪ 三才上 1 500万 10ダ15頭 壬ダ1119 52 木幡育 M③②② 438 人気6 先行抜出 1½ 354中365 グランアラミス 1121 0.2	4東 10月15日 ❺ 三才上 1 500万 15ダ16頭 壬ダ1174 57 北村宏 M⑥⑥⑤ 526 人気1 楽抜出 2½ 359中358 ノーフィアー 1178 0.4	2新 9月3日 ⑫ 飯豊 16 1000万 9ダ17頭 壬内1099 53 伊藤工 M⑥⑥⑥ 476 B 仝16 好位一杯 7½ 341内358 メイショウスイ 1086 1.3	4東 10月14日 ❹ 三才上 8 1000万 14ダ14頭 盂ダ1236 57 福永 S[12]⑪⑫ 498 人気1 出遅る 3¾ 367外349 リンガスウーノ 1230 0.6

１着⑨スピーディクール　（２番人気）

２着⑤ストリクス　（１番人気）

３着⑪エイシンカーニバル　（４番人気）

単⑨ 340 円

複⑨ 110 円　⑤ 140 円　⑪ 280 円

馬連⑤ー⑨ 640 円

馬単⑨→⑤ 1100 円

３連複⑤⑨⑪ 2360 円

３連単⑨→⑤→⑪ 8670 円

で、2レース一緒に買うしかない。残りの資金をどう配分するのか、少し躊躇したらしい。「今日は流れからいっても、立て続けに当たるという感じはないからね」と少し弱気な言葉。そう吉富さんにいわせている理由がなんとなくわかったのは、京都最終の勝負馬券を見たときだ。

●10万円勝負のホンイチ、その結末は……

いよいよ最終決戦、京都12R（500万下、ダート1200m）。「ホンイチ」でもあり、吉富さんはどうやらドカンといったらしい。なんといきなり額を一ケタ上げての総額10万円の大勝負。

軸は1枠①メイショウギガースでフルラインの馬券勝負だ。単勝5000円、複勝5万円、馬単4点各2000円の8000円、さらに馬連4点は強弱をつけ1万4000円。ワイドは奮発して1点5000円、4点で2万円。さらに3連複1点500円で6点計3000円。買いも買ったりだ。

本命馬①メイショウギガースは前々走、前走と芝を使っていた馬で3着、2着と好走している。でも今走はダート。大丈夫か。未勝利勝ちはダートだったので、ダート替わりはむしろ、いいのかも。

吉富さんの見解は、「前走不利を受けて道中大きく下がった。それでも0・2秒差なら健闘している。前走を勝った馬が次走で上のクラスの特別3着。このクラスならメイショウが抜けている。本来はある程度に位置につけられるのでスタートで後手を踏まず、不利もなければ上位進出必至」。

鞍上は未勝利脱出時に手綱を握った浜中騎手。芝からダート替わりが嫌われているのか、単勝オッズも10倍前後で推移している。まさに買い頃の馬なのだが、筆者にはどうも枠順が引っかかる。

実走着差理論では、出遅れたり、不利を受けた馬が内枠を引くとどうしても指数が高くなりがちだ。内枠は距離ロスなしに走れる可能性が高く、確かに有利ではある。

しかし、時と場合によっては危険と隣合わせ。再び出遅れると、いきなりお陀仏だ。特にダート戦の場合、前に行けないと、砂を被ってまったく力を出せずに終わる危険性がある。芝からダートに替わって、果たして馬がスッと反応できるか。もし、後手を踏んでしまうと……不安な1枠1番だ。

スタートして心配が現実に。メイショウは内で包まれ、もがいている。直線を向いても伸びずに8着。吉冨さんの声も出ない敗北だった。

枠順がアダになって、この日の総額で大枚20人の諭吉さんが皆さん家出してしまった。吉冨さんの理論の弱点がもろに出た格好である。しかし、吉冨さんにダートの内枠は割り引いたほうがいいですよなんて、アドバイスは筋違いだ。

なぜなら、**純粋に馬の能力を比較する吉冨理論では、最初から出遅れを前提にした予想など成立しないか**らである。

また、芝のレースを評価してダートを予想するのはおかしいではないかという人がいたとすれば、それもお門違い。実はメイショウギガース、年を越して18年2月3日、京都のダート1400m戦に出走、見事に勝利をつかんでいるのだ（ちなみに12番枠だった）。

吉冨さんの見立てが間違っていたわけではない。すべては枠順のなした不運に見舞われたゆえの敗北。ただ、吉冨さんに反省点があるとすれば、あまりにもバランスの悪い賭け金ではないだろうか。

いくらホンイチとはいえ、最終Rに他の勝負レースの4～5倍近いカネを注ぎ込む大勝負。これは吉冨さん自身もやってはならない、と常々おっしゃっていたことである。

（３歳上500万下、ダート1200m良）

京都 12 発馬 4.20　サラ三歳以上 （混）500万下・定量

予想：持木秀康／瀬古満明／加茂聡／須藤大和／田崎泰／本紙中邑

枠・馬番	馬名	父	母	毛色	斤量・性齢	騎手	厩舎	賞金	総賞金	馬主	生産者	印	持ち時計	上り	前走3	前走2	前走1
白1 1	メイショウギガース	メイショウボーラー	シングフォアジョイ	青鹿	56 牡3	替 浜中	栗 岡田	400	1172	松本好雄	中脇一幸	…△ … △ △ △	阪 ① 天 ⑥		3京 4月29日 ③三才15 500万 10ﾄ16頭 孟ダ1280 56酒井 M⑤⑥⑦ 462 人気❸ 好位バテ 大差 356中400 スマートレイチ 1249 3.1	1札 8月12日 ❺三才上3 500万 11ﾄ16頭 三1111 54池添 M④③② 466 人気5 好位粘る 1¼ 350中361 ベリースコール 1109 0.2	2札 9月3日 ⑥三才上2 500万 7ﾄ16頭 三1108 55池添 M⑦⑩⑨ 472 人気7 中位伸 1¼ 356外352 コロラトゥーレ 1106 0.2
白1 2	リッカクロフネ（地）	クロフネ	リッカビクトリー	芦毛	55 牡5	替 △森裕	栗 藤沢則	20	941	立花幸雄	原口牧場	△	大1530⑩ 京1233⑯	孟37.0⑯ 三ダ35.5❸	3中京 7月1日 ❶三才上3 500万 1ﾄ16頭 三ダ1110 56義 M③③③ 462 人気12 好位粘る 6身 355内355 クリノシャンボ 1100R1.0	3中京 7月15日 ⑤三才上10 500万 15ﾄ16頭 三ダ1128 56義 M⑧⑨⑨ 466 人気5 中位まま 7¾ 354外374 メイショウミズ 1115 1.3	4ヵ月休 放牧 乗込み4週間 仕上り○ 連対体重 472キロ 3ヵ月以上休 ①②③外 0004
黒2 3	ダブルスプリット	アイルハヴアナザー	ハートノイヤリング	栗毛	56 牡3	替 松田	栗 西園	400	1845	KTレーシング	山際辰夫	▲ ◎ B△	京1227③	孟34.9⑦ 三ダ36.4②	3京 5月28日 ⑫三才3 500万 5ﾄ16頭 三ダ1119 56藤岡康 M⑪⑩⑧ 470B 人気10 中位伸 ¾身 354中365 メイショウアリ 1118 0.1	3阪 6月18日 ⑥三才上2 500万 3ﾄ15頭 三ダ1123 54川田 H⑨⑫⑫ 468B 人気❷ G前競い クビ 359中364 メイショウジー 1123 0.0	4ヵ月半 放牧 乗込み2週間 仕上り○ 連対体重 466〜468 3ヵ月以上休 ①②③外 0012
黒2 4	パンサーバローズ（外）	ハードスパン	グランママーサ	黒鹿	56 牡3	川田	栗 角居	400	780	猪熊広次	アメリカ	◎ △ ▲ ▲ 注 注	天13‥⑭	天34‥② 孟ダ3‥[1]	2東 5月14日 ❽三才13 500万 11ﾄ16頭 孟ダ1254 56 M.デムーロ M⑯⑥⑦ 490 人気❶ S後続く 15¾ 351中382 バンケットスク 1229 2.5	3中京 7月22日 ⑦三才上14 500万 15ﾄ16頭 天1355 54川田 S⑪⑭⑬ 488 人気❸ 後方まま 7½ 372外344 ラビットラン 1343 1.2	3ヵ月半 放牧 乗込み4週間 仕上り○ 連対体重 488〜490 3ヵ月以上休 ①②③外 1100
赤3 5	セングウ	マイネルセレクト	ホクザンパール	栗毛	54 牝5	☆岩崎	栗 加藤敬	200	2770	重松國建	榊原敏明	注 △	小1092⑫	三34.9⑫ 三ダ36.0❷	2小 8月12日 ⑤三才上14 500万 8ﾄ16頭 七ダ1492 54加藤 M⑦⑩⑬ 480 人気14 中位バテ 大差 368中413 テイエムグッド 1460 3.2	4阪 9月16日 [3]三才上8 500万 9ﾄ16頭 孟ダ1256 54岩崎 M⑩⑫⑫ 488 人気13 後方差詰 6身 358中375 セネッティ 1246 1.0	3新 10月22日 ❹三才上2 500万 4ﾄ14頭 三ダ1109 54岩崎 M⑥⑤[5] 482 人気8 好位伸 クビ 349中360 ヨドノビクトリ 1109 0.0
赤3 6	サウンドスカイメサ（外）	ケープブランコ	スカイミンクス	鹿毛	54 牝3	国分恭	栗 村山	400	60	増田雄一	アメリカ	△	大1496⑫	大36.5⑫ 三ダ37.6❽	門別 6月14日 ②アルキバ2 交流条件 3ﾄ11頭 三ダ1141 54国分恭 H②①① 440 人気7 一旦抜出 1身 347内394 スリーミネルバ 1139 0.2	門別 7月12日 ②デネブ1 交流条件 1ﾄ10頭 三ダ1138 54国分恭 M①①① 450 人気❷ 逃楽勝 8身 356内382 コウセイエリザ 1154 1.6	4ヵ月休 放牧 乗込み2週間 仕上り○ 連対体重 440〜450 3ヵ月以上休 ①②③外 0001
青4 7	ウエスタンビジュー	エンパイアメーカー	ウエスタンダンサー	鹿毛	55 牝4	高倉	栗 崎山	450	1353	西川賢	ウエスタンF	△ △ B	京1103⑮ 大1509⑫	大34.8⑫ 大ダ36.6❻	3京 4月29日 ③四才上15 500万 15ﾄ15頭 三内1103 55高倉 S[2]②② 474B 人気8 先行一杯 9身 346中357 ニシオボヌール 1088 1.5	3京 5月21日 ⑩四才上1 牝500 12ﾄ16頭 三ダ1122 55高倉 M①①① 472B 人気15 逃切る クビ 346内376 ラタンドレス 1122 0.0	5ヵ月半 骨折放牧 乗込み5週間 仕上り○ 連対体重 466〜472 3ヵ月以上休 ①②③外 0003
青4 8	チカリータ	クロフネ	サルスエラ	芦毛	55 牝4	替 藤岡康	栗 小崎	200	3000	キーファーズ	ノーザンF	注 ◎ △ △ ▲			3中京 7月16日 ⑥三才上3 牝500 15ﾄ16頭 孟ダ1247 55 M.デムーロ H⑩⑩⑩ 454 人気❷ 中位伸 4¼ 351外378 ブルーミン 1240 0.7	4京 10月15日 [5]三才上4 500万 9ﾄ13頭 孟ダ1252 55武豊 H⑧⑧⑦ 462 人気4 中位差詰 1¾ 349外379 トウカイシュテ 1249 0.3	4京 10月28日 ❽三才上3 500万 7ﾄ14頭 三ダ1117 55武豊 H⑨⑪⑫ 460 人気❶ 後方伸 1¼ 357外360 スズカコーズラ 1115 0.2
黄5 9	ローゼンタール	ロージズインメイ	タニノエクセレント	栗毛	55 牝4	替 岩田康	美 森田	450	2577	岡田牧雄	岡田S	△ 注 △ △		三ダ36.0③	3阪 6月24日 [7]三才上8 牝500 5ﾄ16頭 三ダ1127 55幸 S[5]⑥⑥ 494 人気❷ 中位まま 5½ 360中367 オンリーワンス 1118 0.9	4阪 10月1日 ⑨三才上12 500万 7ﾄ15頭 三ダ1138 55松山 M①②① 492 人気5 先争退く 11¾ 347中391 テンモース 1118 2.0	4京 10月14日 ④三才上4 500万 9ﾄ15頭 三ダ1129 55幸 M⑧⑦⑦ 498 人気4 中位差詰 3½ 354外375 ジュエアトゥー 1123 0.6
黄5 10	スーパーライナー	フレンチデピュティ	ヘヴンリーヴォイス	鹿毛	57 牡4	松山	栗 今野	200	2870	谷掛龍夫	社台F	▲ △ △ 注 ○ B△		三ダ35.2❸	2小 8月13日 ⑥三才上10 500万 2ﾄ14頭 千ダ1006 57松山 H③②② 500B 人気5 先行一杯 9½ 340中380 ゼットパール 590 1.6	4京 10月7日 ❶三才上3 500万 5ﾄ16頭 三ダ1104 57松山 M⑧⑪⑨ 496B 人気7 中位伸 1½ 352中352 チェイスダウン 1102 0.2	4京 10月28日 ❽三才上2 500万 9ﾄ14頭 三ダ1115 57松山 H⑩⑧⑦ 498B 人気❸ 中位伸 クビ 354外361 スズカコーズラ 1115 0.0
緑6 11	エイシンムー	ファスリエフ	エーシンラージジシー	鹿毛	54 牝3	川須	栗 中尾秀	400	790	(株)栄進堂	栄進牧場	△ △ △	小1111⑥ 阪1233⑪	孟35.5⑪ 千ダ36.2⑥	2小 8月20日 ⑧三才上6 500万 10ﾄ14頭 千ダ59.0 52川須 H④③[6] 484 人気7 好位一息 1¾ 345中362 レンレン 587 0.3	4阪 9月10日 ②三才上6 牝500 3ﾄ15頭 三ダ1124 53川須 M③⑤③ 482 人気8 好位一息 5¾ 357外367 ヤサシサ 1115 0.9	3新 10月14日 [1]三才上4 牝500 4ﾄ15頭 三ダ1118 53川須 H⑩⑧⑩ 494 人気9 中位伸 2½ 347中371 トップライセン 1114 0.4

1-4	57.9
1-5	57.6
1-6	☆
1-7	13.8
1-8	☆
2-2	38.3
2-3	37.0
2-4	19.0
2-5	18.9
2-6	47.2
2-7	4.5
2-8	42.0
3-3	☆
3-4	58.3
3-5	58.0
3-6	☆
3-7	13.9
3-8	☆
4-4	☆
4-5	29.9
4-6	74.3
4-7	7.1
4-8	66.2
5-5	☆
5-6	73.9
5-7	7.1
5-8	65.9
6-6	☆
6-7	17.7
6-8	☆
7-7	9.5
7-8	15.8
8-8	☆

軸馬 13　単穴 4　連 11 8 10

１着④パンサーバローズ	（２番人気）	単④ 450円
２着⑧チカリータ	（４番人気）	複④ 190円　⑧ 180円　⑭ 150円
３着⑭ストロベリームーン	（１番人気）	馬連④－⑧ 1520円
・・・・・・・・・・・・・・・・・		馬単④→⑧ 2730円
８着①メイショウギガース	（５番人気）	３連複④⑧⑭ 2620円
		３連単④→⑧→⑭ 14460円

2017年11月11日京都12R

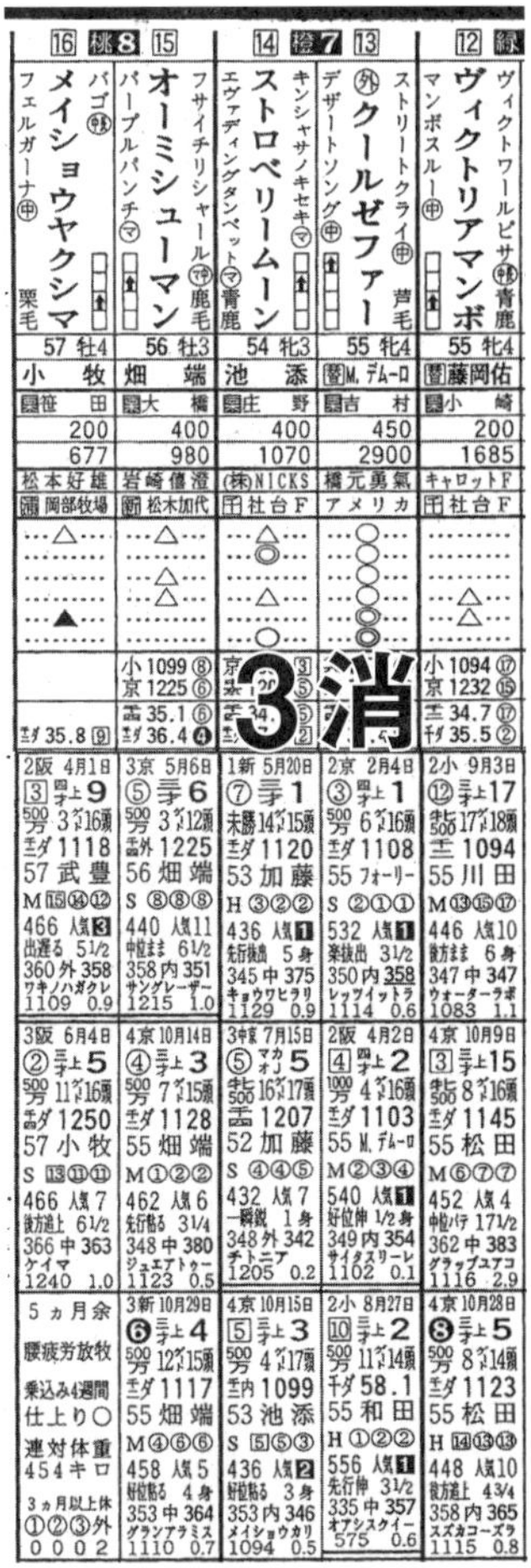

16 桃8	15	14 橙7	13	12 緑
バゴ㊥ メイショウヤクシマ フェルガーナ㊥ 栗毛	フサイチリシャール㊥ オーミシューマン パープルパンチ㋮ 鹿毛	キンシャサノキセキ㋮ ストロベリームーン エヴァディングダンペット㋮ 青鹿	㊕ ストリートクライ㊥ クールゼファー デザートソング㊥ 芦毛	ヴィクトワールピサ㊥ ヴィクトリアマンボ マンボスルー㊥ 青鹿
57 牡4	56 牡3	54 牝3	55 牝4	55 牝4
小牧	畑端	池添	替M.デムーロ	替藤岡佑
栗笹田	栗大橋	栗庄野	栗吉村	栗小崎
200	400	400	450	200
677	980	1070	2900	1685
松本好雄	岩崎僖澄	(株)NICKS	橋元勇氣	キャロットF
浦 岡部牧場	新 松木加代	田 社台F	アメリカ	田 社台F
△	△	△	○	…
…	…	◎	○	…
…	△	…	○	…
…	△	△	○	△
▲	…	…	◎	△
…	…	○	◎	…
	小1099⑧ 京1225⑥	3	消	小1094⑰ 京1232⑮
三ダ35.8 [9]	芝35.1⑥ 三ダ36.4❹			芝34.7⑰ 千ダ35.5②
2阪 4月1日 [3] 四才上 9 500万 3ダト16頭 三ダ1118 57 武豊 M ⑮⑭⑫ 466 人気3 出遅る 5 1/2 360 外 358 ワキノハガクレ 1109 0.9	3京 5月6日 ⑤ 三才 6 500万 3ダト12頭 芝外1225 56 畑端 S ⑧⑧⑧ 440 人気11 中位まま 6 1/2 358 内 351 サングレーザー 1215 1.0	1新 5月20日 ⑦ 三才 1 未勝 14ダト15頭 三ダ1120 53 加藤 H ③②② 436 人気1 先行抜出 5身 345 中 375 キョウワヒラリ 1129 0.9	2京 2月4日 ③ 四才上 1 500万 6ダト16頭 三ダ1108 55 フォーリー S ②①① 532 人気1 楽抜出 3 1/2 350 内 358 レッツイットラ 1114 0.6	2小 9月3日 ⑫ 三才上 17 牝特500 17ダト18頭 芝1094 55 川田 M ⑬⑮⑰ 446 人気10 後方まま 6身 347 中 347 ウォーターラボ 1083 1.1
3阪 6月4日 ② 三才上 5 500万 11ダト16頭 四ダ1250 57 小牧 S ⑬⑪⑪ 466 人気7 後方追上 6 1/2 366 中 363 ケイマ 1240 1.0	4京 10月14日 ④ 三才上 3 500万 7ダト15頭 三ダ1128 55 畑端 M ①②② 462 人気6 先行粘る 3 1/4 348 中 380 ジュエアトゥー 1123 0.5	3中京 7月15日 ⑤ マカオJ 5 牝特500 16ダト17頭 芝1207 52 加藤 S ④④⑤ 432 人気7 一瞬鋭 1身 348 外 342 チトニア 1205 0.2	2阪 4月2日 [4] 四才上 2 1000万 4ダト16頭 三ダ1103 55 M.デムーロ M ②③④ 540 人気1 好位伸 1/2身 349 内 354 サイタスリーレ 1102 0.1	4京 10月9日 [3] 三才上 15 牝特500 8ダト16頭 三ダ1145 55 松田 M ⑥⑦⑦ 452 人気4 中位バテ 17 1/2 362 中 383 グラップユアコ 1116 2.9
5ヵ月余 腰疲労放牧 乗込み4週間 仕上り○ 連対体重 454キロ 3ヵ月以上休 ①②③外 0 0 0 2	3新 10月29日 ❻ 三才上 4 500万 12ダト15頭 三ダ1117 55 畑端 M ④⑥⑥ 458 人気5 好位粘る 4身 353 中 364 グランアラミス 1110 0.7	4京 10月15日 [5] 三才上 3 500万 4ダト17頭 芝内1099 53 池添 S [5]⑤③ 436 人気2 好位粘る 3身 353 内 346 メイショウカリ 1094 0.5	2小 8月27日 [10] 三才上 2 500万 11ダト14頭 千ダ58.1 55 和田 H ①②② 556 人気1 先行伸 3 1/2 335 中 357 オアシスクイー 575 0.6	4京 10月28日 ❽ 三才上 5 500万 8ダト14頭 三ダ1123 55 松田 H ⑭⑬⑬ 448 人気10 後方追上 4 3/4 358 内 365 スズカコーズラ 1115 0.8

最後の最後にタガが外れてしまったのか……。

●吉富さん、ゴールはすぐそこだ！

1日の勝負を終えて感じたのは、今回は吉富さんの「客観の予想」が、「主観の予想」にかき消されてしまったのでは、という思いだ。

能力を数学的にあぶり出す、吉富さんの予想は「客観予想」の極致である。一方、陣営の思惑を探る、2頭出しや騎手の起用、あるいは馬体重の増減、あるいは、あらかじめ出遅れのリスクを組み込むといった予想は、主観的な判断が大きく入っている。

客観予想が重要か、主観予想が重要かという話ではない。馬の能力がベースにあっての競馬だ。この馬は強いが、今回は調子落ち、あるいはこの騎手だから勝負気配が薄いと上げ下げするのが主観的な予想である。

しかし強いか弱いかも不明ならば、主観を振り回しても、なんの意味もない。

優れた予想家、必ずしも優れた馬券投資家にあらず……これは吉富さん自身が自覚していることらしい。では、馬券投資に耐えうる予想にするため、今の予想に味付けをしたら、という提案は間違っている。冷徹に数式で出す吉富さんの指数に他の要素を加えてしまえば、彼の目指した真に客観的な予想の根本が崩れ去ってしまう。吉富さんの予想は例えていえば、一級の食材。どんな味付けをし、どんな料理に仕上げるかは、吉富さんの客次第なのだろう。

また、この日はたまたま、能力通りには決まらないレースが続いていたともいえる。なぜなら、吉富さんがこの日、上位に指名した馬たちはその後、能力を証明しているからだ。

京都9R◎サヴィは次走も3着と馬券になり、▲ピースマークは次走2着に。

福島11Rで本命を打ったタマモアタックは、18年2月15日現在はまだ使っていないが、東京12Rの○スピーディクールは、昇級した次走で準オープンも突破している。武蔵野S9着のモーニンは年末の阪神Cでは芝レースに初挑戦、13番人気で6着（0・6秒差）と健闘した。そして、メイショウギガースはすでに述べた通り。

「的中する、しない」は、実は優れた予想家の条件などではない。優れた予想家とは、芯のある予想を提供する者である。時には頑固なまでに自分の考える競馬を追求する者である。その馬が1着になったからといって最強ではないのと一緒で、的中したからといって一流の予想者とは限らない。

1999年の東京大賞典。断然人気だったメイセイオペラが11着に敗れ、馬連は57倍を超える配当となった。このレースを本線で当てた「ゲート・イン」の周りには台を取り囲むようにファンが集まり、期せずして万歳三唱が巻き起こった。

その東京大賞典の発走前、吉冨さんが吠えていたのを思い出す。

「誰がメイセイオペラが強いといったんだ！」

メイセイオペラ最強は競馬マスコミがつくった虚像だ。東京大賞典の真実はそこにはない……。世の中に満ち溢れる虚飾。庶民は皆、社会の欺瞞に翻弄され、搾取され続けている。競馬の中にこそ真実がある……。

18年に入って、吉冨さんの中央競馬予想はドン底。かつてないほどのスランプに陥っている。人生を競馬に例えれば、吉冨さんはゴール前の熾烈な叩き合いを演じている最中だといえばいいか。

筆者のように、もう脚がないとあきらめ、ズルズルと直線を下がっていくことで楽をしようとしている老人とは違って、吉冨さんは自分自身にムチを打ち続けている。さぞや苦しかろう。でも、吉冨さん、ゴールはすぐそこだ。

筆者が吉冨さんに代わって叫ぼう。

今、当たらないからといって、「誰が吉冨隆安の予想をインチキだといったんだ」――。

吉冨隆安（よしとみ　たかやす）1947年鹿児島県生まれ。大井競馬場公認予想「ゲート・イン」主宰。大阪市立大学法学部中退後、様々な職業を経て大阪で起業するも、数年後に上京。一時期、学習塾講師と競馬予想屋を両立させていたこともある。平成元年から「ゲート・イン」の屋号で、大井競馬場で場立ち予想を行なっている。常に「競馬が市民の投資対象たる金融商品なら、自分の予想は商品説明である」のもと、確固たる軸馬を１頭決める「実走着差」理論で、競馬との孤独な戦いを続ける。「俺も頑張ってあと10年。予想士としての集大成をお見せしたい」
・吉冨隆安の総合サイト　http://mbgi.jp/
・ＪＲＡ１日厳選５レース、南関重賞（有料）
http://yoso.netkeiba.com/?pid=yosoka_profile&id=136

「実走着差《じっそうちゃくさ》」実践編《じっせんへん》

2018年3月31日　初版第一刷発行

著者◎吉冨隆安《よしとみたかやす》

発行者◎塚原浩和
発行所◎ＫＫベストセラーズ
〒170－8457　東京都豊島区南大塚２丁目29番７号
電話　03－5976－9121（代表）

印刷◎錦明印刷
製本◎フォーネット社

ISBN978－4－584－13853－3　C 0075